理工科应用文写作教程

张连志　编著

清华大学出版社

北　京

内 容 简 介

　　理工科应用文写作是一门综合性和实践性较强的公共基础课程。本书内容主要包括规范文字与普通话、应用文写作概述、文章的修改、校园文书、公文写作、演讲稿与学术报告、实验报告与实习报告、科技文体写作、学位论文与毕业设计说明书、职场文书、工作文书、会务文书等；特色是知识要点简明，例文典型规范；重点是科技文体的写作与修改，兼顾写作基础知识普及与校园、职场和会务文书的训练，以提高理工科大学生的人文素养。

　　本书旨在帮助读者在语言表达能力和论文写作水平上有所提升，可作为高等院校应用文写作的通识教材，对于理工科大学生撰写校园文书、学位论文、职场文书，以及考核晋升材料等，更是不可或缺、大有裨益的参考书。

图书在版编目(CIP)数据

理工科应用文写作教程/张连志 编著. —北京：清华大学出版社，2020.5（2021.10重印）
ISBN 978-7-302-55383-0

I. ①理… II. ①张… III. ①科学技术—应用文—写作—教材 IV. ①G301 ②H152.3

中国版本图书馆 CIP 数据核字(2020)第 068527 号

责任编辑：王　定
封面设计：周晓亮
版式设计：孔祥峰
责任校对：成凤进
责任印制：杨　艳

出版发行：清华大学出版社
　　　　　网　　　址：http://www.tup.com.cn，http://www.wqbook.com
　　　　　地　　　址：北京清华大学学研大厦 A 座　　　　　邮　　编：100084
　　　　　社 总 机：010-62770175　　　　　　　　　　　邮　　购：010-62786544
　　　　　投稿与读者服务：010-62776969，c-service@tup.tsinghua.edu.cn
　　　　　质 量 反 馈：010-62772015，zhiliang@tup.tsinghua.edu.cn
印 装 者：三河市少明印务有限公司
经　销：全国新华书店
开　本：203mm×260mm　　印　张：18.25　　字　数：388 千字
版　次：2020 年 8 月第 1 版　　印　次：2021 年 10 月第 2 次印刷
定　价：58.00 元

产品编号：086965-01

前　言

应用文写作，尤其是科技文体写作，是理工科大学生应具备的基本技能，也是从事科学研究或专门技术工作的基本能力之一。本书可以帮助理工科大学生正确地书写校园文书、求职文书、毕业论文和工作文书，增强其就业竞争力。

无纸化办公是大势所趋。在闽南的一家中医院，笔者曾看到一位年逾古稀的主任医师，使用单指敲击键盘输入中药方，仅一味"枣仁"，他用了两分钟都没能正确输入这两个字，不得不向患者寻求帮助。未来的发展趋势是每个脑力劳动者都是文字工作者，发标准音、说普通话、写规范字是其正确传递信息、与人交流的前提。鉴于此，本书除阐释写作的基础知识外，还编入了学说普通话的章节。

本书共分为12章，每3章大致按一个学分来组织材料。第1~3章为写作理论知识；第4~6章为大学生通用文书；第7~9章为理工类应用文书；第10~12章为常用工作文书。教师在组织教学时，可遵照学校培养方案的要求，自行取舍和编排。

写作理论知识的重点是应用文的表达方式和科技论文的修改。遣词造句，按应用文的要求起草初稿，学而时习之，写好论文是水到渠成的事。每篇科技论文的初稿难免有不足，我们向读者展现的应该是主题鲜明、深刻，观点准确、科学，结构完整、紧凑，语言准确、精炼，没有错别字的论文，而不是漏洞百出的初稿。文不惮改，若要写出高质量的论文，除了观点新颖、实验数据翔实外，还取决于修改的功力。

大学生通用文书包含演讲稿、调查报告、活动策划、电子文书和行政公文的写作。交流能力是人才应具备的三大能力之一，技术和管理两项能力也需要通过语言传递给你的受众。能够进行演讲稿的写作，并配合演讲练习，正确地表达自己的观点，以展现大学毕业生适任工作的能力，是其迈进成功大门的第一步。通过活动策划学习能够培养一个人的综合管理能力和全局观念，为以后的职场工作奠定基础。

理工类应用文书是本书的核心，其重点章节是科技论文和毕业设计说明书的写作。本书对科技论文的目的与要求、撰写过程、格式及写法等作了详细的讲解，对科技论文的标题、摘要、引言、试验方法或论证手段、结果与讨论、结论、参考文献以及致谢辞等都作了详尽的阐释和探讨。毕业设计说明书作为工程类毕业论文最主要的形式，是大学毕业生最重要的写作任务。本书以简单机械设计为例，详细地讲解了毕业设计说明书的写作，为读者提供一个可资借鉴的范例。

常用工作文书的重点章节是职场文书，此章节系统介绍了求职、入职、就职、去职文书。此外，常用工作文书部分还编排了工作计划、工作总结、商务信函和会议纪要的写作内容。计划是一切工作的出发点，其重要性不言而喻。孙子曰："夫未战而庙算胜者，得算多也；未战而庙算不胜者，得算少也。多算胜，少算不胜，而况于无算乎！”这其中的“算”，主要的含义便是计划。一个人的工作是否能做好，主要取决于其对工作的计划、实施和总结。我们应该首先制订计划，在执行过程中不断地总结成败得失，从而修正计划继续前行。技术经验、管理经验乃至社交经验的积累都是在不断总结的过程中形成的。书写会议纪要，是每个理工科大学生应必备的技能。无论是否由自己负责会议纪要，每个人在开会时都应做会议纪要，记录哪些事与自己有关，哪些事与自己无关。与自己有关的事项，不待领导督促，第一时间制订工作计划；与自己无关的事项，不妨思考一下，若自己负责这项工作会如何处理。长期积累，你定能成为技术管理的行家里手。

写作的基本功大致归纳为以下四点：阅读、练习、积累和修改。阅读是识字和掌握篇章结构的前提，蘅塘退士[1]说：“熟读唐诗三百首，不会吟(作)诗也会吟。”此言不虚也！可是只阅读还不够，还要不断地练习。练习应该从模仿开始，不要局限于书中的例文，可以结合自己喜欢的模板，更换成新的内容，不断地模仿练习。阅读开阔眼界；练习提高写作本领；积累是写作不断提高的源泉。我们不仅要积累写作知识、写作素材，还要积累感情和人情世故以及待人接物的方法。“世事洞明皆学问，人情练达即文章。”[2]我们通过阅读、练习和积累，具备起草应用文的初步能力后，就要在修改上下功夫啦！修改对于写作是不可或缺的，鲁迅的《藤野先生》在排完版后，还进行了一百余处改动，真是字斟句酌呀！

“腹有诗书气自华”，本书引用了一些古诗文，引文均在大学生应知应会的范畴，需要每一位读者掌握。考虑到本书的通识性，引文涉及数学、物理、化学的内容，均在高中学习的范围内；引文涉及专业技术的内容，不要求读者掌握，只学习写法即可。

恩格斯曾经说过“人们首先必须吃、喝、住、穿，然后才能从事政治、科学、艺术、宗教等等。”基于此，首先要感谢厦门工学院聘请笔者做副教授，给笔者提供工作和学习的机会，使笔者能够在授课之余搜集资料，编纂目录，整理出章节，而成一家之言。

在本书的编著过程中，笔者得到了前辈和朋友们的无私帮助。每每想起，心中都会涌起一股暖流。衷心感谢厦门工学院张佑林先生，您“凡事都要往前赶”的鼓励，鞭策笔者不舍昼夜地不断前行，不敢有丝毫的懈怠。感谢吉林大学钱凤仪先生和吴国学博士、安徽理工大学黄绍服博士、大连民族大学吴斌博士、泉州信息工程学院傅明星博士和厦门工学院杨凤娟博士等学者们提供论文专著；感谢物理学博士王子君先生，提供英文摘要；感谢江西宜春职业技术学院宋宝来老师、厦门工学院徐家富老师及机械制造学院的同仁们，提供论文初稿和实验、实习指导书，供笔者学习和引用。没有你们的帮助和奉献，就没有如此丰富的资料来做后盾。把这本书比作项链，你们提供的材料就是珍珠，笔者只是位名不见经传的匠人，将散落的珍珠串在一起。由于笔者的能力所限，选材时又基于篇幅和通识性的考虑，难免有遗珠之憾，在此道一声“抱歉”，敬请海涵！

---

[1] 《唐诗三百首》的编撰者，清代学者孙洙，字临西，一字芩西，号蘅塘，晚号退士。
[2] 曹雪芹，高鹗. 红楼梦[M]. 北京：人民文学出版社，1982：71.

　　特别鸣谢清华大学出版社编辑在选材及审定过程中给予的悉心指导；厦门工学院沈杨老师在整理样章过程中给予的技术知识方面的支持；机械工业出版社张超先生在书稿编撰的前期给予选材方面的建议，书中也凝聚了他们的辛勤汗水和聪明才智。

　　本书部分例文以二维码的形式穿插在相关的章节中，供读者扫码查阅。在此，再次感谢清华大学出版社采用了新的媒体手段，既降低了成本，又方便了读者。本书加*的章节段落，为推荐读者自学的内容，不作为必修课程来考核。

　　本书难免有偏颇疏漏之处，敬请读者和同行们批评指正！意见、建议反馈及教学资料可使用电子邮件进行交流，地址为 webservice@163.com。您的鼓励是编著者提升和改进的机会，这是笔者求之不得、寤寐思服的。

　　本书提供教学大纲、多媒体课件及练习与训练参考答案，读者可扫描下方二维码获取。

教学大纲　　　　　　多媒体课件　　　　练习与训练参考答案

作者于厦门
2020 年 5 月

目　　录

第1章　规范汉字与普通话 ·· 1

1.1　汉字概说 ·· 1

　　1.1.1　汉字的起源 ·· 1

　　1.1.2　六书——汉字的造字法则 ··· 5

　　1.1.3　汉字的字体演变 ·· 7

1.2　容易认错的字 ··· 11

　　1.2.1　容易读错的汉字 ··· 11

　　1.2.2　容易读错的姓氏 ··· 12

　　1.2.3　容易读错的地名和族名 ·· 13

1.3　学说普通话 ·· 13

　　1.3.1　普通话的发音 ··· 14

　　1.3.2　普通话的超音节发音 ··· 15

　　1.3.3　普通话的朗读 ··· 17

　　1.3.4　方言与普通话* ·· 20

练习与训练 ··· 25

第2章　应用文写作概述 ··· 29

2.1　应用文的概念及分类 ··· 29

　　2.1.1　应用文的含义 ··· 29

　　2.1.2　应用文的分类 ··· 30

2.2　应用文的主旨 ·· 30

　　2.2.1　主旨的概念和作用 ··· 31

　　2.2.2　对主旨的基本要求 ··· 31

2.3　段旨 ··· 32

2.4　书面语的表达方式 ··· 36

　　2.4.1　其他书面语言 ··· 36

　　2.4.2　应用文写作的特点 ··· 41

2.5 应用文的表达方式 ·· 43

2.5.1 叙述 ·· 43

2.5.2 议论 ·· 48

2.5.3 说明 ·· 51

练习与训练 ·· 57

第3章 文章的修改 ·· 59

3.1 文学作品的修改 ·· 60

3.1.1 修改主题 ·· 61

3.1.2 调整结构 ·· 61

3.1.3 锤炼语言 ·· 61

3.2 科技论文的修改 ·· 67

3.2.1 科技论文写作常见缺点 ··· 70

3.2.2 科技论文的修改步骤和手段 ······································· 73

练习与训练 ·· 74

第4章 校园文书 ·· 79

4.1 调查报告 ·· 79

4.1.1 调查报告的含义 ··· 79

4.1.2 调查报告的分类 ··· 80

4.1.3 调查报告的特点 ··· 80

4.1.4 调查报告的写作步骤 ··· 81

4.1.5 调查报告的写作内容 ··· 82

4.1.6 调查报告的写作要求 ··· 83

4.2 活动策划 ·· 85

4.2.1 活动策划概述 ··· 85

4.2.2 活动策划的功能 ··· 86

4.2.3 活动策划的结构与写法 ··· 86

4.3 电子文书 ·· 88

4.3.1 电子文书的分类 ··· 89

4.3.2 电子文书的特点 ··· 90

4.3.3 电子文书写作的要素 ··· 91

4.3.4 电子文书写作的基本要求 ··· 91

练习与训练 ·· 94

第5章　公文写作 ··· 95

5.1　公文写作概述 ·· 95

　5.1.1　公文的含义 ·· 95

　5.1.2　公文的特点 ·· 95

　5.1.3　公文的作用 ·· 96

　5.1.4　公文写作的基本常识 ·· 97

　5.1.5　党政机关的公文种类 ·· 97

　5.1.6　公文语言的基本要求 ·· 98

5.2　请示与报告 ·· 103

　5.2.1　请示 ·· 104

　5.2.2　报告 ·· 106

练习与训练 ··· 112

第6章　演讲稿与学术报告 ··· 113

6.1　演讲稿概述 ·· 114

　6.1.1　演讲稿的特点 ·· 114

　6.1.2　演讲稿的分类 ·· 115

6.2　演讲稿写法 ·· 116

　6.2.1　标题 ·· 116

　6.2.2　称呼 ·· 117

　6.2.3　正文 ·· 117

　6.2.4　演讲稿的写作要求 ·· 122

6.3　学术报告 ·· 124

　6.3.1　学术报告的特点 ·· 124

　6.3.2　学术报告的写作要求 ·· 125

　6.3.3　论文答辩 ·· 125

6.4　演讲技巧* ·· 130

　6.4.1　演讲者的形象 ·· 130

　6.4.2　过程管理 ·· 133

　6.4.3　演讲的基本训练 ·· 135

练习与训练 ··· 136

第7章　实验报告与实习报告 ····································· 137

7.1　实验与实验报告 ·· 137

　7.1.1　实验 ·· 137

　7.1.2　实验报告 ·· 142

7.2 实习与实习报告 144
　7.2.1 实习 144
　7.2.2 实习报告 145
　7.2.3 实习报告实例 147
练习与训练 154

第8章 科技文体写作 163

8.1 科技论文 163
　8.1.1 目的与要求 163
　8.1.2 撰写过程 165
　8.1.3 写法格式 165
8.2 科技文献及综述 171
　8.2.1 科技文献简介 171
　8.2.2 科技文献的使用 174
　8.2.3 文献综述 176
8.3 摘要 180
　8.3.1 摘要的产生及发展 181
　8.3.2 摘要的作用和特点 181
　8.3.3 关键词 181
　8.3.4 摘要的形式及体裁 182
　8.3.5 摘要的用语和文面要求 185
　8.3.6 英文摘要* 186
8.4 科技新闻* 188
　8.4.1 寓教于闻 189
　8.4.2 坚持科学性、突出知识性 191
　8.4.3 通俗、生动、有趣 191
练习与训练 192

第9章 学位论文与毕业设计说明书 199

9.1 学位论文概述 199
　9.1.1 学位论文的作用 200
　9.1.2 学位论文的要求 200
9.2 毕业设计及其要求 202
　9.2.1 毕业设计的特点 202
　9.2.2 选题要考虑的因素 202
　9.2.3 毕业设计的主要内容 203

9.3　毕业设计说明书的写作 ··· 206

　　9.3.1　正文的基本要求 ··· 206

　　9.3.2　注意事项 ··· 207

练习与训练 ··· 210

第 10 章　职场文书 ··· 217

10.1　竞聘文书 ··· 217

　　10.1.1　竞聘辞 ··· 217

　　10.1.2　简历 ··· 220

　　10.1.3　求职函 ··· 224

　　10.1.4　面试中的自我介绍* ··· 226

10.2　入职文书 ··· 227

　　10.2.1　劳动合同 ··· 227

　　10.2.2　入职登记表 ·· 233

10.3　就职文书 ··· 235

　　10.3.1　就职演说 ··· 235

　　10.3.2　述职报告 ··· 239

10.4　去职文书 ··· 244

　　10.4.1　辞职报告 ··· 244

　　10.4.2　员工离职证明 ·· 246

　　10.4.3　劳动争议仲裁申请书 ·· 246

　　10.4.4　和解协议书 ·· 247

练习与训练 ··· 248

第 11 章　工作文书 ··· 251

11.1　工作计划 ··· 252

　　11.1.1　计划的含义 ·· 252

　　11.1.2　计划的特点 ·· 254

　　11.1.3　计划的分类 ·· 255

　　11.1.4　计划的结构 ·· 255

　　11.1.5　计划的写作要求 ·· 256

11.2　工作总结 ··· 258

　　11.2.1　总结的含义和特点 ·· 259

　　11.2.2　总结的分类 ·· 260

　　11.2.3　总结的结构 ·· 260

　　11.2.4　总结的写作要求 ·· 261

11.3 商务信函 ……………………………………………………………… 262

11.3.1 商务信函的含义 ……………………………………………… 262

11.3.2 商务信函的分类 ……………………………………………… 262

11.3.3 商务信函的特点 ……………………………………………… 262

11.3.4 商务信函的写法 ……………………………………………… 263

11.3.5 写作要求 ……………………………………………………… 264

练习与训练 ……………………………………………………………… 264

第 12 章 会务文书 …………………………………………………………… 265

12.1 会议策划书 …………………………………………………………… 265

12.1.1 会议策划书的含义 …………………………………………… 265

12.1.2 会议策划书的结构 …………………………………………… 266

12.2 开幕词与闭幕词 ……………………………………………………… 269

12.2.1 开幕词 ………………………………………………………… 269

12.2.2 闭幕词 ………………………………………………………… 271

12.3 会议纪要 ……………………………………………………………… 273

12.3.1 会议纪要的适用范围及特点 ………………………………… 273

12.3.2 会议纪要的主要类型和作用 ………………………………… 274

12.3.3 会议纪要的结构 ……………………………………………… 274

12.3.4 会议纪要的写作基本要求 …………………………………… 277

12.3.5 会议纪要的审核及批准 ……………………………………… 278

练习与训练 ……………………………………………………………… 279

参考文献 ……………………………………………………………………… 280

第 1 章

规范汉字与普通话

随着社会进步和国民经济突飞猛进地发展，大学教育在我国已经得到普及。理工科大学生的高考语文成绩不如数学好，是较为普遍的现象。在理工类院校中，语文，尤其是汉语写作训练，几乎是空白。而大学生通用文书、理工类应用文书和常用工作文书的写作，又是理工科大学生求学、求职不可或缺的。

子曰："工欲善其事，必先利其器。"[1]写作的"器"就是文字，要想写好文章，认识文字是前提。只有熟悉文字，爱上文字，才能写好文章。了解文字的起源、造字法则和演变，可以增加对母语的兴趣，增强自豪感。

国家通用语言文字是普通话和规范汉字。发标准音、说普通话、写规范字是每一位大学生应尽的社会义务。

1.1 汉字概说[2]

落其实者思其树，饮其流者怀其源。

——南北朝·庾信《徵调曲》

1.1.1 汉字的起源

汉字是祖先告别蒙昧进入文明时代的标志，是用于记录汉语、进行书面交流、传承民族文化的书写符号系统。汉字的出现使得中国历史从远古的传说时代进入信史时代。有文字才会有文献，才会有前人记录和总结的历史经验——政治、经济、科技、天文历法、宗教信仰、文学艺术和图腾崇拜等历史沿革信息，这些信息才得以直接留传给后人，经过一代代人的积累、完善和发展，大大地缩短了后人探索总结的过程。

---

[1] 孔子等，著. 思履，主编. 彩图全解四书五经[M]. 北京：中国华侨出版社，2013：198.
[2] 李梵. 汉字简史[M]. 北京：中国友谊出版社，2005.

语言是人们交际和交流思想的工具。语言有两种形式：口头语言和书面语言。一个人的讲话可以随时用文字记录下来，也可以用文字写成发言稿用于演讲或广播。平时讲的话是口头语言，记录下来的是书面语言；发言稿是书面语言，演讲或广播都是口头语言。口头语言和书面语言之间可以相互转化。就它们的起源来讲，口头语言比书面语言要早很多年。口头语言是随着人类社会的产生而产生的，"会说话"是人和动物的主要区别之一。历史上任何一个人类社会，都有自己的语言。

汉字的历史从甲骨文算起约有 3400 年，从早期的原始文字算起约有 6000 年。2019年 7 月 6 日，中国良渚古城遗址获准列入世界遗产名录。遗址出土的玉器和陶器上清晰地刻划着不少符号，这些符号在形体上已接近商周时期的文字，是良渚文化的重要标志。良渚古城遗址的考古发现，是中华文明存在五千多年最直接的证据。考古发现了一系列比安阳殷墟甲骨文更早、与汉字起源有关的出土资料。这些资料主要是指原始社会晚期及有史社会早期出现在陶器上面的刻画或彩绘符号，另外还包括少量刻写在甲骨、玉器、石器等上面的符号。可以说，它们为解释汉字的起源提供了新的依据。

汉字是世界上使用人数最多的一种文字，也是寿命最长的一种文字之一。汉字开始产生的时间，还难以准确断定。如果良渚遗址中刻在玉器和陶器上的符号，可以被证明具备汉字特征的话，那么汉字的历史至少有 4500 年。最早的文字，则应该称为"玉陶文"。

随着远古人类的进化，人脑越来越发达，发声器官也越来越完善，人类已开始发明和使用一些比较复杂的工具，并出现群体劳动。在群体内，人们需要表达思想，确定分工以及成果分配；在群体之间，人们之间协作或交换，乃至争斗都需要交流，于是逐步产生了语言，这是人类所特有的并超越任何其他动物的一大进化。

在原始社会的早期和中期，人类社会生活简单，交际范围有限。作为社会细胞的氏族公社，其活动的地理空间不过几十平方千米。氏族成员主要活动在这狭小的天地内，很少和外界接触，有声语言基本上可以满足人们交际的需要。

口头语言的优点是可以用肢体语言作为补充，可以用重音或高声表示强调，等等。有时我们不需要说出完整的句子，就能表达出语义。但是，它的局限性也显而易见：超过一定距离后，人们便无法听清远方传来的声音。语音一发即逝，说过后就消失，不可能传之久远。而书面语言是用文字记录下来的语言，它不受时间和空间的限制。在人类发展史上，当人们意识到口头语言有很多不足，意识到自己的想法或观点有必要传达给异时异地的人们时，创制文字的工作就开始了。

创造系统的文字并不是一件简单的、一蹴而就的事情。在产生文字以前，原始人类经历了一段用实物帮助记忆的漫长时期，传说主要有结绳和刻契等方式。

结绳记事是被原始先民广泛使用的记录方式之一，以绳结形式反映客观经济活动及其数量关系。文献记载："上古结绳而治，后世圣人易之以书契，百官以治，万民以察，盖取诸夬。"[1]

尽管尚未发现原始先民遗留下的结绳实物，但原始社会绘画遗存中的网纹图、陶器上的绳纹和陶制网坠等实物均表明先民结网是当时渔猎的主要工具，因此，结绳记事作为当时的记录方式是具有技术支撑和客观基础的。

其结绳方法，据古书记载为："事大，大结其绳；事小，小结其绳。结之多少，随物众寡"(《易九家言》)，即根据事件的性质、规模或所涉数量的不同结系出不同的绳结。民族学资料表明，近现代有些少数民族仍在采用结绳的方式记录客观活动。

刻契也是远古时代人们借以帮助记忆的主要方式之一，是进入文明时代后原始文字记载的方式之一，后渐渐演化为一种工艺美术项目。其具体方法是用较硬的刀具在相对软的物质，如甲骨、铜器、铁器、陶器、玉版、铅版、木版、竹片、石料等上刻出标记，这些标记可以是某种简单的符号、图形，也可以是文字。在没有文字的远古时代，人们用刻契的方式在器物上留下记号，说明历史上的某件事情，这些记号只在部落甚至仅仅在个人的范围内有意义。

岩画是远古先民在岩穴、石崖壁面或独立岩石面上留下的彩画、线刻、浮雕的总称，是最原始的艺术形式。

在汉字出现之前，中华民族的人文始祖之一伏羲氏创立了阴阳八卦，并在周朝得到不断完善和发展，形成周易的理论。八卦——☰、☱、☲、☳、☴、☵、☶、☷，是长短横(长横为阳、双短横为阴)经过三次排列形成的八种组合方式，与方块字有些相似。我们习惯称之为八卦"图"，而不是八卦"字"。

结绳、刻契和八卦都还算不上文字，但其对文字的产生具有一定的影响。对文字产生影响程度最深的是刻契和岩画。正如西汉著名辞赋家扬雄所说："言为心声，书为心画。"

【例文1-1】

从前，有一个远离家乡的商人，托人给不识字的妻子带回一封信和十两银子。

信上没有一个字，只有四幅图画：

第一幅画了七只鸭子；

第二幅画了一头象死在地上，一只鹅用嘴在拉象；

第三幅画了一把倒放的勺子和十只苍蝇；

第四幅画了嫩柳夹道的路上，匆匆走来一个男人。

---

[1] 钱凤仪. 易经哲学原理[M]. 长春：北方妇女儿童出版社，2015：806. 夬，易经第四十三卦。

商人妻子指着画说：

这第一幅画，画了七只鸭，七鸭，是在喊我——妻呀；

第二幅画，画大象死了，鹅在拉它，象死鹅拉，是对我说——想死我啦；

第三幅画，画勺子倒了和十只苍蝇，是说——他给我捎了十两银子；

第四幅画，是说明年开春杨柳一发芽他就回家。

所以，商人妻子理解的四幅图画的意思是：

妻呀：

想死我啦！

捎回十两银子，开春柳树绿的时候，我就回去了。

一封家书就能解决的问题，商人却要忙活四五天作画，也是很无奈啊！谁让他的妻子不认识字呢？如此可见，人们通过画面的观察是可以猜测出文字的。

那么，商人是哪里人呢？将"我"念做"鹅"，这位商人应该是陕西人吧！

陕西是中华文明的发祥地之一，也是文字起源的地方。最初造"鹅"字的时候，以"鸟"像其形(类属)，以"我"为其声。可见，"我"和"鹅"在远古时代是同音字。

而被尊为造字圣人的仓颉，就是陕西洛南人。如图1-1所示，传说中的仓颉与正常人不同，他有四只眼睛，生下来就比别人聪明。

图1-1　仓颉

相传仓颉为中国原始社会后期黄帝的史官，仓颉为左史，沮诵为右史。轩辕黄帝兴起之后，黄帝的史官仓颉、沮诵受鸟兽足迹的启迪，集中了劳动人民的智慧，呕心沥血数十载，搜集、整理流传于先民中的象形文字符号并加以推广和使用。绳结虽有大小和形状区别，但年久月深，难于辨识。其后，仓颉仰观奎星环曲走势，俯看龟背纹理、鸟兽爪痕、山川形貌和手掌指纹，从中受到启迪，根据事物形状创造了象形文字。传说，仓颉依据这些"文"造出的字，遂称为"文字"。

我们从殷商甲骨文异体字繁多的事实中，也可以看出文字绝不是一个人创造的。而且甲骨文中连"仓颉"这两个字都没有。如果仓颉创造了文字，为什么连自己的名字也没有创造出来？或许是那些为部落酋长们记事的史官创造了文字，而仓颉是他们中的杰出代表之一。因为仓颉是黄帝的史官，在部落兼并和征战的过程中俘虏了众多的史官，也看到了大量的文字，通过合并、简化，编撰了最早的"黄帝字典"。仓颉的工作是整理大于创造，但他仍是中华文明产生过程中创世纪的人物，他的贡献是里程碑式的。在他之后的 6000 年中，也许只有帮助秦始皇统一文字的李斯的贡献能达其万分之一。

汉字的进化和创造一直没有停止过，生僻字不断消失，新的汉字也不时地出现。直到秦代，汉字的发展才日臻成熟。

1.1.2　六书——汉字的造字法则

从周代晚期到汉代，人们分析先周的造字方法，总结出六种造字的基本原则，也就是象形、指事、形声、会意、转注和假借，并称之为"六书"。先有文字，后有六书。

1. 象形

象形属于"独体造字法"。用文字的线条或笔画，把要表达的物体的外形特征具体地勾画出来。例如，"（月）"字像一弯上弦月的形状，"（龟）"字像一只龟的侧面形状，"（马）"字就是一匹有马鬣(liè)、四条腿的马，"（鱼）"是一条有鱼头、鱼身、鱼尾的游鱼，"（艸）"是两束草，"（门）"字就是左右两扇门的形状，而"（日）"字就像一个圆形，中间有一点，这很像我们在直视太阳时所看到的形态。

象形字来自图画文字，但是图画性质减弱，象征性质增强。它是一种最原始的造字方法。它的局限性很大，因为有些事物是画不出来的。

2. 指事

指事属于"独体造字法"。与象形的主要区别是，指事字含有绘画中较抽象的东西。例如，"（刃）"字是在"（刀）"的锋利处加上一点，以作标识；"凶"字则是在陷阱处加上交叉符号；"（上）"和"（下）"二字则是在主体"一"的上方或下方画上标示符号；"三"字则由三横来表示。

3. 形声

形声属于"合体造字法"。形声字由两部分组成：形旁(又称"义符")和声旁(又称"音符")。形旁是指示字的意思或类属，声旁则表示字的相同或相近发音。例如，"樱"字的形旁是"（木）"，表示它是一种树木，声旁是"（婴）"，表示它的发音与"婴"字一样；"（篮）"字的形旁是"（竹）"，表示它是竹制物品，声旁是"监"，表示它的韵母与"监"字一样；"齿"字的下方是形旁，画出了牙齿的形状，上方的"止"是声旁，表示两字的韵母相同。松、柏、桤、榆等字也皆为形声字。

4. 会意

会意属于"合体造字法"。会意字由两个或多个独体字组成，所包含的字形或字义合并起来表达此字的意思。例如，"🍶(酒)"字以酿酒的瓦瓶"酉"和液体"水"合起来，表达字义；"🐂(解)"字的剖拆字义，是以用"刀"把"牛"和"角"分开来表达；"🐦(鸣)"指鸟的叫声，于是用"口"和"鸟"组合而成。

部分汉字会同时兼有会意和形声的特点。例如，"功(功)"字，既可视为以"力"和"工"会意，而"工"亦有声旁的特点；"返(返)"字，既可视为以"反"和"辶"会意，而"反"亦有声旁的特点。这类字称为会意兼形声字。

5. 转注

转注属于"用字法"。关于转注的认识，各说文家解释不同，大致有"形转""音转""义转"三说。清代学者江声[1]认为所谓"建类一首"是指部首，"考(考)"和"老(老)"同属老部。清代学者戴震[2]认为转注就是互训，《说文解字》"考"字下说"老也"，"老"字下说"考也"，"考"和"老"是"转相为注，互相为训"的例子，从甲骨文的两个字形来看，"考"字似乎是"老"字剃掉了胡须。

不同地区因为发音不同，以及地域上的间隔，所以对同样的事物会有不同的称呼。当两个字用来表达相同的东西或本义相同时，它们会有相同的部首或部件。例如"考""老"二字，本义都是长者；"颠""顶"二字，本义都是头顶；"窍(窍)""空(空)"二字，本义都是孔。这些字有相同的部首(或部件)及解析，读音上也有音转的关系。

6. 假借

汉字是由象形、象意的文字发展起来的。有的外物有形象可通过描绘其形象将其表达出来，有的意思可以利用图像和笔画来表现，但仍有很多代表某些事物的概念不能用象形、象意的方式，不能通过文字来表现，于是就假借已有的音同或音近的字来代表，这种跟借用的字的形义完全不合的字称为假借字。假借字有两类：一类是本无其字的假借，即上面所说的假借字。如"北(北)"，甲骨文字形像二人相背。北方的"北"无形可像，于是借语音相同的"背"来表示北方的意思。后背的"背"字，是在原字"北"的下边加了个"月"，重新造了个"背(背)"字。许慎在《说文叙》里所说"假借者，本无其字，依声托事"，就是说的这一类假借字。在语言发展过程中这一类的字有很多。假借字的另一类是本有其字的假借。本有其字的意思是在日常使用的文字当中本来有表示某个词义的书写形式，但是在使用中不用本来约定俗成的字形而写为另外一个意义不相关

---

[1] 江声(1721—1799)，清朝学者，本字涛，改字叔瀛，号艮庭、鳄涛。原籍安徽休宁，侨寓江苏元和(今吴县)。中年师事"吴派"著名学者惠栋，于经学、文字学，均有建树。

[2] 戴震(1724—1777)，字东原，又字慎修，号杲溪，休宁隆阜人，清代著名语言文字学家、哲学家、思想家。乾隆二十七年举人，乾隆三十八年被召为《四库全书》纂修官。

而音同或音近的字。这一类字在秦汉以前的古书中极为常见。如借"🜁 (汤)"为"🜂 (荡)"；《诗经·豳风·七月》中"七月食瓜，八月断壶"，借"壶"为"瓠"，这些都是本有其字的假借。前一类假借字可以说是不造字的假借，后一类假借字是在用字当中的假借。在用字当中既然本有其字，为什么还要另外写一个假借字呢？其中可能有两个原因：一个原因是写书者仓促间写为一个音同的字，历代传抄因其旧而不改；另一个原因是某一时期、某一地区或某一师承，经常习惯以某字代某字用，后世传写也就一仍其旧。如，请柬之"🜃 (柬)"，是"🜄 (简)"的假借字。简，是指竹简，古人将字写在竹简上，所以请帖称作"请简"，当时写作"请柬"，后人也只能跟从前人而不去更正。就像今天我们依旧称"钢轨"为"铁轨"一样，尽管轨道的材料属于钢，"铁轨"一词已经约定俗成，也没有必要去更正它。

1965 年 12 月，考古工作者在湖北江陵一座楚国的墓葬中出土了 600 多件器物，其中就有图 1-2 所示的这柄铜剑。据在场考古工作者回忆，一名开采队员拿剑时一不留神将手指割破了，血流不止。后来有人再试其锋芒，稍一用力，便将 16 层白纸划破。此剑长 55.7 厘米，宽 4.6 厘米，柄长 8.4 厘米，重 875 克，近剑格处有两行鸟篆铭文："越王鸠浅(勾践)自乍(作)用剑"八字，证明此剑就是传说中的越王勾践剑。越王勾践剑制工精美，显示出铸剑师的卓越技艺。此剑寒气逼人、锋利无比，历经两千四百余年，仍然纹饰清晰，加之"物以人名"，历史文化价值很高，此剑被当世之人誉为"天下第一剑"，堪称国宝。这里"鸠浅"替代"勾践"，"乍"替代"作"，也属于假借。

图 1-2　越王勾践剑

1.1.3　汉字的字体演变

汉字演变如图 1-3 所示，发现最早的汉字是甲骨文，之后演变成金文、大篆、小篆、隶书和楷书。古代汉字是指包括大篆在内的小篆以前的文字，含有甲骨文、金文和大篆等字体。汉字发展到隶书以后，笔画被固定下来。隶书及以后的楷书，甚至后来出现的宋体字，都被称为现代汉字。

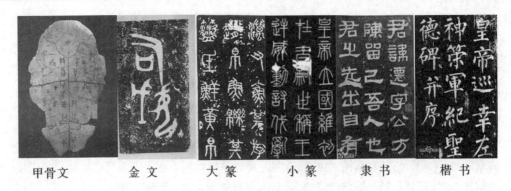

甲骨文　　　金文　　　大篆　　　小篆　　　隶书　　　楷书

图1-3　汉字演变

1. 甲骨文

古代用写或刻的方式，在龟甲、兽骨上所留下的文字叫做甲骨文。现在发现最早的甲骨文是商朝盘庚时期的甲骨文，其内容多为"卜辞"，也有少数为"记事辞"。甲骨文大部分是象形字或会意字，形声字只占20%左右。甲骨文象形程度高，且一字多体，笔画不定，这说明中国的文字在殷商时期尚未统一。

2. 金文

古代称铜为金，故铸刻在青铜器上的文字叫做金文，又叫钟鼎文、铭文。金文始见于商代二里岗的青铜器，不过商代二里岗发现的青铜器有金文的只有少数几件。殷墟出土的青铜器上金文增多；至西周时，青铜器上金文已经较为普遍。商代金文多为象形字及由象形字合成的会意字。这些字像一幅幅图画，生动逼真，浑厚自然，有的呈团块状。

3. 大篆

大篆据传为周朝史籀(zhòu)所创，故又称籀文、籀篆、籀书等。史籀是周宣王的史官。大篆散见于《说文解字》和后人收集的各种钟鼎彝器中，其中以周宣王时所作石鼓文最为著名。大篆是古字向小篆过渡的一种汉字字体。

4. 小篆

小篆由大篆简化而成。相对于大篆而言，小篆的形体结构简明、规正、协调，笔势匀圆整齐，偏旁也发生了一定的变异或合并。与大篆相比，小篆的图画性已经大大减弱，每个字的结构都比较固定。

相传小篆是战国时期秦国宰相李斯负责整理出来的。如果小篆的确是在短时期内整理出来的，则在秦国必然有一个主动推广小篆和摒斥包括大篆在内的古字的强制改革过程。

5. 六国文字

秦国以外的国家所用的文字统称为"六国文字"。六国文字属于古字范畴，图画性强，形状不定，难以识别。

战国时期的"马"字，如图 1-4 所示。秦与处于同一个时期的齐楚燕韩赵魏六国的"马"字各不相同，语言或许可以交流，文字却不通用。历史是胜利者书写的，秦统一了六国，秦国的"马"字流传下来，从大篆到小篆，一直流传到今天。

图1-4　战国时期的"马"字

公元前 221 年，秦将王贲攻破齐国首都临淄，齐亡。至此，秦统一六国。秦王嬴政成为中国封建社会历史上第一个皇帝，自称"始皇帝"。秦始皇在政治、经济、社会和文化上实行一系列的巨大改革，以加强和方便对全国的统治，文字改革就是其中之一。

公元前 221 年，秦始皇下令规定以小篆为统一书写体在全国推行，并"罢其不与秦文合者"的各种文字。为推行小篆，秦始皇命令李斯、赵高等人编写了《仓颉篇》《爰历篇》《博学篇》等书文，作为标准的文字范本。由于皇帝的高度重视及皇权的巨大影响，小篆迅速在全国推行开来，而纷繁复杂的"六国文字"也随即退出历史的舞台。

6. 隶楷

在小篆通行后不久，民间又创造出一种比小篆更为简单、定型的新书体，就是"隶书"。隶书开始时是写得比较潦草和不够规范的小篆。到秦始皇统一文字时，隶书已经形成一种固定的、规范的字体。隶书改篆书一味圆转的线条为方折的笔画，顺应了社会对书写方便和规范的需求。相传，有一位名叫程邈(miǎo)的囚犯，在狱中把民间流行的隶书整理出三千个字，转呈给秦始皇。皇帝大为赏识，不仅赦免了程邈的罪，还破格提拔他为御史，并准许其编纂的"字集"用于皂隶小民之间。此后，隶书不仅在秦朝民间广泛流行，政府文件一般也都用隶书撰写，但重要的诏书仍用小篆书写，所以隶书在秦代又称"佐书"。

隶变是汉字发展史上的一个里程碑，是古汉字演变成现代汉字的起点。有隶变，才有今天的汉字。在隶变中，中国文字由小篆转变为隶书。隶书以前的汉字是用绘画式的线条书写的，而隶书以后的汉字是用横、竖、撇、点、折等笔画构成的。自隶书出现后，汉字的结构基本上固定了下来，由街巷走进庙堂。一直到中华人民共和国成立，基本上没有太大的变化。

"马"字的演变如图 1-5 所示，小篆"马"字就是秦国的"马"字，演变成隶书后似乎丢掉了尾巴，隶书到楷书几乎没有变化，只是瘦了一些，楷书的"马"从秦汉时期一直沿用 2100 余年，到 20 世纪 50 年代简化字出现为止。

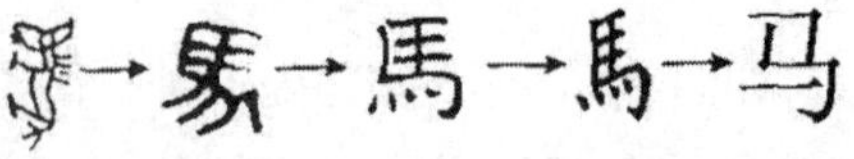

图 1-5 "马"字的演变

随着秦王朝的覆灭，小篆也迅速退出了历史舞台，隶书成为社会首要书写方式和书法的典范。其后不久，出现了更为规范的楷书字体。汉朝以后楷书占据正统地位。

7. 简化

隶书和楷书走上历史舞台之时，自然而然地消除了小篆形式的各种繁体字和简体字。人们针对隶书和楷书形式的一些汉字，又渐渐创造出新的书写形式，有的写法笔画多，有的写法笔画少，一般笔画少的占多数。这些笔画少的书写形式叫做简体字，笔画多的叫做繁体字。简体字一般不被官方认可，只流行于民间，因此又叫俗体字。

中华人民共和国成立以后，汉字简化工作很快被提上了议事日程。1949 年 10 月 10 日，中国文字改革协会正式成立。1956 年国务院通过《汉字简化方案》。1956 年 2 月推行第一批简化字 260 个；1956 年 6 月推行第二批简化字 95 个；1958 年推行第三批简化字 70 个；1959 年推行第四批简化字 92 个，另外附录了 54 个简化偏旁。1964 年，中国文字改革委员会编印了《简化字总表》，此表分为 3 个表：第一个表收录了 352 个不作偏旁的简化字，第二个表收录了 132 个可作偏旁的简化字和 14 个简化偏旁，第三个表收录了类推简化字 1753 个。《新华字典》也对收录的 8000 个汉字进行了类推简化。《简化字总表》的编印表明中国第一次简化字运动最终取得了成功。

在字体方面，汉字也发生过较大的流变。例如，隶书走上历史舞台后不久，其笔画经过自然流变形成了楷书。宋朝发明了印刷术，为适应印刷，尤其是书刊印刷的需要，笔画发生进一步的自然流变，出现了横平竖直、方方正正的印刷字体——宋体。随着文化事业和科学技术的发展，以及西方字体的影响，汉字又出现了黑体、美术字体等多种新的字体，如海报体、综艺体、勘亭流体、少女字体、仿宋、扁宋等。这些字体一般是用电脑而不是手来"书写"，所以又可统称为"电脑字体"。

书写工具的变化推动了字体的变化，甲骨文是刻字，竹简是写字，虽然书写效率提高了，但成本却没有明显的降低。现在本科毕业生的论文一般为 15000 字，如果用竹简来书写，真的可以装满一卡车，那么，现代大学生每个人都能"学富五车"。

公元 105 年，宦官蔡伦(？—121)献上一种经改制过的质地较好的纸，受到汉和帝刘肇的称赞。后来，人们将这种纸称为"蔡侯"纸。

造纸术在西汉时期就已经出现，后来蔡伦所领导的工匠们对纸浆的化学处理和漂白等关键工艺进行改进，制成了质地较好的纸，对人类文化的传播和世界文明的进步作出了杰出的贡献，千百年来备受人们的尊崇。蔡伦被纸工奉为造纸鼻祖、"纸神"。到公元3、4世纪，纸已经基本取代了缣帛、竹简而成为我国唯一的书写材料，有力地促进了科学文化的传播和发展。

1.2　容易认错的字

读错和写错字都是让人很尴尬的事。很多人有时候还会看字读半边。《诗经》中有一首写青年冶游交会的诗，即《溱洧》，有人不加思索就会读作"秦有"，但实际应该读作 zhēn wěi。我最初将"嫁得瞿塘贾"中的"贾"念错，被人嘲笑了好多年。俗语云"知耻而后勇"，读错字不要紧，我们更应该将读错的字和不认识的字在笔记本上记下来，查字典注上音，茶余饭后，随时翻翻，日积月累总会有所进益。诸如"乐山乐水"之"乐"、"将敬酒"之"将"、"远上寒山石径斜"之"斜"等字的读音，古今有些变化，我们以《新华字典》为准，相关的工作留给语言学家研究和修订，在此不做讨论。

1.2.1　容易读错的汉字

汉字在演变的过程中，有的已经看不出原始的六书痕迹，如恬静之"恬"，将甜字的"甘"丢掉了，很容易读错。有的字音发生了变化，古音已经不常用了，如暴虎冯河之"冯"，是很容易读成 féng 的，实际应读 píng。读 féng 时，冯为姓氏，代表人物是西汉名臣冯唐。

下文中汇集了容易读错的词，供读者学习。其中难免挂一漏万，我们鼓励读者在看书时，把遇到的不认识的字记在笔记本上，查《新华字典》，注上拼音，以增加汉语的词汇量。我们常常提倡博雅，只有博闻强记，少读错字，才能高雅起来。

tián jìng	bāo bì	tuò qì	tuān jí	xù jiǔ	mù xiè	xuàn lì	chǎn mèi
恬 静	包 庇	唾 弃	湍 急	酗 酒	木 屑	绚 丽	谄 媚
jí shǒu	jī xiè	zào yì	yè jiàn	shì dú	zhěng jiù	zhēn yán	yì rì
棘 手	机 械	造 诣	谒 见	舐 犊	拯 救	箴 言	翌 日
bǔ yù	kè shǒu	sǒng yǒng	shǎng cì	shū jiān	zhù cún	chǎn shù	qiān xǐ
哺 育	恪 守	怂 恿	赏 赐	书 笺	贮 存	阐 述	迁 徙
guī bǎo	péng pài	tóng bāo	cù yōng	má bì	bīn lín	diàn wū	lí nàn
瑰 宝	澎 湃	同 胞	簇 拥	麻 痹	濒 临	玷 污	罹 难
sǒu shǐ	biān chī	è piǎo	dài bǔ	cū cāo	fú xiǎo	chēn nù	chì rè
嗾 使	鞭 笞	饿 殍	逮 捕	粗 糙	拂 晓	嗔 怒	炽 热
jiān miè	fā jiào	jū jī	yùn niàng	chōng jǐng	gān hé	jī xíng	páo xiào
歼 灭	发 酵	狙 击	酝 酿	憧 憬	干 涸	畸 形	咆 哮
shǒu pà	piān xiān	mò rán	zāo pò	qián kè	kēng qiāng	kuài zhì	lán lǚ
手 帕	翩 跹	蓦 然	糟 粕	掮 客	铿 锵	脍 炙	褴 褛
fǔ xù	fèn mèn	gǔ chǐ	rǒng cháng	xī shǔn	àn nà	huí sù	biān tà
抚 恤	愤 懑	龉 齿	冗 长	吸 吮	按 捺	回 溯	鞭 挞

塑料(sù liào) 狡黠(jiǎo xiá) 媲美(pì měi) 讣告(fù gào) 斡旋(wò xuán) 联袂(lián mèi) 赈济(zhèn jì) 汲取(jí qǔ)

浸透(jìn tòu) 刚愎(gāng bì) 窠臼(kē jiù) 潸然(shān rán) 妊娠(rèn shēn) 阴霾(yīn mái) 砧板(zhēn bǎn) 粗犷(cū guǎng)

揠苗(yà miáo) 修葺(xiū qì) 悚然(sǒng rán) 高耸(gāo sǒng) 栉风(zhì fēng) 纨绔(wán kù) 桎梏(zhì gù) 瞠目(chēng mù)

膏肓(gāo huāng) 咳嗽(ké sòu) 百舸争流(bǎi gě zhēng liú) 淙淙(cóng cóng) 嫩叶(nèn yè) 莅临(lì lín) 谬论(miù lùn)

证券(zhèng quàn) 喟然(kuì rán) 取缔(qǔ dì) 混淆(hùn xiáo) 挑衅(tiǎo xìn) 内讧(nèi hòng) 彳亍(chì chù) 踟蹰(chí chú)

囹圄(líng yǔ) 囡囝(nān jiān) 揣度(chuǎi duó) 委蛇(wěi yí) 女红(nǚ gōng) 邂逅(xiè hòu) 耄耋(mào dié) 拥趸(yōng dǔn)

造诣(zào yì) 鞭笞(biān chī) 自已(zì yǐ) 自怨自艾(zì yuàn zì yì) 怙恶不悛(hù è bù quān) 惴惴不安(zhuì zhuì bù ān)

和面机(huó) 进给箱(jǐ) 给料机(jǐ) 土壤(rǎng) 矩形(jǔ) 修饰(shì) 扁舟(piān) 供给(jǐ)

模板(mú) 确凿(záo) 白术(zhú) 所向披靡(mǐ) 飞来横祸(hèng) 情不自禁(jīn)

针砭时弊(zhēn biān shí bì) 暴虎冯河(bào hǔ píng hé) 差强人意(chā qiáng rén yì) 浑身解数(xiè)

一哄而散(hòng) 窗明几净(jī) 人才济济(jì jì) 以儆效尤(jǐng yóu)

1.2.2　容易读错的姓氏

有些汉字作为姓氏用时，其读音会有变化。如单雄信之"单"，不识者会读成 dān；乐毅之"乐"，也很容易错读成 lè。

以下是容易读错的姓氏，请大家注意其读音。

覃(qín)　　　　　岑 参(cén shēn)(唐朝诗人)

晁 盖(cháo)(中国古典小说《水浒传》中的人物，梁山泊的第二任寨主)

笪深(dá)(宋朝进士)　　符坚(fú)(前秦世祖宣昭皇帝)　　盖丽丽(gě)(现代女演员)

郜煜(gào yù)(清朝进士)　　过晏(guō)(东汉后期游侠)　　华佗(huà)(汉末名医)

蹇叔(jiǎn)(春秋时秦国大夫)　　翦 伯赞(jiǎn)(历史学家)　　嫪毐(lào ǎi)(秦始皇武将)

郦食其(lì yì jī)(汉刘邦谋臣)　　米芾(mǐ fú)(宋朝书画家)　　万俟卨(mò qí xiè)(宋朝奸臣)

牟谷(mù)(宋朝画家)　　区宝(ōu)(东汉孝子)　　仇英(qiú)(明朝著名画家)

瞿秋白(qú)(无产阶级革命家)　　阮 玲玉(ruǎn)(中国早期著名女影星)　　单 雄信(shàn)(隋末绿林首领)

佘太君(shé)(宋朝女将)　　莘 融(shēn)(宋朝进士)　　邰鼎(tái)(宋朝名臣)

佟(tóng)(叶赫佟氏)　　解珍(xiè)(水浒人物)　　冼 星海(xiǎn)(音乐家)

尉迟敬德(唐朝名将，凌烟阁二十四功臣之一)　　　　　　乐毅(战国军事家)

翟让(隋末瓦岗英雄)　　　　查良镛(金庸，当代知名武侠小说作家)

颛顼(黄帝之孙，五帝之一)

1.2.3　容易读错的地名和族名

我们在工作和生活中经常会遇到地名和族名。有些地名读音很相近，但相距很长的距离，如福州(福建)和抚州(江西)；有的地名很容易写错，如亳县之"亳"，常被误写成"毫"。

以下是容易读错的地名和族名，请大家注意其读音。

蚌埠	北碚	亳县	郴州	儋州	东莞	番禺	涪陵
藁城	洪洞	桓仁	蓟县	郏县	井陉	莒县	鄄城
浚县	临朐	郯城	喀什	夔州	乐亭	耒阳	丽水
滦河	漯河	勐腊	泌阳	沔县	岷江	巴音淖尔	
邳州	郫县	犍为	剡县	渑池	嵊县	台州	台北
瓮县	武陟	婺江	歙县	忻州	盱眙	兖州	黟县
弋阳	荥阳	邕江	郧县	芝罘	淄川	鞑靼	单于
氐族	侗族	拉祜族	傈僳族	珞巴族	畲族	佤族	仡佬族
吐蕃	大月氏	龟兹	回鹘	回纥			

1.3　学说普通话[1]

我国幅员辽阔、人口众多，数千年来形成了几十种民族语言和上百种汉语方言。如果没有高度统一的语言，那么贯彻政令、协调社会关系、发展文化事业都会受到制约。正因为如此，宪法规定："国家推广全国通用的普通话。"普通话是学校的教学用语、广播电视的播音用语、服务行业的标准用语。以普通话为工作语言的播音员、节目主持人和演员、教师、公务员都应该努力提高普通话水平，达到规定的标准。理工科大学生承载着技术交流和知识传承的重任，与顾客交流，与同行交流，向领导汇报，向后人传授，都离不开语言，理所当然要使用统一的普通话。尤其是方言众多的闽、粤、赣、鄂等地

---

[1] 本节主要参考文献：学赞教育考试研究中心. 普通话水平测试指导教程[M]. 厦门：厦门大学出版社，2018.

区，普及普通话对于提供良好的投资环境和促进旅游观光、商业流通等，都是相当有利的；对于发展文化教育事业、培养现代化建设的人才，也是非常必要的。

1.3.1 普通话的发音

河北省承德市滦平县为普通话标准音的主要采集地。1953 年中央人民政府政务院委派语言专家为制定中国通用语言规范进行取音考察，他们在滦平的金沟屯镇、巴克什营镇、火斗山乡三地进行了语音采集。作为全国规范，普通话需要音节口型顺畅，声调简明，易于分辨，要求语速适中，气流连贯，韵味充足，适于广播、演讲和日常交流，如此才适合作为推向全国的公共用语。从后来普通话的规范来看，滦平日常语言非常符合这些标准。滦平话音准分明，字正腔圆，语调比当时的北京话要"硬"一些，显得直接、清晰、明确，且没有北京的儿化、省字、尾音等发音习惯，易于学习推广。1955 年 10 月，"全国文字改革会议"和"现代汉语规范问题学术会议"召开，将汉民族共同语的正式名称定为"普通话"。

普通话审音委员会从 1956—1963 年历经 7 年，先后发表了三批《普通话异读词审音表初稿》，并于 1963 年辑录成《普通话异读词三次审音总表初稿》。此后，普通话有了统一的规范。例如，在《普通话异读词三次审音总表初稿》发布之前，"车"字在很多成语里面都读 jū，如"安步当车"中的"车"是指象棋里面的"车"，读 jū。但是"汽车""火车"里的"车"读 chē。本着不给大家添麻烦的原则，规定"车"统一读成 chē。又如，癌症的"癌"字，当时北京人读作 ái，上海人、广东人读作 yán，"喦"是"岩"的繁体。癌症、炎症如果都读 yán 症，肺炎和肺癌就不好区分了。为了避免混淆，规定"癌"读 ái。

1982—1985 年，普通话审音委员会编成了《普通话异读词审音表》，有很多字的字音产生了变化。例如，"细胞"的"胞"字不再读 pāo，而是改为读 bāo；"歼灭"的"歼"字，不再读 qiān，而是改为读 jiān；"卓越"的"卓"不再读 zhuō，读作 zhuó；"咆哮"的"哮"不再读 xiāo，读作 xiào；"驯服"的"驯"不再读 xún，读作 xùn。变音的原因很简单：现实中大多数人怎么读，就改成怎么读。

2011—2016 年，普通话审音委员会编成了《普通话异读词审音表(修订稿)》，总体原则是"尽量简单易懂，不给群众找麻烦"，按照民间调查，采用大家使用最多的读音。例如，安徽省有座文化名城叫"六安"，"六"字从古到今读作 lù，在最新版的审音表中，"六"统读为 liù。"说服"以前有些人读 shuìfú，现在统读为 shuōfú。古诗"远上寒山石径斜"的"斜"，不再读 xiá 这个古音，统读 xié。

普通话有 4 个声调：阴平、阳平、上声、去声，如 u 的四声为 ū、ú、ǔ、ù。汉语的声调是发音时的音高，声调的调值变化表现为音高的升降变化。声调的音高不是单一的、跳跃的，而是复合的、滑动的，如普通话上声的调值记为 214，念这个调时，是先从 2

度开始，滑落到 1，再向上滑升过 2、3，到达高位的 4 度结束。这与音乐的音高变化相似，所以赵元任先生经过语音实验证明汉语的声调可以用音乐上的五线谱原理来标记，于 1930 年创制了五度标调法，把一个音节的平均相对音高分成"5、4、3、2、1"五度，又依次称为"高、半高、中、半低、低"五度。随后刘复(半农)先生经过仪器实验测定现代汉语普通话四声的调值为：阴平 55、阳平 35、上声 214、去声 51。普通话四声音高升降的调形符号，如图 1-6 所示。

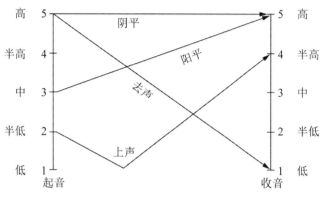

图 1-6 调形符号示意图

汉语声调的调值可用数字标调法，现代汉语普通话四声的调值为：阴平(一声)，由最高的 5 平伸到 5，记为 55；阳平(二声)，由 3 升滑到 5，记为 35；上声(三声)，由 2 滑落到 1 再升滑到 4，记为 214；去声(四声)，由 5 下滑到 1，记为 51，如"妈、麻、马、骂"四声就记为 ma55、ma35、ma214、ma51。也可以用调形标调法，把四调的升降变化曲线缩减为短线条标在韵母的主元音上，如"妈、麻、马、骂"四声记为 mā、má、mǎ、mà。连续四声的词有花红柳绿、山明水秀等。

1.3.2 普通话的超音节发音

现代标准汉语在读词句时，字的发音会有一定的变化，常见的有变调、轻声和儿化。

1. 变调

现代标准汉语发音时，字和字连起来发生字调与单字音调不同的现象，叫做变调。变调一般出现的情况如下。

(1) 上声的变调。如果上声字后面接着非上声字(阴平、阳平、去声和轻声)前，且该上声字不处于句末、不处于被强调状态时，常读作半上声 21。

当两个上声字连读时，第一个字的声调变得接近阳平，许多人将其与阳平 35 合并。例如"老鼠"，两字音调都是上声，但发音若阳平、上声，和"牢鼠"的读法相近而不相同。

当三个上声字连续时，则比较复杂，具体情况分析如下。

① 当词语首二字是双音节，而第三字是单音节时，首二字都变调。如"保管好"，发音若阳平、阳平、上声。

② 当词语首字是单音节，而尾二字是双音节时，首字变成 21，第二字变如阳平。如"总保管"发音若半上声、阳平、上声。

(2) "一"和"不"的变调。在去声音节之前，"一"读阳平声，如"一定"。在非去声音节之前，"一"读去声，如"一天""一年""一起"。在词语之间，"一"读轻声。但表示序数时或其他情况下，"一"都读原本的阴平声。

"不"只有在去声音节前才变调为阳平声，如"握不握得住？"，"不"即为阳平声。在词语之间，"不"读轻声。

(3) "七"和"八"的变调。现代标准汉语中，"七"和"八"在去声字之前需要变为阳平，例如，"七月""八拜"等词。但随着时代发展，年轻一代变调的人数越来越少。2005 年出版的第五版《现代汉语词典》中已经删去"七"和"八"变调的内容。但部分讲解现代汉语的书籍中还有所保留。现在很少有人会在去声字前读为阳平，读为阳平普遍被认为是东北土话的象征。

2. 轻声

现代标准汉语发音时，某些字音失去了其原有的声调而变得轻而短促的现象，叫做轻声。读轻声的情况大致如下。

(1) 语气词"吧、吗、啊、阿、呢"等读轻声。

(2) 助词"着、了、过、的、地、得"等读轻声。

(3) 名词后缀"头、子"等读轻声。

(4) 表趋向的动词做补语时读轻声，如"太阳升起来了"中的"来"读轻声。

(5) 方位词，如"上、下、左、右、前、后"等读轻声。

(6) 量词，如"那个、那次、那盘"等读轻声。

(7) 其他情况，例如：

地道(dào)——武工队帮助老百姓挖地道。

地道(dao) ——不错啊！北京土话说的还挺地道！

照应(yìng)——文中这两段是相互照应的关系。

照应(ying)——两人一块出门，相互好有个照应。

东西(xī)——在野外，看日出日落是辨别东西方向最基本的方法。

东西(xi)——人家在医院里躺着，好歹也该买点东西去看看啊！

兄弟(dì)——好兄弟！咱人穷志可不能短啊！

兄弟(di)——我说兄弟，你带这么多钱出门可得注意着点。

对头(tóu)——对头！你这个答案和我心里想的一模一样！

对头(tou)——他两个是对头，早年两家有过矛盾。

3. 儿化

普通话的儿化现象主要由词尾"儿"变化而来。词尾"儿"本是一个独立的音节，由于口语中处于轻读的地位，长期与前面的音节流利地连续而产生音变，"儿"失去了独立性，划到前一个音节上，只保持了一个卷舌动作，使两个音节融合成一个音节，同时前面音节的韵母发生变化。如"脸儿"，书写注音时为 liǎnr。

北京方言比普通话中的儿化音要多，用于市井交流，具有鲜明的胡同特色。但与普通话相比，北京话还是显得不够庄重。如果语速过快，外乡人也很难听清楚，不方便沟通和记录。

【例文1-2】

北京话儿化音例文

酒糟鼻子赤红脸儿，光着膀子大裤衩儿。脚下一双趿拉板儿，茉莉花茶来一碗儿。灯下残局还有缓儿，动动脑筋不偷懒儿。黑白对弈真出彩儿，赢了半盒儿小烟卷儿。你问神仙都住哪儿，胡同儿里边儿四合院儿。虽然只剩铺盖卷儿，不愿费心钻钱眼儿。南腔北调几个胆儿，几个老外几个色儿。北京方言北京范儿，不卷舌头不露脸儿。

1.3.3 普通话的朗读

朗读是把文字转化为有声语言的一种创造性活动，是一种出声的阅读方式。就语文学习而言，朗读是最重要的。朗读是阅读的起点，是理解课文的重要手段。它有利于发展阅读者的智力，使其获得思想上的熏陶。朗读有助于情感的传递。朱熹要求学生从小养成正确朗读的习惯，还要求读书必须逐字逐句透彻理解，进而深入体会，反复揣摩。阅读者在朗读过程中可以突出某个字，有助于其理解文字的意思。

不同物体振动时的振动方式、频率不同，则会产生不同的音波。音波通过不同的介质传播，作用于我们的听觉系统，于是我们就听到了声音。

1. 声音的特性

声音有高低、长短、强弱和色彩四种特性，即音高、音值、音量和音色。

(1) 音高。音高，即音的高低，是由物体在一定时间内的振动频率决定的。振动频率高则音高，振动频率低则音低。

(2) 音值。音值，即音的长短，由音的延续时间长短决定。

(3) 音量。音量，即音的强弱，由发声物体的振幅决定。

(4) 音色。音色，即音的色彩，是音的感觉特性。人的声音的音色有高、中、低音，并有男、女之分。

通过朗读训练，协调好音高、音值、音量和音色，从而养成发标准音的习惯，这是说好普通话的重要方式和方法。

2. 朗读的基本要求

朗读主要是培养学生使用普通话朗诵书面作品的能力，可用于普通话应用能力的检验，而非朗读技巧水平的判定。根据这个性质，对朗读的基本要求主要有以下几点。

(1) 要求朗读时发音准确、规范。

(2) 要求朗读作品时语调正确、自然，符合普通话语调的习惯。

(3) 要求朗读作品时语言流畅、连贯。

3. 朗读语调的主要体现

语调由音高、音值、音量等非音质成分构成。朗读语调必须符合普通话语调的习惯。普通话语调主要体现在语句的轻重音格式、字调及其变读、语句高音、语速和停连等方面。

(1) 掌握普通话语句的轻重音格式。

(2) 读准声调，正确把握变调规律和轻声调值。

(3) 注意不同句型的句调变化。

(4) 处理好语速及停连。

4. 朗读时应注意的问题

(1) 注意纠正语音错误或语音缺陷。

(2) 重视对普通话词语轻重音格式的训练，逐步形成习惯。

(3) 确定语句重音要符合一般原则，避免随意性。

(4) 在语义和结构分析的基础上处理停连，纠正朗读中的固定节奏模式。

(5) 注意心理调适，克服紧张情绪。

5. 朗读练习

(1) 读单音节字词(限时 3.5 分钟)。

卧(wò)　　鸟(niǎo)　　纱(shā)　　悔(huǐ)　　掠(lüè)　　酉(yǒu)　　终(zhōng)

撤(chè)　　甩(shuǎi)　　蓄(xù)　　秧(yāng)　　四(sì)　　仍(réng)　　叫(jiào)

台(tái)　　婶(shěn)　　贼(zéi)　　耕(gēng)　　半(bàn)　　掐(qiā)　　布(bù)

癣(xuǎn)　翁(wēng)　弱(ruò)　刷(shuā)　允(yǔn)　床(chuáng)　改(gǎi)　逃(táo)

舂(chōng)　驳(bó)　纯(chún)　导(dǎo)　虽(suī)　棒(bàng)　伍(wǔ)　知(zhī)

末(mò)　枪(qiāng)　蹦(bèng)　港(gǎng)　评(píng)　犬(quǎn)　课(kè)　淮(huái)

炯(jiǒng)　循(xún)　纺(fǎng)　拴(shuān)　李(lǐ)　赛(sài)　捡(jiǎn)　梯(tī)

呕(ǒu)　绳(shéng)　揭(jiē)　陇(lǒng)　搓(cuō)　二(èr)　棉(mián)　桩(zhuāng)

皿(mǐn)　宋(sòng)　狭(xiá)　内(nèi)　啃(kěn)　字(zì)　环(huán)　州(zhōu)

秒(miǎo)　抛(pāo)　代(dài)　关(guān)　停(tíng)　祛(qū)　德(dé)　孙(sūn)

旧(jiù)　崔(cuī)　凝(níng)　烈(liè)　倪(ní)　荆(jīng)　擒(qín)　案(àn)

砸(zá)　垮(kuǎ)　焚(fén)　帝(dì)　聊(liáo)　颠(diān)　涌(yǒng)　牛(niú)

汝(rǔ)　粤(yuè)　篇(piān)　竹(zhú)　草(cǎo)　迟(chí)　泛(fàn)

(2) 读多音节词语(限时 2.5 分钟)。

参考(cān kǎo)	船长(chuán zhǎng)	艺术家(yì shù jiā)	聪明(cōng míng)
她们(tā men)	红军(hóng jūn)	煤炭(méi tàn)	工厂(gōng chǎng)
发烧(fā shāo)	嘟囔(dū nang)	黄瓜(huáng guā)	效率(xiào lǜ)
别针儿(bié zhēnr)	责怪(zé guài)	大娘(dà niáng)	喷洒(pēn sǎ)
保温(bǎo wēn)	产品(chǎn pǐn)	佛学(fó xué)	童话(tóng huà)
男女(nán nǚ)	做活儿(zuò huór)	缘故(yuán gù)	谬论(miù lùn)
穷困(qióng kùn)	今日(jīn rì)	完整(wán zhěng)	决定(jué dìng)
斜坡(xié pō)	疲倦(pí juàn)	爱国(ài guó)	能量(néng liàng)
英雄(yīng xióng)	口罩儿(kǒu zhàor)	让位(ràng wèi)	叶子(yè zi)
封锁(fēng suǒ)	核算(hé suàn)	而且(ér qiě)	转脸(zhuǎn liǎn)
人群(rén qún)	飞快(fēi kuài)	牙签(yá qiān)	丢掉(diū diào)
往来(wǎng lái)	罪恶(zuì è)	首饰(shǒu shì)	此起彼伏(cǐ qǐ bǐ fú)

(3) 朗读短文(限时 4 分钟)。

在(zài)繁(fán)华(huá)的(de)巴(bā)黎(lí)大(dà)街(jiē)的(de)路(lù)旁(páng),站(zhàn)着(zhe)一(yí)个(gè)衣(yī)衫(shān)褴(lán)褛(lǚ)、头(tóu)发(fà)斑(bān)白(bái)、双(shuāng)目(mù)失(shī)明(míng)的(de)老(lǎo)人(rén)。他(tā)不(bù)像(xiàng)其(qí)他(tā)乞(qǐ)丐(gài)那(nà)样(yàng)伸(shēn)手(shǒu)向(xiàng)过(guò)路(lù)行(xíng)人(rén)乞(qǐ)讨(tǎo),而(ér)是(shì)在(zài)身(shēn)旁(páng)立(lì)一(yí)块(kuài)木(mù)牌(pái),上(shàng)面(miàn)写(xiě)着(zhe):"我(wǒ)什(shén)么(me)也(yě)看(kàn)不(bú)见(jiàn)!"

街(jiē)上(shang)过(guò)往(wǎng)的(de)行(xíng)人(rén)很(hěn)多(duō),看(kàn)了(le)木(mù)牌(pái)上(shàng)的(de)字(zì)都(dōu)无(wú)动(dòng)于(yú)衷(zhōng),有(yǒu)的(de)还(hái)淡(dàn)淡(dàn)一(yí)笑(xiào),便(biàn)姗(shān)姗(shān)而(ér)去(qù)了(le)。

这(zhè)天(tiān)中(zhōng)午(wǔ),法(fǎ)国(guó)著(zhù)名(míng)诗(shī)人(rén)让(ràng)•彼(bǐ)浩(hào)勒(lè)也(yě)经(jīng)过(guò)这(zhè)里(lǐ)。他(tā)看(kàn)看(kan)

木(mù)牌(pái)上(shàng)的(de)字(zì)，问(wèn)盲(máng)老(lǎo)人(rén)："老(lǎo)人(rén)家(jiā)，今(jīn)天(tiān)上(shàng)午(wǔ)有(yǒu)人(rén)给(gěi)你(nǐ)钱(qián)吗(ma)？"

盲(máng)老(lǎo)人(rén)叹(tàn)息(xī)着(zhe)回(huí)答(dá)："我(wǒ)，我(wǒ)什(shén)么(me)也(yě)没(méi)有(yǒu)得(dé)到(dào)。"

说(shuō)着(zhe)，脸(liǎn)上(shàng)的(de)神(shén)情(qíng)非(fēi)常(cháng)悲(bēi)伤(shāng)。让(ràng)·彼(bǐ)浩(hào)勒(lè)听(tīng)了(le)，拿(ná)起(qǐ)笔(bǐ)悄(qiāo)悄(qiāo)地(de)在(zài)那(nà)行(háng)字(zì)的(de)前(qián)面(miàn)添(tiān)上(shàng)了(le)"春(chūn)天(tiān)到(dào)了(le)，可(kě)是(shì)"几(jǐ)个(gè)字(zì)，就(jiù)匆(cōng)匆(cōng)地(de)离(lí)开(kāi)了(le)。晚(wǎn)上(shang)，让(ràng)·彼(bǐ)浩(hào)勒(lè)又(yòu)经(jīng)过(guò)那(nà)里(lǐ)，问(wèn)那(nà)个(ge)盲(máng)老(lǎo)人(rén)下(xià)午(wǔ)的(de)情(qíng)况(kuàng)。盲(máng)老(lǎo)人(rén)笑(xiào)着(zhe)回(huí)答(dá)说(shuō)："先(xiān)生(shēng)，不(bù)知(zhī)为(wèi)什(shén)么(me)，下(xià)午(wǔ)给(gěi)我(wǒ)钱(qián)的(de)人(rén)多(duō)极(jí)了(le)！"

让(ràng)·彼(bǐ)浩(hào)勒(lè)听(tīng)了(le)，摸(mō)着(zhe)胡(hú)子(zi)满(mǎn)意(yì)地(de)笑(xiào)了(le)。"春(chūn)天(tiān)到(dào)了(le)，可(kě)是(shì)我(wǒ)什(shén)么(me)也(yě)看(kàn)不(bú)见(jiàn)！"

这(zhè)富(fù)有(yǒu)诗(shī)意(yì)的(de)语(yǔ)言(yán)，产(chǎn)生(shēng)这(zhè)么(me)大(dà)的(de)作(zuò)用(yòng)，就(jiù)在(zài)于(yú)它(tā)有(yǒu)非(fēi)常(cháng)浓(nóng)厚(hòu)的(de)感(gǎn)情(qíng)色(sè)彩(cǎi)。是(shì)的(de)，春(chūn)天(tiān)是(shì)美(měi)好(hǎo)的(de)，那(nà)蓝(lán)天(tiān)白(bái)云(yún)，那(nà)绿(lǜ)树(shù)红(hóng)花(huā)，那(nà)莺(yīng)歌(gē)燕(yàn)舞(wǔ)，那(nà)流(liú)水(shuǐ)人(rén)家(jiā)，怎(zěn)么(me)不(bù)叫(jiào)人(rén)陶(táo)醉(zuì)呢(ne)？但(dàn)这(zhè)良(liáng)辰(chén)美(měi)景(jǐng)，对(duì)于(yú)一(yí)个(gè)双(shuāng)目(mù)失(shī)明(míng)的(de)人(rén)来(lái)说(shuō)，只(zhǐ)是(shì)一(yí)片(piàn)漆(qī)黑(hēi)。当(dāng)人(rén)们(men)想(xiǎng)到(dào)这(zhè)个(ge)盲(máng)老(lǎo)人(rén)，一(yì)生(shēng)中(zhōng)竟(jìng)连(lián)万(wàn)紫(zǐ)千(qiān)红(hóng)的(de)春(chūn)天(tiān)都(dōu)不(bù)曾(céng)看(kàn)到(dào)，怎(zén)能(néng)不(bù)对(duì)他(tā)产(chǎn)生(shēng)同(tóng)情(qíng)心(xīn)呢(ne)？

1.3.4　方言与普通话*[1]

汉族的先民开始时人数很少，使用的汉语也比较简单。后来由于社会的发展，居民逐渐向四周扩展，或者集体向远方迁移，或者跟异族人发生接触，汉语逐渐地发生分化，产生了分布在不同地域上的方言。目前汉语方言分布区域辽阔，使用人口在9亿以上。

---

[1] 本段以福建方言为例，不做通识内容，教学时教师可自行组织材料。

对于北方人来说，说普通话可谓驾轻就熟。而对于方言很重的南方，许多人不会说普通话或说不准普通话。

福建方言与普通话在语音、词汇方面有很大差别，在语法方面也有所不同。说福建话的人说起普通话来，还习惯于方言的句型，但有时也会适当加以改造。

【例文1-3】

普通话	福建普通话
我给自行车撞倒了。(倒地的是自行车)	我给自行车撞倒了。(倒地的是我)
有空随便去看看。	有空莽去看一下。
你说话的声音太小，我听不见。	你说得太小声，我听没有。
这种花不怎么香。	这种花比较不香。
拿包烟送他。	烟拿一包送给他。
今天太阳很毒。	今天太阳很大。

1. 词语搭配不当

不同地方的人在学习普通话的过程中会出现偏差。福建人说普通话时，用词的习惯和普通话有些不同，交流起来容易引起误会，在学习的过程中要加以改进。

在表1-1中，前列是普通话的规范说法，后列是带福建地方味儿的不规范的普通话。

表1-1 普通话与福建普通话对比

知道——认识——懂	
那人我不认识。	那人我不懂。
这件事我不知道。	这件事我不懂。
这么简单的道理，他应该懂得。	这么简单的道理，他应该晓得。
我不知道几点了。	我不懂几点了。

不能——不敢——不会——不懂——不行	
车来了，不能横穿马路。	车来了，不敢横穿马路。
事关重大，不能说出去。	事关重大，不敢说出去。
得了这种病，能吃不能睡。	得了这种病，会吃不会睡。
这车只能坐五个人。	这车只会坐五个人。
我不会说普通话。	我不懂说普通话。
他说的话，你听懂了吗?	他说的话，你会不会听懂?
那里有危险，不能去。	那里有危险，不行去。
别人的东西，别去动它。	别人的东西，不敢动它。

(续表)

不——没有	
你去过他家吗？	你有去过他家吗？
这种菜他吃不惯。	这种菜他吃不来。
你今天在幼儿园乖不乖？	你今天在幼儿园有没有乖？
他烧的菜大多不够咸。	他烧的菜大多没有咸。
这种花不怎么香。	这种花没有什么香。
不，他不是这样说的。	没有，他不是这样说的。
他的脸红，你的脸不红。	他脸有红，你没有红。
我跟你说过了，是不是？	我跟你说过了，有没有？
早米不出饭。	早米煮没有饭。
在小饭馆吃得不舒服。	在小饭馆吃不清楚。
爸爸在家，妈妈不在家。	爸爸有在，妈妈没有在。

几多——多么——多少	
你爷爷多大岁数？	你爷爷多几岁了？
你们班有多少同学？	你们班几多同学？
今天多冷啊！	今天几(多)冷啊！/今天多少冷啊！

随便——凑合——莽	
我随便问一句。	我莽问一句。
有空来玩玩。	有空莽来玩。
炒得不好，凑合着吃吧。	炒得不好，莽吃吧。
通知他一声。	莽通知他一声。

大——小	
那双新鞋太大。	那双新鞋太大双。
他说话声音大。	他说话很大声。
山上的树都很小。	山上都是小小棵的树。
孩子睡小床行了。	孩子睡小张床行了。

2. 虚词用法不当

虚词是汉语语法的重要组成部分，虚词用法不同是普通话与方言的重要区别。如表 1-2 所示，前列是普通话虚词规范用法，后列是福建普通话中虚词的不规范用法。

表1-2　普通话与福建方言虚词对比

了——着——过——有——掉——去

昨天乡下来了五六个人。	昨天乡下有来五六个人。
北京我去过了。	北京我有去过。
后门开着呢！	后门有开着！
要/想看电影的来登记。	有看电影的来登记。
两个人大约谈了十分钟。	两个人有谈十分钟。
开着门睡。	门开了睡。/开了门睡。
他来过两三次。	他有来过两三次。
鞋破了，车也坏了。	鞋破掉了，车也坏掉了。
书被他弄丢了。	书被他弄丢掉了。
花了三天才做完。	花去了三天才做完。
今年的水仙花不香了。	今年的水仙花变没有香掉了。
看把他急坏了。	看把他急死掉了。
他什么都忘了。	他什么都忘掉了。
屋里坐着三个人。	屋里有坐三个人。/屋里坐了三个人。

得——地——的——到

破得不能穿了。	破到不能穿了。
他说得很清楚。	他说很清楚。
走了一身汗。	走到一身汗。
我跟他没法比。	我跟他没有比。
你说到哪去了？	你说哪里去了？ / 你说去哪里去了？
雨不停地下。	雨下不停。

把——被——给

一定要把他请来。	一定要给他请来。
叫他把书还给我。	叫他书还给我。
书被他借走了。	书给他借走了。
我被他骗了。	我给他骗了。

3. 语序安排不当

汉语的句子成分有主语、谓语、宾语、定语、状语和补语。普通话和方言之间句子成分的语序有所不同，例如，走在前面/前面走；有时两者表述的意思有些不同，例如，很大/大得很；而有时意思全然不同，例如，吃不完拿走/不吃完拿走。

如表 1-3 所示，前列是普通话的规范语序，后列是福建方言的习惯语序。

表1-3　普通话与福建方言语序对比

状语和补语	
马路上车多，靠边走。	马路上车多，走边/走旁边。
你前面走，我后面跟着。	你走前面，我跟后面。
这种水果我吃不惯。	这种水果我不会吃得来。
我不会下棋。	我下不来棋。
这几天我走不开。	这几天我不能走得开。
那个门打不开。(有故障)	那个门不能打开。(不可以打开)
(剩一点菜)吃完它。	(剩一点菜)吃给它完。
你再吃一碗。	你再吃一碗添。
你大点儿声说。	你说大声点儿。
太重了，你搬不动它。	太重了，你搬它不动。
太多了，我喝不完。	太多了，我不会喝得完。
少穿了一件，着凉了。	穿少了一件，着凉了。
我怕是说不过他。	我怕是说他不过。
地板还没擦干净。	地板擦还没干净。
请帮一下忙。	请帮忙一下。
一斤半五个人不够吃。	一斤半五个人吃不够。
宾语——双宾语——连谓	
你去买包烟。	你去烟买一包。
我告诉你一件事。	我讲一件事给你听。
我买到票了。	票我买到了。
下午上街理了个发。	下午上街头理一个。
送他一本书就够了。	书送他一本就够了。
门口站着一个人。	门口一个人站着。
你吃了饭再走。	你饭吃了再走。
他送了我一本书。	他送一本书我。
你叫什么名字？	你名字叫什么？
他喝醉了。	他喝酒醉了。
我给他寄钱了。	我钱寄给他了。

（续表）

把字句——被字句——比较句	
我把菜吃光了。	我菜吃光光了。
把羊拴在树上。	羊把它拴在树上。
我把信寄给他了。	我信寄给他了。
不吃肉，就把汤喝喽。	肉不吃，汤把它喝下去。
那孩子被骗走了。	那孩子给人骗走了。
弟弟比哥哥高出一个头。	弟弟高哥哥一个头。
小李比不过小王。	小李比小王不过。
坐火车比坐飞机还快。	坐火车快过坐飞机。
红糖没白糖那么甜。	红糖比起白糖不甜。
他说的话你听懂了吗？	他说的话你会不会听懂？

　　学习普通话的方法，要因地制宜。例如，虽然东北和陕北都是北方城市，因其本地方言或普通话有很大差别，其学习普通话的重点也会有所不同。同样，虽然湖南、江西、福建、广东都是南方城市，但是其学习方法或重点也会有所差异。普通话的标准是相同的，但在选择学习普通话的教材和方法时要针对地域特点，这样才能达到理想的效果。

　　我们不仅要知道方言与普通话的区别，还要清楚"本地普通话"和标准普通话的差距，并逐渐练习普通话，只有这样才能真正说好普通话。

练习与训练

1. 简述汉字的起源。

2. 举例说明什么是六书。

3. 什么是隶变？为什么说隶变是古汉字和现代汉字的分水岭？

4. 改错。

(1) 修茸　搔痒病　杀戮　谈笑风声　鬼鬼崇崇　美仑美奂

　　消假　做月子　痉挛　遗笑大方　人情事故　走头无路

　　罗嗦　钉书机　迁徒　准备就序　蛛丝蚂迹　趋之若鹜

　　追朔　沉缅　渲泄　额首相庆　萎糜不振　饮鸩止渴

　　尤如猛虎下山　寒喧　洁白无暇　竭泽而鱼　坐阵指挥

　　脏款　九洲　醮水　九宵云外　滥芋充数　旁证博引

膺品　蜇伏　　装祯　世外桃园　灸手可热　各行其事

编篡　姿意妄为　不能自己

(2)　婷婷玉立　幅射　气溉　迫不急待　甘败下风　一幅对联

倍受关注　脉博　松驰　自抱自弃　战略布署　一如继往

针贬时弊　欠收　粗旷　言简意骇　草管人命　娇揉造作

一股作气　扯蛋　峻工　悬梁刺骨　一愁莫展　穿流不息

食不裹腹　精萃　震憾　不落巢臼　受益非浅　象……一样

挖墙角　凑和　打腊　烩炙人口　按步就班　鼎立相助

默守成规　防碍　风彩　死皮癞脸　再接再励　磐竹难书

沤心沥血　陷井　凭添　山青水秀　黄梁一梦　声名雀起

出奇不意　了望　名信片　侯车室　众口烁金　大姆指

水笼头

5. 给加点的字注音。

结束	强劲	召开	迁徙	果实累累	自怨自艾
勉强	粗犷	筵席	禅让	良莠不齐	瑕不掩瑜
住宿	亚洲	洞穴	室内	呱呱坠地	一叶扁舟
给予	角色	关卡	凹陷	博闻强识	虚与委蛇
拗口	芭蕾	炽热	秘鲁	殷红如血	不卑不亢
贲临	裨益	鞭笞	鞭挞	瞠目结舌	猝不及防
屏息	不啻	猜度	谄媚	大腹便便	粗糙胆怯
忏悔	徜徉	嗔怪	肄业	刚愎自用	荷枪实弹
踟蹰	堤岸	恫吓	对峙	呼天抢地	怙恶不悛
阿谀	饿殍	菲薄	分袂	戛然而止	面面相觑
高丽	蛤蜊	皈依	诡谲	流水淙淙	鄱阳湖
颔首	回溯	校对	酵母	潸然泪下	唾手可得
匕首	狙击	角逐	倔强	相形见绌	心宽体胖
龟裂	恪守	莅临	整饬	循规蹈矩	兄弟阋墙

剽悍	潜力	倾轧	请帖	一哄而散	一曝十寒
龋齿	冗长	妊娠	狩猎	胴体	越俎代庖
拓本	吸吮	星宿	噱头	燕京	赝品
翌日	阴霾	游说	针灸	箴言	症结
主意					

6. 朗读训练(每小题 3～4 分钟)。

(1) 我国的建筑，从古代的宫殿到近代的一般住房，绝大部分是对称的，左边怎么样，右边也是怎么样。苏州园林可绝不讲究对称，好像故意避免似的。东边有了一个亭子或者一条回廊，西边决不会来一个同样的亭子或者一道同样的回廊。

这是为什么？我想，用图画来比方，对称的建筑是图案画，不是美术画，而园林是美术画，美术画要求自然之趣，是不讲究对称的。

苏州园林里都有假山和池沼。假山的堆叠可以说是一项艺术而不仅是技术。或者是重峦叠嶂，或者是几座小山配合着竹子花木，全在乎设计者和匠师们生平多阅历，胸中有丘壑，才能使游览者远望的时候仿佛观赏宋元工笔云山或者倪云林的小品，攀登的时候忘却苏州城市，只觉得在山间。至于池沼，大多引用活水。有些园林池沼宽敞，就把池沼作为全园的中心，其他景物配合着布置。水面假如成河道模样，往往安排桥梁。假如安排两座以上的桥梁，那就一座一个样，决不雷同。池沼或河道的边沿很少砌齐整的石岸，总是高低屈曲任其自然。还在那儿布置几块玲珑的石头，或者种些花草：

这也是为了取得从各个角度看都成一幅画的效果。池沼里养着金鱼或各色鲤鱼，夏秋季节荷花或睡莲开放。游览者看"鱼戏莲叶间"，又是入画的一景。

(2) 我爱月夜，但我也爱星天。从前在家乡七八月的夜晚，在庭院里纳凉的时候，我最爱看天上密密麻麻的繁星。望着星天，我就会忘记一切，仿佛回到了母亲的怀里似的。

三年前在南京，我住的地方有一首后门，我打开后门，便看见一个静寂的夜。下面是一片菜园，上面是星群密布的蓝天。星光在我们的肉眼里虽然微小，然而它使我们光明无处不在。那时候我正在读一些天文学的书，也认得一些星星，好像它们就是我的朋友，它们常常在和我谈话一样。

如今在海上，每晚和繁星相对，我把它们认得很熟了。我躺在舱面上，仰望天空。深蓝色的天空里悬着无数半明半昧的星。船在动，星也在动，它们是这样低，真是摇摇欲坠呢！渐渐地我的眼睛模糊了，我好像看见无数萤火虫在我的周围飞舞。海上的夜是柔和的，是静寂的，是梦幻的。我肩头许多认识的星，我仿佛看见它们在对我眨眼，我仿佛听见它们在小声说话。这时我忘记了一切。在星的怀抱中我微笑着，我沉睡着。我觉得自己是一个小孩子，现在睡在母亲的怀里了。

有一夜，那个在哥伦波上船的英国人指给我看天上的巨人。他用手指着：那四颗明亮的星是头，下面的几颗是身子，这几颗是手，那几颗是腿和脚，还有三颗星算是腰带。经他这一番指点，我果然看清楚了那个天上的巨人。看，那个巨人还在跑呢！

第2章

应用文写作概述

应用文写作自古就有，最早是诏、旨、策、谕之类的下行文，后来出现了书、疏、表、议、申、启、呈等上行文，同时出现咨、刺、照会等平行文。清人刘熙载在《艺概》中说："辞命体，推之即可为一切应用之文。应用文有上行、有平行、有下行。重其辞乃所以重其实也。"

2.1 应用文的概念及分类

(汉武帝)诏贤良曰："朕闻昔在唐虞，画象而民不犯，日月所烛，莫不率俾。周之成康，刑错不用，德及鸟兽，教通四海。海外肃慎，北发渠搜，氐羌徕服。星辰不孛，日月不蚀，山陵不崩，川谷不塞；麟凤在郊薮，河洛出图书。呜呼，何施而臻此与(欤)! 今联获奉宗庙，夙兴以求，夜寐以思，若涉渊水，未知所济。猗与伟与(欤)! 何行而可以章先帝之洪业休德，上参尧舜，下配三王! 朕之不敏，不能远德，此子大夫之所睹闻也。贤良明于古今王事之体，受策察问，咸以书对，著之于篇，朕亲览焉。"

——汉书·班固 《武帝求贤诏》[1]

这就是一则招聘启事，可以说是两千年前的招聘启事，招聘的主持是汉武帝刘彻。启事属于应用文的范畴，可见应用文自古就有。

2.1.1 应用文的含义

应用文是指各类企事业单位、机关团体和个人在工作、学习及日常生活等社会活动中，用以处理各种公私事务、传递交流信息、解决实际问题所使用的，具有实用价值的，格式规范、语言简约的多种文体的统称。

理工类应用文特指理工科大学生在学习、工作、求职、礼仪、社交过程中，需要使

---

[1] 班固. 汉书[M]. 张永雷，刘丛，译注. 北京：中华书局，2009：11.

用文字符号表达和交流的文体，偏重求职文书、工作计划、实习报告、实验报告、科技论文、学位论文、工作文书等。

2.1.2 应用文的分类

应用文的种类有很多，分类方法也没有形成共识，大致归纳为以下6种类型。

(1) 党政机关公文。党政机关公文是指国务院颁布的《党政机关公文处理工作条例》中所列出的15种公文，它是机关单位在行政管理过程中形成的具有法定效力和规范文本的文书，是依法行政和进行公务活动的重要工具，其主要有命令、决议、决定、公告、通告、通知、通报、报告、请示、批复、函等类型。条例规定了公文种类、公文格式、行文规则、公文拟制、公文办理及公文管理等事项。

(2) 日常应用文。日常应用文是指人们在日常工作、学习和处理个人事务时所使用的书写文体。其主要包括计划、总结、调查报告、演讲稿、求职文书、申请书、会议记录等。

(3) 经济类应用文。经济类应用文是以经济活动为主要内容，反映经济情况、处理经济事务、解决经济问题的专业应用文。其主要包括市场调查报告、招标书、合同、广告文案、经济活动分析报告等。

(4) 法律类应用文。法律类应用文也称法律文书，是指司法机关、当事人或律师在解决诉讼和非诉讼案件时使用的具有法律效力或法律意义的文书，主要包括民事起诉状、民事判决书、刑事起诉书、刑事判决书、辩护词、答辩状、仲裁申请书、仲裁书、和解协议等。

(5) 礼仪类应用文。礼仪类应用文是指人们日常社会交往中所使用的具有礼仪性的文书，主要包括感谢信、贺词、祝词、悼词等。

(6) 科研类应用文。科研类应用文是指在科学研究领域中所使用的应用文，主要包括学术论文、毕业论文、毕业设计说明书、实习报告、实验报告等。

2.2　应用文的主旨

主旨是文章和作品的灵魂，决定文章和作品的质量高低、价值大小、作用强弱，是文章和作品的统帅。如何寻找主旨呢？找一篇文章的主旨时，需要通读文章，进行全方位的思考，不能局限于某一段或几句话，也不能囿于题目，只有这样才能找出正确的主旨。

文学作品的主题大多是隐匿或者多元的。正如清代袁枚在《随园诗话》中所言："文似看山不喜平。若如井田方石，有何可观？惟犟谷幽深，峰峦起伏，乃令游者赏心悦目。或绝崖飞瀑，动魄惊心。山水既然，文章正尔。"

而应用文的主旨却要求是直白而简洁的。文学大师梁实秋先生的小品文，每段主旨都放在前面，是我们学习写作应用文的好范本。

2.2.1　主旨的概念和作用

1. 主旨的概念

主旨是作品主要的意义、用意或目的，有时可以理解为想要体现的一种精神。

在写作教学中，主旨指作者在说明问题、发表主张或反映社会生活现象时，通过文章或作品的全部内容表达出的基本观点，是文章叙述、议论的目的。在记叙文文章中，主旨与主题是相同的概念；在议论文等文章中，写作意图一般称主旨，不称主题。

主旨可以指作者写作的目的，还可以指故事要告诉我们的事情或道理。主旨由每段的段旨组成。除了过渡段外，若一段文字没有中心思想，可有可无，甚至不知所云，那么这样的段落是完全可以删掉的。

2. 主旨的作用

(1) 主旨是文章的灵魂和生命。主旨决定应用文的价值、质量和影响。应用文的主旨一经确立，就成为文章的中心。正如画龙点睛一样，全篇文章会因为主旨的存在而被赋予灵魂和生命。如果一篇文章主旨不好，材料再典型、结构再完善、语言再精炼，也不可能是一篇好文章。

(2) 主旨对行文产生制约作用。应用文的材料取舍、布局谋篇、技巧运用，乃至拟定标题、遣词造句等，都受到主旨的制约，并服务于主旨的需要。

如果下笔前已确定主旨，材料取舍、结构安排、方法运用、语言调遣就有了依据，写起来就更容易集中优势资源，从容谋篇。但如果主旨不明确就动笔写作，难免会信马由缰，甚至是南辕北辙，无法成篇。

2.2.2　对主旨的基本要求

(1) 正确。主旨首先必须符合国家的法律、法规，符合科学原理、人类普世价值和道德良知。

(2) 鲜明。应用文的主旨不像文学作品的主题那样含蓄隐晦，必须清楚、明白、突出，无论赞成或反对、提倡或禁止、肯定或否定，都应该使人一目了然。

(3) 集中。应用文要求内容单一，一文一事。它的主旨应该集中单一，不可多个中心，不能下笔千言，离题万里。有些内容比较复杂的文章，如会议报告、工作总结、纪要、调查报告等，在构思时要统观全局，在更高的层次上确立主旨，做到中心明确、突出。

2.3 段 旨

段落表达的思想叫做"段旨",表示段旨的句子叫做"段旨句"。应用文特别注重使用段旨句。如近代文学大师梁实秋先生的《雅舍小品》,多以段旨句行文构篇,自成一体诙谐幽默。段旨的基本要求如下。

1. 定义明晰

科技论文所涉及的名词一定要有明确的定义,不能让读者产生歧义。科技论文内容应该有独创性,见解有开拓性,推理有逻辑性,结果有科学性,但名词必须是约定俗成的。例如,从科学的角度讲,"火车"虽已经过时,但是已经约定俗成,形成了固定的概念,我们就不要去更改它。

【例文2-1】

猫说

明 • 刘元卿[1]

齐奄家畜一猫,自奇之,号于人曰:"虎猫。"客说之曰:"虎威猛,不如龙之神也,请更名曰'龙猫'。"又客说之曰:"龙固神于虎也,龙升云须浮云,云其尚于龙呼?不如名曰'云'。"又客说之曰:"云霭弊天,风倏散之,云故不敌风也,请更名曰'风'。"又客说之曰:"大风飙起,维屏以墙,斯足蔽矣,风其如墙何?名之曰'墙猫'可。"又客说之曰:"维墙虽固,维鼠穴之,斯墙圮矣,墙又如鼠何?即名曰'鼠猫'可也。"

东里丈人嗤之曰:"噫嘻!捕鼠者固猫也。猫即猫耳,胡为自失其本真哉!"

东里丈人说得对呀。猫是捕鼠的。猫就是猫,何必一会儿称作虎、一会儿称作龙,最后竟变成了"鼠猫"。

2. 句式整齐

一篇科技论文有若干段落,每一段落的段旨提倡使用相同的句式来表达,整齐划一,显得结构严谨,同时也方便总结、阅读和传播。

诚然,任何语言都有其局限性。有时若干段落中难免会出现少数无法整齐的段旨表述,千万不要为整齐而生编硬造词汇。表述清晰才是第一要务。

3. 深入浅出

科技论文涉及严肃的科学原理,但形成文字一定要做到深入浅出,即便阅读者不是

---

[1] 刘元卿(1544—1609),字调甫,号旋宇,一号泸潇,吉安府安福县西乡(今江西省萍乡市莲花县坊楼南陂藕下村)人。明朝著名理学家、教育家、文学家。

专业人士，也能理解段落的主旨。一篇科技论文若写得佶屈聱牙，必须依靠工具书才能阅读下去，其阅读的范围会很窄。就像近代文学家、翻译家林纾(1852—1924)先生用古文体翻译的《茶花女》曾经风靡一时，终因其古文体的翻译风格受限，读者群至今已越来越少。

4. 符合逻辑

一篇科技论文的段旨句之间必须遵从同一律的原则，不能自相矛盾。如写一种新材料具有导电性，就不能在下一段又写这种材料绝缘。一定要在科学实验的基础上，准确地表达段落主旨。

【例文2-2】

工具电极高速旋转电化学放电加工基础研究(节选)[1]

1.2 微小孔加工技术

国内外研究人员目前尚未对微小孔的分类建立统一标准，一般认为：微孔孔径小于0.3mm；小孔孔径介于0.3mm和1mm之间。有的微小孔结构深径比大，有的对表面加工质量要求较高，而且带有微小孔的零部件结构很多由难加工硬质材料制造而成，如高温镍基合金、不锈钢、钛合金及硬质合金等。传统的微小孔制造方法主要使用微钻头进行钻孔；非传统的微小孔制造方法有火花放电加工、超声波加工、电子束加工、激光加工、电解加工，以及以上述加工方法彼此之间的互相复合等方法，每一种加工方法具有不同适用范围和特点。

1.2.1 机械钻削微小孔

机械钻削加工小孔技术是出现最早、应用最广泛的小孔加工技术。机械钻削加工具有生产效率高，加工表面质量好和加工精度高的特点，能够加工出深径比大、锥度小的微小孔。钻孔刀具每年要消耗我国刀具生产总量的三分之二左右。钻削加工微小孔存在以下问题：

微小直径的微细钻头制造难度大，钻头直径越小，钻头强度越小，在钻削加工时越容易折断。

微小孔直径越小，切削液进入加工区域难度越大，同时加工产生的切屑排出难度增大，会升高加工区域的温度，加剧微细钻头磨损，降低微细钻头使用寿命。

为了提高钻头的使用寿命，改善切削加工状态，一般选择低速进给，但不利于断屑，切屑会缠绕在刀具上降低，影响加工精度，同时降低了加工效率。为提高钻孔效率，一般选取较大的进给速度，但进给速度增大，会加剧钻头切削部分磨损。

为解决钻削微小孔的难题，保证加工质量，研究人员提出了很多种方法：

---

[1] 本文是由黄绍服博士友情提供的博士学位论文《工具电极高速旋转电化学放电加工基础研究》，节选第2~7页，文中保留原序号，已删除文献脚注和图片。

(1) 提高主运动速度。机床选用高速电主轴，利用电主轴高速旋转提高加工刀具动刚度，增加刀具切削能力，提高加工效率，保证加工精度。

(2) 选用新材料制造钻头。选用硬质合金和金刚石等高硬度、高耐磨性、高耐热性材料制造微细钻头。

(3) 超声辅助钻削。在进行微小孔钻削的过程时，通过超声振动，使加工对象与钻头之间发生相对运动，实现高频脉冲式断续切削。可以降低切削力、提高入钻精度、减小扩孔量和出口毛刺高度、提高钻头寿命等。

钻削加工微小孔成本低，操作简单，但是对于超硬材料加工效率低，刀具成本较高。

1.2.2 微细电火花打孔

电火花加工是利用火花放电在局部产生的瞬时高温，把加工对象去除的非传统方法。通过火花放电不但可以加工金属及其合金，而且可以加工其他具有导电能力的材料，如PCD和碳化物等。微细电火花加工时单个放电脉冲功率小，放电能量少，材料去除率小。在加工中工具电极及工件之间无直接接触，因此微细电火花加工时，机械作用力非常小甚至可以忽略。微细电火花加工时一般使用超短脉冲电源、煤油和去离子水作为工作液，能加工具有精密微小特征的微结构。自从Masuzawa等人采用线电极放电磨削(Wire Electro-Discharge Griding，WEDG)技术制造微细电极，使得微细电火花加工微小孔技术获得广泛应用。

微细电火花打孔技术在微小孔加工中被广泛使用，如加工喷油嘴、喷丝嘴等微小孔。利用WEDG方法加工出具有不同几何形状的微细电极，也可以用来加工圆形或非圆形微小孔。随着加工深度的增加，微细电火花加工产物从微小的加工间隙中排出越来越困难，因此微细电火花加工很难获得深径比较大的微孔。研究人员采用工具电极旋转、非圆形电极、电极摇动等方法，促进加工间隙内工作液循环，有利于加工间隙内产物排出。

和单电极加工相比，多电极同时加工能提高生产率。Takahata等人应用LIGA技术了制作具有复杂形状的直径20微米的铜电极阵列，加工群孔的时间只为使用一个电极连续加工时间的二十分之一到三十分之一。还可以采用其他方法制造微细群电极并加工群孔，如应用UV-LIGA方法制作微细群电极、反拷电火花方法加工群电极以及WEDG方法制造群电极。日本的Takahata等人将LIGA技术与微细电火花加工方法相结合，利用铜材料制造出直径20μm的阵列电极，利用此阵列电极加工出直径为30~32μm阵列微小孔。

微小孔电火花加工也存在一些不足之处，如加工微孔尤其是异型孔的电极制造难度相对较大；由于放电火花热影响，加工区域出现再铸层和热影响区；加工过程中存在电极损耗等。去除再铸层的方法目前有磨粒流机械研磨法、超声振动化学研磨法、电化学腐蚀法等。一些研究人员还开展了电火花加工电极补偿研究。

1.2.3 电化学加工微小孔

电化学加工过程中金属材料是以离子形式被去除，能够得到相对较小的表面粗糙度和较高的加工质量。对材料性能影响小，无机械作用力，非常适合金属材料的微细加工。电解加工所具有优点如下：加工范围非常广泛，既可以加工高硬度的硬质合金，还可以加工高韧性的不锈钢、高强度的耐热合金等金属材料；既能加工各种复杂型腔，如锻模、叶片、气膜冷却孔、还可以加工复杂型面和型孔。由于电解加工过程中，理论上不存在机械加工所具有切削力，因此电解加工过程中不会产生残余应力，也不会产生变形和毛刺等加工质量问题，且在理论上工具电极不会耗损，可长期使用。

电化学加工微小孔的方法有很多，如活动模板电化学加工、喷射电化学加工、掩膜电化学加工及纳秒脉冲电化学加工等。

掩膜板电解加工(Through Mask Electrochemical Micromachining，TMEMM) 是光刻工艺和电化学刻蚀工艺的组合，是电化学微细加工的方法之一，较多地应用在微结构及群小孔的加工。掩膜电解加工可以一次性加工出数量较多的微小孔，而且可以实现很高的孔重复精度。利用掩膜电解加工技术加工而成的微坑阵列，其表面光滑、边界清晰。但是掩膜电解加工的不足之处为：光刻工艺过程复杂，成本较高、耗时长，加工深径比受限，仅适合薄板的群孔及群坑加工。

为克服掩膜电解加工的不足之处，南京航空航天大学朱荻教授提出了活动模板电化学加工方法，使用活动模板代替光刻胶掩膜，工艺过程简单，也可用于群小孔高效加工。该工艺方法的优点为：成本低，可以一次成形地加工出大规模的群小孔，且可以保证较高重复精度。采用该技术加工的微小孔阵列，其边界清晰，表面平滑，适用于薄板零件的微小孔阵列加工。

射流电解加工一般使用酸性电解液，在两极之间施加较高的工作电压。按照工艺方法不同可以分为毛细管射流电解加工(Capillary Drilling，CD)、电液束射流电解加工(Electrostream Drilling，ESD)以及喷射射流电解加工(Jet Electrochemical Drilling，JED)。

CD和ESD采用毛细玻璃管作为电解液通道。毛细管容易破碎，不易夹持，加工孔最小直径受到玻璃毛细管的外径值限制。JED射流电解加工使用金属喷嘴，能快速加工数百个孔，也能在曲面上进行微小孔加工，该工艺可用来加工在生物医学方面有重要应用价值的钛合金，Ø300微米的喷嘴在钛合金圆柱面上加工的群孔结构。其加工间距为3mm，平均加工电流45mA，所加工的孔径平均在Ø0.5mm左右，加工深度为1.2mm]。Natsu等采用阵列喷嘴JED工艺来加工SUS304，极大地提高了加工效率。但JED加工过程中由于射流发散，杂散腐蚀较大，定域性较差。

德国马普研究所提出纳秒脉冲电化学加工技术，采用超短纳秒脉冲电源，把电化学反应控制在几微米级别范围内，展示出纳秒脉冲电化学加工的极大潜力。此后，各国科学家纷纷开展此技术研究，取得了一定的进展。南京航空航天大学张朝阳等人利用这一方法成功加工出直径为数十微米微坑及微孔。韩国研究人员利用此方法采用稀硫酸溶液也取得了较好加工效果。

1.2.4 其他孔加工技术

激光加工(Laser Beam Machining，LBM)、超声加工(Ultrasonic Machining，USM)、

离子束加工、电子束加工也是小孔加工的常用技术。

激光打孔是将高密度能量的激光聚焦，产生高温，使加工对象瞬间被熔解、气化，进行微小孔加工的一种方法。激光加工几乎可以加工各种材料，如钨、不锈钢、铝合金、钛合金、镍基合金、碳化硅、硅、氮化硅等材料都可以利用激光加工技术进行加工。激光加工过程中无工具损耗问题，与加工对象不发生直接接触，彼此之间无相互作用力，可以在薄壁件上进行激光打孔。激光打孔加工速度快，加工效率高。激光加工技术被广泛应用于燃油喷嘴、拉丝模、喷丝头、气膜冷却孔以精密微小孔的打孔加工。Oxford Lasers公司应用激光加工技术在氧化铝陶瓷上加工而成的微小孔阵列。

但激光打孔所需设备价格较高，微小孔表面粗糙度较大，孔口一般为喇叭口形状，加工精度较低，受聚焦的影响较大，一般用来在薄板进行激光打孔。激光加工有热作用，在孔周围存在热影响区，材料熔融再凝固之后形成再铸层；另外，激光打孔后，因为熔化和凝固的热效应作用，加工后有残余应力产生。使用高频YAG激光器配合旋切工艺，可以较好控制再铸层厚度，目前可限制在0.02~0.05mm之间。还可以采用水下激光加工技术、喷射气体辅助激光加工技术、超声复合激光加工以及中性盐溶液辅助激光加工等方法减小再铸层厚度和降低热效应的影响。

超声波加工微小孔适用于加工硬脆材料，既可以加工如宝石、陶瓷及玻璃等非金属类硬脆材料，又可以加工如硬质合金、淬火钢等硬度较大的金属类材料。超声加工的不足之处在于其生产效率较低，且工具制造较为困难、加工过程中工具容易产生磨损。Masuzawa教授等在玻璃板用超声振动加工出48个直径为5微米的微小孔。

电子束加工和离子束加工具有加工精度较高，能够进行微细加工，在AFM尖端加工出的直径为50纳米的微孔。但是电子束和离子束加工需要专用设备以及配套的可以抽较高真空的真空系统，而且如果加工直径较小的微小孔，则能耗较大。

写作应用文，除了题头、引言和结尾外，每一段都应该有段旨。没有段旨的段落是多余的，是完全可以删除的。

2.4　书面语的表达方式

在学习和讨论应用文的表达方式之前，我们来了解一下应用文以外的其他书面语言。找到应用文和其他书面语言的异同点，不断地丰富应用文的表达方式，从而更好地写好应用文，增强其可读性，以便于知识的传播。

2.4.1　其他书面语言

书面语言是指用文字记载下来以供查看的语言，能够使听说的语言符号系统变为

"看"的语言符号系统。书面语言是在口语的基础上产生的，所以两者基本上是一致的。由于书面语言是人们在文本交流中所使用的语言，相对于口语，在时间和空间上都有其内在的稳定性。

1. 民歌歌词

《诗经》是我国最早的诗歌总集。在古代，诗是用来吟唱的。《诗经》中的《国风》就是当时的民歌歌词。自秦代以来朝廷设立管理音乐的官署，汉武帝时期大规模扩建，从民间搜集了大量的诗歌，后人统称为汉乐府。今天所见到的汉乐府相当于当时的歌词。民歌歌词是最接近口语的书面语言。

【例文2-3】

槐花几时开[1]

四川民歌

高高山上(哟)一树(喔)槐(哟喂)

手把栏杆(噻)望郎来(哟喂)

娘问女儿啊，你望啥子(哟喂)

(哎)我望槐花(噻)几时开(哟喂)

《槐花几时开》歌词只有短短的四句，含而不露，寥寥数语就把一个坠入爱河、伶俐而羞涩的四川怀春少女的形象，活脱脱地呈现在我们眼前。词中使用衬字，以达到与音乐旋律更加贴合的效果。衬字用得恰当，可使句法灵活多样，增强词曲口语化和形象化的特点及地域特色。

【例文2-4】

送情郎[2]

东北民歌

一不要你愁来/二不要你忧/三不要你穿错了奴的兜兜

小妹妹的兜兜本是那个银锁链呀/情郎哥的兜兜是八宝如意钩

一不要你慌来/二不要你忙/三不要你穿错了奴的那个衣裳

小妹儿的衣裳本是那个花挽袖/情郎哥的衣裳马蹄袖儿长

小妹妹送情郎啊/送到了大门东

---

[1] 钟华. 音乐鉴赏[M]. 北京：北京邮电大学出版社，2014：42.
[2] 《送情郎》是一首广泛流传于我国各地的民歌，其旋律源于古代的《孟姜女调》，发源于江苏扬州，后传入山东、东北、安徽等地，有十余个版本。本歌词依据闫学晶女士演唱的歌曲《送情郎》整理，故标为东北民歌。

尊一声老天爷下雨别刮风/刮风不如下点那小雨好哇

下小雨能留住我的郎多待几分钟

小妹妹送情郎啊/送到了大门南

顺腰中掏出来一呀么一串钱/这串钱留给情郎路上用啊

情郎哥你渴了饿了用它好打打尖啊

小妹妹送情郎啊/送到了大门西

一抬头看见一个卖梨的/我有心给我的情郎买上几个用

又一想我的情郎哥不爱吃酸东西

小妹妹送情郎啊/送到了大门北

抬头看大雁南飞排呀么排成队/那大雁南飞总有那归北日

情郎哥你此一去不知你多咱回

情郎哥你此一去不知你多咱回

新婚燕尔，柔情似水。缠绵悱恻的歌词，表达了清末东北新婚女子送别情郎时的不舍和无奈。合辙押韵，朗朗上口，反复吟唱，缠绵悱恻。

【例文2-5】

江南[1]

汉·汉乐府

江南可采莲，

莲叶何田田，

鱼戏莲叶间。

鱼戏莲叶东，

鱼戏莲叶西，

鱼戏莲叶南，

鱼戏莲叶北。

《送情郎》自东而南、转西再北，顺时针绕着大门一整圈；而《江南》一诗也用到了方位词，却是忽东忽西，忽南忽北。送情郎，人是可控的，也不习惯于穿行；而鱼儿是不可控的，加之荷叶的阻隔，不可能按顺序游动。两种表述体现了相同的艺术价值，若作为应用文，写成这样会显得拖沓。但作为演讲稿渲染和烘托气氛，则是不可多得的活教材。

---

[1] 沈德潜. 古诗源[M]. 北京：中华书局，2009：64.

2. 文学语言

广义的文学语言是指一切规范化的全民语言。比如，报刊、自然科学和社会科学书籍及文学作品所运用的书面语言，都称为文学语言。狭义的文学语言，仅仅是指作家用以塑造文学形象，在文学作品中使用的语言。本书的文学语言特指文学作品中的语言。

文学作品的真实是艺术的真实，它源于生活，而又高于生活。文学是语言的艺术，重在描写，对客体进行细致入微的刻画、多方面的描绘，使所塑造的形象有血有肉、栩栩如生，使读者如闻其声、如见其人，感到真实可信。文学语言具有以下特征。

(1) 形象性。运用文学语言具体形象地描写事物、人的性格和活动情景等，能够生动地刻画出活灵活现的人物形象，绘声绘色地描写社会生活的场景，使读者感知或想象作家所描述的一切。古诗中如"春风又绿江南岸"中的"绿"，"红杏枝头春意闹"中的"闹"，"云破月来花弄影"中的"弄"字等，都形象地表达了诗的意境。

【例文2-6】

边城[1]

沈从文

翠翠在风日里长养着，把皮肤变得黑黑的，触目为青山绿水，一对眸子清明如水晶。自然既长养她且教育她，为人天真活泼，处处俨然如一只小兽物。人又那么乖，如山头黄麂一样，从不想到残忍事情，从不发愁，从不动气。平时在渡船上遇陌生人对她有所注意时，便把光光的眼睛瞅着那陌生人，作成随时皆可举步逃入深山的神气，但明白了人无机心后，就又从从容容的[2]在水边玩耍了。

沈从文笔下的翠翠——皮肤黝黑，眸子清明，天真活泼，俨如小兽。古今中外的优秀作家往往运用具体的、可感的浮雕式的语言，通过描绘生活画面，使人物跃然纸上，既生动，又形象。

鹿，自古就是吉祥的象征。"黄麂"是鹿的一种，形象靓丽，胆小、谨慎而警觉。用黄麂来比喻野生的乡间少女翠翠，形象而贴切。

(2) 精确性。文学语言要求准确和精炼，恰到好处地表现某一事物的性质、状态和色彩。古诗中如"已凉天气未寒时"中的"凉"和"寒"，是指不同程度的冷。从科学角度看，"凉"是指5～9.9℃，"寒"是4.9℃以下。"寒"还可以分成"微、轻、小、大、严、酷、极"七个等级。文学用词精准有时也不比科学逊色。

---

[1] 沈从文. 沈从文精选集[M]. 北京：北京燕山出版社，2008：50.
[2] "五四运动"后期的文学作品中，"的"和"地"还没有明显区分，此处现代汉语应为"地"。——编者注

【例文2-7】

荷塘月色[1]
朱自清

月光如流水一般，静静地泻在这一片叶子和花上。薄薄的青雾浮起在荷塘里。叶子和花仿佛在牛乳中洗过一样；又像笼着轻纱的梦。虽然是满月，天上却有一层淡淡的云，所以不能朗照；但我以为这恰是到了好处——酣眠固不可少，小睡也别有风味的。月光是隔了树照过来的，高处丛生的灌木，落下参差的斑驳的黑影，峭楞楞如鬼一般；弯弯的杨柳的稀疏的倩影，却又像是画在荷叶上。塘中的月色并不均匀；但光与影有着和谐的旋律，如梵婀玲上奏着的名曲。

朱自清笔下的月光，是浓淡不一的。月光和轻雾组成朦胧的梦境，和谐的光影恰似小提琴奏出的名曲。视觉和听觉合二为一，形成通感，多么美的意境。尽管天上高悬一片明月，由于云、树和灌木的阻隔，塘中的月色并不均匀。其用词准确，堪称典范。如此凄美的傍晚，形单影只的作者透露出一丝淡淡的哀愁。倘在这时，柳树下飞过几只流萤，朱先生是不是会感叹——秋萤之火尚在，皓月之瑕无憾！

(3) 抒情性。文学创作就是抒情的过程。作品是作家情绪的宣泄，如果行文没有感情，没有喜怒哀乐，平淡干涩，味同嚼蜡，就不能称其为文学作品。

【例文2-8】

秋浦歌[2]
唐·李白

白发三千丈，缘愁似个长。

不知明镜里，何处得秋霜？

在李白的《秋浦歌》描写中，人愁得白了头，要问有多愁，白发三千丈。文学可以夸张，诗中描写白头发有"三千丈"长，紧接着写了愁绪，读者可以接受此番表述。但在写实的应用文体中，却要"锱铢必较"、不差毫厘的。

(4) 音乐性。作家借助语言的声调、节奏来传达生活中的声音，表达复杂的感情和情调，从而反映出生活中的真情实景，给读者以强烈的感染。语言的抑扬顿挫，甚至是句子的长短，无不体现出语言的音乐性。唐诗、宋词、元曲都是用来唱的，而不是为朗诵创作的。

俄国作家陀思妥耶夫斯基为使语言能传达出声响，曾把"五分钱硬币在地上滚着"

---

[1] 朱自清著，傅光明主编. 择偶记[M]. 北京：京华出版社，2006：45-46.
[2] 唐诗精选[M]. 北京：金盾出版社，2003：140.

改为"五分钱硬币叮当地跳动着向前滚去",不仅使读者看到硬币落地时的情景,还能让读者听到硬币落地及滚动时发出的声响。

文学的语言是美的语言,文学作品要传递正能量。文学是一面镜子,同时也是一盏明灯。文学要反映真实的生活,即便在镜子中看到自己衰戚的脸上出现了不尽人意的岁月留痕,我们也希望美化它。文学是海上的航标灯,要给暗夜中闯海的水手们以光明、温暖、慰藉和希望。而应用文,尤其是科技文体需要揭示事物发展的自然规律,需要反映真实的情况,不得有半点的夸张和美化。

2.4.2　应用文写作的特点

1. 实用性

实用性是应用文语言最本质的特点。它是为解决某个实际问题或达到某种目的而撰写的,对象非常明确。这也是区别于其他文体的主要标志。如一篇考古报告主要是向人们介绍考古中的发现。【例文 2-9】中对于马王堆 1 号墓女尸的临床检验结论,为研究中国医学发展史提供了可资借鉴的资料。这不同于文学作品:文学作品是艺术,以审美为宗旨,艺术是用技巧和想象创造可以与他人共享的审美对象、环境或经验。而理工科应用文体大多是工匠的施工记录和作业指导书,偏重于实用目的。

【例文2-9】

马王堆汉墓古尸[1]

(马王堆)1号墓女尸经医学临床检验:结缔组织、肌肉组织和软骨等细微结构保存完好,全身有柔软的弹性,皮肤细密而滑腻,部分关节可以转动,甚至手足上的纹路也清晰可见。病理解剖检查发现,死者生前患有冠心病、多发性胆石症、全身性动脉粥样硬化症,右上肺有结核病灶,右前臂曾经骨折,在直肠和肝脏内有鞭虫卵、蛲虫卵和血吸虫卵,一只胆囊先天畸形。女尸的多种病变为研究古病理学、古代疾病史和中国医学发展史,提供了宝贵的科学资料。经医学鉴定,死者血型为A型,生前曾生育过,由此印证史书中记载的她有两个儿子的事实。那么她是怎样亡故的呢?经分析,该女尸皮下脂肪丰满,皮肤没有褥疮,无高度衰老迹象,故应为突发急病而死。从病症推断与解剖发现,其食道、胃及肠内有甜瓜子138颗半,死亡时间应在暑天,可能是吃了生冷甜瓜后引发胆绞痛,由此诱发冠状动脉痉挛,导致严重心律紊乱而猝然死亡。

2. 真实性

应用文必须是写实的,不得有半点虚假。"其食道、胃及肠内有甜瓜子 138 颗半",

---

[1] 资料来源:https://baike.sogou.com/v24902965.html.

有半颗，说明食用者尚有牙齿和咀嚼功能。

应用文为解决实际问题而写，强调的是客观事实。一切从实际出发，按照客观的规律行文，事实确凿可信，统计数据准确无误，公式来源有根有据，这是写作应用文的基本要求。

3. 思维的逻辑性

思维具备逻辑性是思维的特点之一。思维的逻辑性来自客观现实变化的规律性，反映思维是一种抽象的理论认识。思维的逻辑性主要表现在思维过程能遵循严格的逻辑规则，按照逻辑顺序进行思维活动。无论是思维的过程，还是思维的形式与方法，总是有根有据，条理分明，层次清晰，前后连贯一致，不能自相矛盾、混乱、跳跃或含混不清。

由"皮下脂肪丰满，皮肤没有褥疮，无高度衰老迹象"，推断出"突发急病而死"。由"食道、胃及肠内有甜瓜子138颗半"，推断出"死亡时间应在暑天"。在当时的运输及贮存条件下，长沙地区是吃不到反季水果的。因此，确定推断是符合逻辑的。

在应用文撰写过程中，内容前后要讲因果，推理要符合逻辑。科技论文的结论来自对材料的分析和对问题的推断，令人信服，给人以启迪。

4. 格式的稳定性

格式是在长期写作过程中形成、完善、发展和定型的。一个文体逐渐为大家所接受，约定俗成，就称为惯用格式；如果格式法定固化，就称为规范格式。应用文多数有惯用格式，其中国家行政机关公文具有规范格式。

应用文格式的稳定性使不同的文种清晰醒目，便于写作、阅读、承办、归档、查询和利用，达到行文的目的。现代文学作品一般没有固定的格式，不像唐诗宋词等韵文，有格律韵脚和字数的要求。如今，格式的稳定性是应用文特有的属性之一。科技论文的格式几乎是固定的，也便于写作、归档、查阅和引用。在格式上追求标新立异无必要，内容创新才是科技论文之本。

5. 时效性

应用文写作的时效性很强。一般来说，应用文涉及的问题都是亟待解决的，这就要求应用文的写作和下发需要迅速、及时和准确。例如，通知必须在会议开始前的一段时间就下发完毕，一旦会议召开，其会议通知就失去了意义；毕业论文要在毕业答辩之前完成，倘若拖期，就不能及时通过答辩、获得学士学位。

6. 简明性

应用文写作的篇幅一般比较短小，要求用简练的文字准确地说明情况、表达观点。

应用文不追求辞藻华丽，不需要情节铺陈，议论也不需要旁征博引，应力求简约、平直、朴实、明晰。

7. 得体性

得体性指根据行文的目的、内容、对象，恰当地使用语言，做到文实相符，内容和形式相统一，这是由应用文特有的语言风格所决定的。

2.5　应用文的表达方式

表达方式是指撰写应用文时对有关内容进行表述的角度与方法。一般文章的表述方式有 5 种：叙述、议论、说明、描写、抒情。其中描写和抒情除了在演讲稿、科技新闻、书信类文章中使用以外，科技类应用文很少使用。本节只对叙述、议论和说明加以阐述。

2.5.1　叙述

叙述在不同的文体中都得到了广泛的应用。其中，应用文的叙述与散文、小说中的叙述没有任何区别，归根结底都属于散文体叙述的范畴。叙事诗中的叙述除演讲稿偶尔应用外，较少出现在应用文体中。故此，本书只讨论散文体叙述。出于通识性考虑，举例以文学叙述为主。

1. 叙述的含义

叙述是对人物的经历和事物发生、发展过程所做的记叙和交代说明。叙述的内容包括时间、地点、人物、事件、原因和结果 6 个要素。在应用文中，叙述主要用来介绍人物的经历和事迹，介绍事件的基本情况，交代事件发生、发展的过程，说明问题的来龙去脉。

2. 叙述的类别

叙述主要有顺叙、倒叙、概叙与细叙、插叙和分叙，下面对其简要介绍。

(1) 顺叙。顺叙是按照事件发生、发展、结束的顺序进行叙述，是最基本的叙述方式。应用文中大部分的叙述都是顺叙，顺叙可以把事物发展的过程叙述得脉络清晰、层次分明，符合人们的阅读习惯。

【例文2-10】

桃花源记[1]
晋·陶渊明

晋太元中，武陵人捕鱼为业。缘溪行，忘路之远近。忽逢桃花林，夹岸数百步，中无杂树，芳草鲜美，落英缤纷。渔人甚异之，复前行，欲穷其林。

林尽水源，便得一山，山有小口，仿佛若有光。便舍船，从口入。初极狭，才通人。复行数十步，豁然开朗。土地平旷，屋舍俨然，有良田、美池、桑竹之属。阡陌交通，鸡犬相闻。其中往来种作，男女衣着，悉如外人。黄发垂髫，并怡然自乐。

见渔人，乃大惊，问所从来。具答之。便要还家，设酒杀鸡作食。村中闻有此人，咸来问讯。自云先世避秦时乱，率妻子邑人来此绝境，不复出焉，遂与外人间隔。问今是何世，乃不知有汉，无论魏晋。此人一一为具言所闻，皆叹惋。余人各复延至其家，皆出酒食。停数日，辞去。此中人语云："不足为外人道也。"

既出，得其船，便扶向路，处处志之。及郡下，诣太守，说如此。太守即遣人随其往，寻向所志，遂迷，不复得路。

南阳刘子骥，高尚士也，闻之，欣然规往。未果，寻病终。后遂无问津者。

(2) 倒叙。倒叙是根据写作需要，先交代事件的结果或某个精彩片段，再按照事件发展的顺序进行叙述。倒叙能够造成悬念，激起读者的阅读兴趣，也可以使文章变得跌宕起伏、波澜曲折。通讯和调查报告常使用倒叙的写作手法。使用倒叙时应注意文章内部结构的转换和过渡，转换要明显，过渡要自然，不能出现意思混淆、结构脱节的现象。

【例文2-11】

灵与肉(节选)[2]
张贤亮

他是一个被富人遗弃的儿子……

——维克多·雨果《悲惨世界》

一

许灵均没有想到还会见着父亲。

这是一间陈设考究的客厅，在这家高级饭店的七楼。窗外，只有一片空漠的蓝天，抹着疏疏落落的几丝白云。而在那儿，在那黄土高原的农场，窗口外就是绿色的和黄色的田野，开阔而充实。他到了这里，就像忽然升到云端一样，有一种晃晃悠悠的感觉，再加上父亲烟斗里喷出的青烟像雾似的在室内漂浮，使眼前的一切就更如不可捉摸的幻

---

[1] 孟二冬，选注. 陶渊明诗文选[M]. 北京：中华书局，2017：208-209.
[2] 张贤亮. 张贤亮精选集[M]. 北京：北京燕山出版社，2015：354-356.

觉了。可是，父亲吸的还是那种印着印第安酋长头像的烟斗丝，这种他小时候经常闻到的、略带甜味的咖啡香气，又从嗅觉上证实了这不是梦，而是的的确确的现实。

"过去的就让它过去吧！"父亲把手一挥。三十年代初期他在哈佛取得学士学位以后，一直保持着在肯布里季时的气派，现在，他穿着一套花呢西服，跷着腿坐在沙发上。"我一到大陆，就会了一句政治术语，叫'向前看'。你还是快些准备出国吧！"

房里的陈设和父亲的衣着使他感到莫名的压抑。他想，过去的是已经过去了，但又怎能忘记呢？

整整三十年前，也是这样一个秋天，他捏着母亲写的地址，找到霞飞路上的一所花园洋房。阵雨过后，泛黄的树叶更显得憔悴，滴滴水珠从围墙里的法国梧桐上滴落下来。围墙上拉着带刺的铁丝；大门也是铁的，涂着严峻的灰色油漆。他揿了很长时间门铃，铁门上才打开一方小小的窗口。他认得这个门房，正是经常送信给父亲的人。门房领着他，经过一条两旁栽着冬青的水泥路，进到一幢两层楼洋房里的起居室。

那时，父亲当然比现在年轻多了，穿着一件米黄色的羊毛坎肩，肘臂倚在壁炉上，低着头抽烟斗。壁炉前面的高背沙发上，坐着母亲成天诅咒的那个女人。

"这就是那个孩子？"他听见她问父亲，"倒是挺像你的。来，过来！"

他没有过去，但不由自主地瞥了她一眼。他记得他看见了一对明亮的眼睛和两片涂得很红的嘴唇。

"有什么事？嗯？"父亲抬起头来。

"妈病了，她请你回去。"

"她总是有病，总是……"父亲愤然离开壁炉，在地毯上来回走着。地毯是绿色的，上面织有白色的花纹。他的眼睛追踪着父亲的脚步，强忍住不让泪水流出来。

"你跟你妈说，我等一下就回去。"父亲终于站在他面前。但他知道这个答复是不可靠的，母亲在电话里听过不止一次了。他胆怯而固执地要求："她要您现在就回去。"

"我知道，我知道……"父亲把手搭在他肩膀上，轻轻地把他推向门口。"你先回去，坐我的汽车回去。要是你妈病得厉害，叫她先去医院。"父亲送他到前厅，突然，又很温存地摸着他的头，嗫嚅地说，"你要是再大一点就好了，你就懂得，懂得……你妈妈，很难和她相处。她是那样，那样……"他仰起脸，看见父亲蹙皱着眉，一只手不住地擦着额头，表现出一种软弱的、痛苦的神情，又反而有点可怜起父亲来。

然而，当他坐在父亲的克莱斯勒里，在滚动着金黄落叶的法租界穿行的时候，他的泪水却一下子涌出来了。一股屈辱、自怜、孤独的情绪陡然袭来。谁也不可怜！只有自己才可怜！他没有受过多少母亲的爱抚，母亲摩挲麻将的时候比摩挲他头发的时候多得多；他没有受过多少父亲的教诲，父亲一回家，脸就是阴沉的、懊丧的、厌倦的，然后就和母亲开始无休无止的争吵。父亲说他要是再大一点就好了，就能懂得……。实际上，十一岁的他已经模模糊糊地懂得了一些：他母亲最需要的是他父亲的温情，而父亲最需要的却是摆脱这个脾气古怪的妻子。不论是他母亲或父亲，都不需要他！他，不过是一个美国留学生和一个地主小姐不自由的婚姻的产物而已。

后来，父亲果然没有回家。不久，当他母亲知道父亲带着外室离开了大陆，不几天也就死在一家德国人开的医院里。

(3) 概叙与细叙。先笼统地叙述，然后再分别详细叙述。

【例文2-12】

小二黑结婚[1]

赵树理[2]

刘家峧有两个神仙，邻近各村无人不晓：一个是前庄上的二诸葛，一个是后庄上的三仙姑。二诸葛原来叫刘修德，当年做过生意，抬脚动手都要论一论阴阳八卦，看一看黄道黑道，三仙姑是后庄于福的老婆，每月初一十五都要顶着红布摇摇摆摆装扮天神。

二诸葛忌讳"不宜栽种"，三仙姑忌讳"米烂了"。这里边有两个小故事：有一年春天大旱，直到阴历五月初三才下了四指雨。初四那天大家都抢着种地，二诸葛看了看历书，又掐指算了一下说："今日不宜栽种。"初五日是端午，他历年就不在端午这天做什么，又不曾种；初六倒是黄道吉日，可惜地干了，虽然勉强把他的四亩谷子种上了，却没有出够一半。后来直到十五才又下雨，别人家都在地里锄苗，二诸葛却领着两个孩子在地里补空子。邻家有个后生，吃饭时候在街上碰上二诸葛便问道："老汉!今天宜种不宜?"二诸葛翻了他一眼，扭转头返回去了。大家就嘻嘻哈哈传为笑谈。

三仙姑有个女孩叫小芹。一天，金旺他爹到三仙姑那里问病，三仙姑坐在香案后唱，金旺他爹跪在香案前听。小芹那年才九岁，晌午做捞饭，把米下进锅里了，听见她娘哼哼得很中听，站在桌前听了一会，把做饭也忘了。一会，金旺他爹出去小便，三仙姑趁空子向小芹说："快去捞饭! 米烂了!"却不料就叫金旺他爹听见，回去就传开了。后来有些好玩笑的人，见了三仙姑就故意问别人"米烂了没有?"

(4) 插叙和分叙。插叙是在按照主线叙述的同时，插进去一段介绍，或是对过去的追忆，或是对上下文的补充。分叙是指分别叙述两件或两件以上同时发生的事情。这两种叙述方式多用于文学作品，应用文中很少出现，多在消息、通信中有所使用。

【例文2-13】

科技通讯[3]

据新华社北京(2019年)1月11日电 探月工程嫦娥四号任务11日下午传来捷报。嫦娥

---

[1] 赵树理著，徐建华编选. 小二黑结婚[M]. 北京：华夏出版社，2008：14.

[2] 赵树理(1906—1970)，原名赵树礼，山西晋城市沁水县尉迟村人，现代小说家、人民艺术家。曾任《曲艺》《人民文学》编委，中国共产党第八次代表大会代表，全国人民代表大会第一、二、三届代表。

[3] 资料来源: http://www.gov.cn/guowuyuan/2019-01/11/content_5357091.htm.

四号着陆器、玉兔二号巡视器顺利完成互拍成像，任务取得圆满成功，实现探月工程"五战五捷"。中共中央政治局委员、国务院副总理刘鹤，中共中央政治局委员、中央军委副主席张又侠在北京航天飞行控制中心观看实况。刘鹤宣读了中共中央、国务院、中央军委的贺电。

11日16时许，刘鹤、张又侠来到北京航天飞行控制中心，听取了探月工程进展等情况汇报，充分肯定取得的各项成果。随后来到飞控大厅，通过指挥显示系统观看两器互拍成像实况。

"相机拍照，图像下传。"随着测控指挥下达指令，着陆器地形地貌相机对巡视器成像，巡视器全景相机对着陆器成像。数据通过"鹊桥"中继星下传后，屏幕显示"两器"上的五星红旗在月球背面交相辉映。

16时47分，国家航天局局长、探月工程总指挥张克俭宣布，嫦娥四号任务取得圆满成功。

在热烈的掌声中，刘鹤宣读了中共中央、国务院、中央军委的贺电。……

嫦娥四号探测器于2018年12月8日从西昌卫星发射中心升空，2019年1月3日顺利在月球背面预选区冯·卡门撞击坑着陆，由多个国家和国际组织参与的科学探测任务陆续展开。嫦娥四号任务的圆满成功，在人类历史上首次实现了航天器在月球背面软着陆和巡视勘察，首次实现了地球与月球背面的测控通信，在月球背面留下了中国探月的第一行足迹，揭开了古老月背的神秘面纱，开启了人类探索宇宙奥秘的新篇章。

【例文2-14】

贾雨村夤缘复旧职　林黛玉抛父进京都(节选)[1]

清·曹雪芹

有日到了都中，进入神京，雨村先整了衣冠，带了小童，拿着宗侄的名帖，至荣府的门前投了。彼时贾政已看了妹丈之书，即忙请入相会。见雨村相貌魁伟，言语不俗，且这贾政最喜读书人，礼贤下士，济弱扶危，大有祖风；况又系妹丈致意，因此优待雨村，更又不同，便竭力内中协助。题奏之日，轻轻谋了一个复职候缺，不上两个月，金陵应天府缺出，便谋补了此缺，拜辞了贾政，择日上任去了。不在话下。

且说黛玉自那日弃舟登岸时，便有荣国府打发了轿子并拉行李的车辆久候了。这林黛玉常听得母亲说过，他外祖母家与别家不同。他近日所见的这几个三等仆妇，吃穿用度，已是不凡了，何况今至其家。因此步步留心，时时在意，不肯轻易多说一句话，多行一步路，惟恐被人耻笑了他去。

自上了轿，进入城中，从纱窗向外瞧了一瞧，其街市之繁华，人烟之阜盛，自与别处不同。又行了半日，忽见街北蹲着两个大石狮子，三间兽头大门，门前列坐着十来个

---

[1] 曹雪芹，高鹗. 红楼梦[M]. 3版. 北京：人民文学出版社，2008：36-38.

华冠丽服之人。正门却不开，只有东西两角门有人出入。正门之上有一匾，匾上大书"敕造宁国府"五个大字。黛玉想道："这必是外祖之长房了。"想着，又往西行，不多远，照样也是三间大门，方是荣国府了。却不进正门，只进了西边角门。那轿夫抬进去，走了一射之地，将转弯时，便歇下退出去了。后面的婆子们已都下了轿，赶上前来。另换了三四个衣帽周全十七八岁的小厮上来，复抬起轿子。众婆子步下围随至一垂花门前落下。众小厮退出，众婆子上来打起轿帘，扶黛玉下轿。林黛玉扶着婆子的手，进了垂花门，两边是抄手游廊，当中是穿堂，当地放着一个紫檀架子大理石的大插屏。转过插屏，小小的三间厅，厅后就是后面的正房大院。正面五间上房，皆雕梁画栋，两边穿山游廊厢房，挂着各色鹦鹉、画眉等鸟雀。台矶之上，坐着几个穿红着绿的丫头，一见他们来了，便忙都笑迎上来，说："刚才老太太还念呢，可巧就来了。"于是三四人争着打起帘笼，一面听得人回话："林姑娘到了。"

3. 叙述的要求

(1) 人称明确。记叙的人称是指作者叙述时的角度和立足点，可以分为第一人称和第三人称。公文中也会用到第二人称，多为下行文，用于上级对下级的指示和要求。在科技论文中，不建议采用第二人称。

第一人称是指从自我出发，直接叙述"我"或"我们"的亲身经历和亲眼观察到的事物，是讲述自己的所见所闻、所想所做。第一人称偏重于主观性的叙述，其优点是自然、亲切、可信，缺点是受时间、空间的制约，对"我"视线以外的人物、景物、事件无法顾及。第三人称是指作者站在第三者的立场和角度，客观叙述他人的经历和事迹。第三人称能突破时空限制、自由灵活地反映事物，所以更加理智、冷静和客观。

(2) 简明扼要。应用文写作的叙述多属于概括性叙述，不需要把人和事叙述得细腻逼真、绘声绘色，而是要求使用简洁的语言，扼要地叙述事实本身，给人以整体的认识和揭示内在的规律。

(3) 详略得当。应用文写作的叙述不要求面面俱到，也不需要大肆铺陈，只要抓住重点，分清主次即可。对表现主旨起重要作用的内容应该加以详写，对表现主旨作用不大的或只起连接作用的内容应该略写，做到详略得当、重点突出。

2.5.2　议论

1. 议论的含义

议论是运用概念、判断、推理等方法，通过事实材料分析事物间的内在联系、揭示事物本质和规律、阐明作者观点的表达方式。议论由论点、论据、论证三个要素构成。论点是作者对某个问题的看法和主张，是议论的主旨，提出"证明或反驳什么"的结论性问题；论据是作者为了证明论点的正确或反驳某种观点而选用的事实或理论依据，它是议论的基础，回答"用什么证明或反驳"的问题；论证是作者用论据证明论点的过程和方法，解决"如何证明或反驳"的问题。

在应用文写作过程中，议论使用普遍，可以夹叙夹议、先叙后议。议论的使用可以更加鲜明地表明观点、阐述道理、深化主旨。

2. 常用的议论方法

论证是作者就某个问题或事件进行评价、分析，表明自己的立场、观点和态度的一种表达方法。论证具体是指组织和运用论据证明论点成立的过程和方法。常见的论证方法有如下 5 种。

(1) 事实论证。事实论证是用典型的事例作为证明观点的论证方法，也称举例论证。使用事实论证的方法时要注意选用的事实必须具有真实性和典型性，注意论据与论点关系的一致性。

【例文2-15】

论点：2018年云南经济运行稳中向好。

论据：2018年，云南完成地区生产总值17881.12亿元，同比增长8.9%，增速比全国(6.6%)高2.3个百分点，排全国第3位。其中，第一产业完成增加值2498.86亿元，同比增长6.3%，比全国(3.5%)高2.8个百分点；第二产业完成增加值6957.44亿元，同比增长11.3%，比全国(5.8%)高5.5个百分点；第三产业完成增加值8424.82亿元，同比增长7.6%，增速与全国持平。

(2) 对比论证。将具有相同属性的事物，放在一起进行比较，总结出变化规律的论证方法。

【例文2-16】

论点：中国大学录取率一直上涨。

论据：1977年恢复高考时为5%，2018年已经达到81.13%，增长了16倍，为历年来最高值。

(3) 因果论证。通过对事理的剖析，揭示论点和论据之间的因果关系，从而证明论点的正确性的方法。

【例文2-17】

论点：牛痘可以预防天花。

论据：挤奶工很容易感染牛痘。挤奶工感染牛痘病毒，只会产生轻微不适，并产生抗牛痘病毒的抵抗力。牛痘病毒与引起人类天花病的病毒具有相同抗原性质，挤奶工一旦感染牛痘，就会获得抗天花病毒的免疫力，从而不被天花病毒感染。18世纪后，牛痘用作免疫接种以预防高传染性的天花，也是免疫接种的首个成功案例。

(4) 引用论证。将前人的结论或名言警句引入自己的文章作为论据，来证明自己观点的论证方法。

【例文2-18】

苏洵《六国论》中有："古人云：'以地事秦，犹抱薪救火，薪不尽，火不灭。'此言得之。"

其中"古人云"这句在《战国策》《史记》中均有提及，苏洵在此引用即属于引用论证。

(5) 科学证明。通过已有的数学、物理学公式等来证明自己的学术观点，即为科学证明。科学证明是科技人员最常用的论证方法。

【例文2-19】

羿请不死之药于西王母，姮娥窃以奔月，怅然有丧，无以续之。

——汉·刘安《淮南子》

谈起嫦娥，先说一说她的父亲帝喾(前2275—前2176)，今河南省商丘市睢阳区高辛镇人。帝喾是黄帝的曾孙，是继炎黄之后第三位有影响力的帝王。

嫦娥是帝喾的女儿，也应该是位河南籍的女子。她吃了丈夫后羿从昆仑山上王母娘娘处讨来的长生不老药，没想到药里含有兴奋剂，大幅度提高了她的奔跑速度，挣脱了地球引力的束缚，飞到月球上去了。那么，她奔跑的速度有多快呢？

假设嫦娥的质量是m(kg)，其加速度为a (m/s²)，离心力为F_1(N)，地球引力为F_2(N)，万有引力常数为G，地球的质量为M，嫦娥沿着赤道奔跑，线速度为v，地球半径为r。

依据牛顿第二定律、万有引力定理及向心加速度公式，则有：

离心力：$F_1= ma$ (2-1)

加速度：$a=v^2/r$ (2-2)

依据万有引力定律：$F_2=GMm/r^2$ (2-3)

若能够挣脱地球的引力，则有：

$F_1 \geqslant F_2$ (2-4)

式(2-2)代入式(2-1)，得：

$F_1= mv^2/r$ (2-5)

式(2-3)、式(2-5)代入式(2-4)，得：

$mv^2/r \geqslant GMm/r^2$

则$v^2 \geqslant GM/r$ (2-6)

已知G=6.67 × 10⁻¹¹ m³s⁻²

M =5.977 × 10²⁴ kg

r =6.371 × 10⁶ m

计算得:

v ≥7.91 × 10³ m/s

也就是说,嫦娥的速度达到7.91km/s时,她的离心力和地球的引力相等。大于7.91km/s时,就可以白日飞升了。

所以,要想挣脱地球的引力,只要个人奔跑的速度大于7.91km/s即可。

1988年7月16日,在印第安纳波利斯进行的美国国内的奥运会选拔赛上,绰号为"花蝴蝶"的美国运动员格里菲斯·乔伊娜创造了10秒49的女子100米世界纪录。但这个纪录比起嫦娥来说,却显得太慢了。嫦娥女士的速度是世界纪录保持者格里菲斯·乔伊娜小姐的829.8倍。由此证明:嫦娥是地球上跑得最快的女人。

3. 应用文议论的特点

(1) 常采用不完整论证,直接表明论证结果、立场、主张等,以简化论证过程。

(2) 多以正面论证为主,旗帜鲜明地表明观点。

(3) 往往与其他表达方式结合使用,夹叙夹议是最常见的方式。这样既可以节约叙述、说明的笔墨,又能使言论恰当地突出矛盾的焦点、问题的中心,使文章的篇幅、行文节奏得到较好的控制。

2.5.3　说明

说明是理工类应用文最重要的组成部分。说明文是一种以说明为主要表达方式的文章体裁。说明文的中心鲜明突出,文章具有科学性、条理性,语言确切生动。有的是以时间为序,有的是以空间为序;有的由现象写到本质,有的由主写到次;有的按工艺流程顺序来说明,有的按事物的性质、功用、原理等顺序来说明。说明文通过揭示概念来说明事物特征、本质及其规律性。说明文实用性很强,可用于广告、说明书、提要、提示、规则、章程、解说词等。

【例文2-20】

杂说四·马说[1]

唐·韩愈

世有伯乐,然后有千里马。千里马常有,而伯乐不常有。故虽有名马,祇辱于奴隶

---

[1] 张伯行. 唐宋八大家文钞[M]. 北京:中华书局,2010:38.

人之手，骈死于槽枥之间，不以千里称也。

马之千里者，一食或尽粟一石。食马者不知其能千里而食也。是马也，虽有千里之能，食不饱，力不足，才美不外见，且欲与常马等不可得，安求其能千里也？

策之不以其道，食之不能尽其材，鸣之而不能通其意，执策而临之，曰："天下无马！"呜呼！其真无马邪？其真不知马也！

韩愈通过短短不到二百字，说明"先有伯乐，后有千里马"的道理。言简意赅，堪称说明文的典范。

1. 说明的含义

说明是使用简洁的文字对事物或事理的各种属性，如性质、特征、形状、成因、结构和功能等，进行客观的解释和介绍。例如，牛黄降压丸说明书对药品名称、主要成分、性状、规格型号、用法用量、禁忌等内容进行了解释和说明。

【例文2-21】

牛黄降压丸说明书

请仔细阅读说明书并在医师指导下使用。

【药品名称】

　　通用名称：牛黄降压丸

　　商品名称：牛黄降压丸(同仁堂)

　　拼音全码：NiuHuangJiangYaWan(TongRenTang)

【主要成分】　羚羊角、珍珠、水牛角浓缩粉、人工牛黄、冰片、白芍、党参、黄芪、决明子、川芎、黄芩提取物、甘松、薄荷、郁金。辅料为蜂蜜。

【性　状】　本品为浅棕绿色至深棕色的大蜜丸；气微香，味微甜、苦，有清凉感。

【适应症/功能主治】　清心化痰，平肝安神。用于心肝火旺、痰热壅盛所致的头晕目眩、头痛失眠、烦躁不安；高血压病见上述证候者。

【规格型号】　1.6g*10s

【用法用量】　口服。大蜜丸一次1～2丸，一日1次。

【不良反应】　尚不明确。

【禁　忌】

1. 腹泻者忌服。

2. 气血不足所致的头晕目眩、失眠患者忌服。

【注意事项】

1. 孕妇慎用。

2. 服药期间忌寒凉、油腻食品。

3. 服用前应除去蜡皮、塑料球壳。

4. 本品不可整丸吞服。

请仔细阅读说明书并遵医嘱使用。

【药物相互作用】 如与其他药物同时使用可能会发生药物相互作用，详情请咨询医师或药师。

【贮 藏】密封。

【包 装】 1.6g*10丸/盒。

【有 效 期】 60个月

【执行标准】 《中华人民共和国药典》2005年版一部

【批准文号】 国药准字Z11020199

【生产企业】 北京同仁堂科技发展股份有限公司制药厂

2. 说明的方法

说明的方法有很多，可以通过定义、举例、列举数据等方法，详细解释事物的本质或者作者对人或事物的看法。

(1) 定义说明，是指对事物的本质属性做简要说明的方法。

【例文2-22】

如图2-1辛追夫人还原图所示，现代考古学家依据出土的遗骸，能够准确复原出该人活着时的模样。辛追夫人还原图便是赵成文教授所作的蜡像。在复原辛追面相的过程中，赵成文教授没有拘泥于本门派的技术，他巧妙地利用了美术学中的"三庭五眼"理论。在将辛追颅骨的X光片扫描进电脑中之后，赵教授发挥美术功底，在上面画出眼内侧线、眼外侧线、鼻翼线、鼻底线、发际线、眉弓线、口裂线和下颚线、中心线等主要特征线。根据他的理论，只要确定了这九条线，基本上就可以确定五官的位置长度、宽度和大小，面部基本成型。再根据相关的文献资料、尸体照片、解剖学结构理论和多年积累的经验，他最终确定了辛追的面部特征：杏核眼、双眼皮、小尖鼻、薄嘴唇、狐尾眉和肥耳垂。然后从资料库中选出合适的五官进行拼接，辛追的容貌终于得以重见天日。

图2-1 辛追夫人还原图

上例文中提到，在复原辛追夫人蜡像的过程中，使用了"三庭五眼"理论。那么，什么是三庭五眼呢？三庭五眼图(如图2-2所示)，是美术学中的人脸构图。"三庭"指脸的长度比例，把脸的长度分为三个等分，从前额发际线至眉骨，从眉骨至鼻底，从鼻底至下颏，各占脸长的 1/3；"五眼"指脸的宽度比例，以眼形长度为单位，把脸的宽度分成五个等分，从左侧发际至右侧发际，为五只眼形。

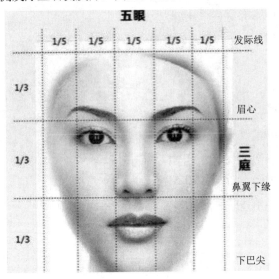

图 2-2　三庭五眼图

(2) 分类说明，是指对事物或问题，按同一标准划分为不同的类别或不同的方面，逐一加以说明的方法。

【例文2-23】

2018年末中国大陆总人口139538万人，比2017年末增加530万人，其中城镇常住人口83137万人，占总人口比重为59.58%，比2017年末提高1.06个百分点。户籍人口城镇化率为43.37%，比2017年末提高1.02个百分点。全年出生人口1523万人，出生率为10.94‰；死亡人口993万人，死亡率为7.13‰；自然增长率为3.81‰。全国人户分离的人口2.86亿人，其中流动人口2.41亿人[1]。

(3) 举例说明是通过例子来佐证作者对人或事物的看法。

【例文2-24】

论语·雍也[2]
春秋·孔丘

子曰："贤哉，回也！一箪食，一瓢饮，在陋巷，人不堪其忧，回也不改其乐。贤哉，回也！"

为什么孔子说颜回贤明，是因为颜回能够在清贫的环境中快乐地生活——"一箪食，

---

[1] 数据来源：http://www.stats.gov.cn/tjsj/zxfb/201902/t20190228_1651265.html.
[2] 孔子等著，思履主编. 彩图全解四书五经[M]. 北京：中国华侨出版社，2013：102.

一瓢饮，在陋巷，人不堪其忧，回也不改其乐。"

【例文2-25】

马王堆汉墓[1]

中国是掌握纺织和印染技术最早的国家。

马王堆汉墓出土的各种丝织品和衣物，年代早，数量大，品种多，保存好，极大地丰富了中国古代纺织技术的史料。1号墓边箱出土的织物，大部分放在几个竹笥之中，除15件相当完整的单、夹绵袍及裙、袜、手套、香囊和巾、袯外，还有46卷单幅的绢、纱、绮、罗、锦和绣品，都以获茎为骨干卷扎整齐，以象征成匹的缯帛。3号墓出土的丝织品和衣物，大部分已残破不成形，品种与1号墓大致相同，但锦的花色较多。最能反映汉代纺织技术发展状况的是素纱和绒圈锦。薄如蝉翼的素纱襌衣，重不到50克，是当时缫纺技术发展程度的标志。用作衣物缘饰的绒圈锦，纹样具立体效果，需要双经轴机构的复杂提花机制织，其发现证明绒类织物是中国最早发明创造的，从而否定了过去误认为唐代以后才有或从国外传入的说法。而印花敷彩纱的发现，是中国首次发现的古代印花丝织品实物，表明当时在印染工艺方面达到了很高的水平。保存较好的麻布，发现于1号墓的尸体包裹中，系用苎麻或大麻织成，仍具相当的韧性。

(4) 数字说明。使用统计数字来佐证作者对某一问题的看法。例如，中国的营商环境2019年比2018年提升了15位。2018年我国在190个经济体中排名46位，2019年排名为31位。通过数字46和31的对比，说明了我国的营商环境得到改善。

【例文2-26】

世行报告显示中国营商环境排名大幅提升至第31位[2]

新华社华盛顿(2019年)10月23日电 (记者高攀 熊茂伶)世界银行23日发布的《2020营商环境报告》显示，中国营商环境在全球190个经济体中排名第31位，较去年的第46位大幅提升。

报告说，中国在营商环境报告衡量的大多数领域改进了监管，是东亚太平洋地区落实监管改革最多的经济体。同时，中国连续第二年位列营商环境改善幅度全球排名前十。

报告说，中国在开办企业、办理施工许可证、获得电力、保护少数投资者、纳税、跨境贸易、执行合同和办理破产等八个领域的改革取得突出进展。例如，中国简化了办理施工许可和获得电力的流程、缩短了审批时间。此外，中国通过采取货物预先申报、升级港口基础设施、优化海关程序等措施帮助中小企业进入国际市场。

(5) 比较说明。将具有共性的特征加以比较，是选择最佳设计方案的前提。科技论

---

[1] 资料来源：https://baike.sogou.com/v7296.html.

[2] 资料来源：http://www.xinhuanet.com/2019-10/24/c_1125146495.htm.

文中经常用比较说明的方法，向顾客展示新产品的优越性能。

【例文2-27】

将WBY200型移动式混凝土搅拌站的搅拌主机安放在地面以上还是卧放在地面以下好呢？

安放在地面以上，需要将上料的位置垫起，还要修斜坡，以方便装载机上料，这种方式施工面积大，上料也不安全；安放在地面以下，需要挖两米五深的基础，还需要做防水，需要铺就上料斜坡，在其表面覆盖水泥混凝土，土方量比直接放地面要少，混凝土用量却比直接放地面要多，安全性好于直接放在地面。因此，从安全性和经济性综合考虑，还是卧放在地下比较稳妥。

最后得出结论，选择将搅拌主机卧放在地面以下的方案。

3. 说明的特点

(1) 应用文行文时往往是说明与议论、叙述结合使用，只用说明一种表达方式的情况较少。即使是以说明为主的文种也多离不开议论和叙述。各种表达方式结合使用，这样可以相辅相成、相得益彰，使表达更加清楚有力。

(2) 多种说明方式常常同时使用。如将数字说明和比较说明结合使用，可以从定量、定性两个方面把工作、生产、经济、教育活动等情况的历史、现状和发展变化解说得更为具体、确切，增强人们认识事物的直感。

(3) 应用文在使用说明时，更讲究说明的客观性、内容的科学性和语言的准确性。

【例文2-28】

月朦胧，鸟朦胧，帘卷海棠红 [1]
朱自清

这是一张尺多宽的小小的横幅，马孟容君画的。上方的左角，斜着一卷绿色的帘子，稀疏而长；当纸的直处三分之一，横处三分之二。帘子中央，着一黄色的，茶壶嘴似的钩儿——就是所谓软金钩么？"钩弯"垂着双穗，石青色；丝缕微乱，若小曳于清风中。纸右一圆月，淡淡的青光遍满纸上；月的纯净，柔软与平和，如一张睡美人的脸。从帘的上端向右斜伸而下，是一枝交缠的海棠花。花叶扶疏，上下错落着，共有五丛；或散或密，都玲珑有致。叶嫩绿色，仿佛掐得出水似的；在月光中掩映着，微微有浅深之别。花正盛开，红艳欲流；黄色的雄蕊历历的，闪闪的。衬托在丛绿之间，格外觉着妖娆了。枝欹斜而腾挪，如少女的一只臂膊。枝上歇着一对黑色的八哥，背着月光，向着帘里。一只歇得高些，小小的眼儿半睁半闭的，似乎在入梦之前，还有所留恋似的。那低些的一只别过脸来对着这一只，已缩着颈儿睡了。帘下是空空的，不着一些痕迹。

---

[1] 朱自清著，傅光明主编. 择偶记[M]. 北京：京华出版社，2006：29-30.

试想在圆月朦胧之夜，海棠是这样的妩媚而嫣润；枝头的好鸟为什么却双栖而各梦呢？在这夜深人静的当儿，那高踞着的一只八哥儿，又为何尽撑着眼皮儿不肯睡去呢？他到底等什么来着？舍不得那淡淡的月儿么？舍不得那疏疏的帘儿么？不，不，不，您得到帘下去找，您得向帘中去找——您该找着那卷帘人了？他的情韵风怀，原是这样这样的哟！朦胧的岂独月呢；岂独鸟呢？但是，咫尺天涯，教我如何耐得？我拼着千呼万唤；你能够出来么？

这页画布局那样经济，设色那样柔活，故精彩足以动人。虽是区区尺幅，而情韵之厚，已足沦肌浃髓而有余。我看了这画。瞿然而惊：留恋之怀，不能自已。故将所感受的印象细细写出，以志这一段因缘。但我于中西的画都是门外汉，所说的话不免为内行所笑。——那也只好由他了。

上面的节选，就是一张画的说明书。我们读后会有一种如见其画、如临其境、如沐春风的感觉，不失为说明文的范例。艺术品的说明，可以使用形象的比喻，可以拟人，可以夸张，甚至可以使用丰富的联想和想象。而科技文体写作中的说明，只能写实。这是艺术真实和生活真实最重要的区别。

练习与训练

1. 总结段旨。作答要求：仔细阅读给定材料，根据所给内容几个段落间的联系，依次在画线处的四个位置拟出主旨句。主旨句要求：文字精炼，用词准确；结构合理，有逻辑；每句话不超过 15 字，并标明段落序号。

某市对创建全国文明城市工作提出如下具体举措。

a. _____。率先启动《文明行为促进条例》的立法工作，以立法形式对市民的文明行为进行规范，积极开展文明行为立法前期研究，举行专题会，确定立法主旨，提高立法的科学性，加快推进城市文明行为立法调研，通过听证会、论证会和座谈会等方式，充分听取利益相关群体、人大代表、专家学者，以及广大市民意见，广泛收集民意。

b. _____。广泛开展创建全国文明城市主题口号、格言、徽标征集活动，认真制定文明机关、文明单位、文明家庭、文明市民、文明学生准则，开展"我为创建文明城市做贡献"活动，精心组织好"关爱行动"："读书月""百万市民讲外语""金秋艺术节"等深受群众喜爱的文化活动，提升城市文化品位，积极组织丰富的家庭文化、广场文化、社区文化、校园文化、企业文化活动，以及诗词歌曲创作、文艺节目表演、书法美术比赛等活动，提升市民文化素养。

c. _____。各新闻单位要充分发挥舆论的先行导向作风，营造创建工作的良好舆论氛围，倡导自我提升、广泛参与、健康向上的文明生活方式，开辟"创建全国文明城市巡礼"专栏，及时总结报道各区、各部门、各单位、各社区以及居民家庭开展创建活动的新经验、新成果、新风尚，设立"百姓论坛"，了解群众呼声，报道创建中的社情民意，促进相关单位和个人及时改正不文明行为，共塑城市文明形象，开设专题新闻栏目，发动广大市民举报、鞭笞社会上各种不文明行为，对一些隐患顽症、不良社会现象、消极应对等问题予以曝光，促进整改。

  d. _____。各级领导班子要围绕创建文明城市目标责任书，创建任务分解，建立工作责任制，做到级级有指标、层层有任务、人人有责任，各相关部门要定期向社会公布创建工作进度，接受群众监督，设立群众接待日和热点电话，解决群众呼声强烈的各种问题，充分发挥人大、政协和新闻媒体的监督作用，促进创建工作落到实处。

  2. 阅读梁实秋的小品文《男人》与《女人》，写出段旨及中心思想，对比阅读，找出女人和男人的异同点。

  3. 用科学知识证明：地球自转的速度为465m/s。

  4. 写作训练：用八百字叙述你的高中生活。

  5. 生活训练：用二三百字说明你最喜欢的一道菜的做法，并按此做法加工出这道菜来。

延伸阅读1
《男人》
《女人》

第3章

文章的修改

两句三年得，一吟双泪流。

知音如不赏，归卧故山秋。

——唐·贾岛《题诗后》

从贾岛的诗句可以看出写出满意的两联诗句是多么的不容易。写作期间需要仔细揣摩推敲，写完了改，改完再改，直至满意为止。古人以文章取仕，博得功名，稍有差池，就可能抱憾终生，自然马虎不得。

时至今日，写文章已被电脑和人工智能所取代，但取代的只是工具，文章的主旨和文字的锤炼却不会因为工具的改变而变得容易。计算机的普及使文章的修改变得简单了，省去了誊写的时间，可也带来了新的问题——拼写错误，别字连篇。因此，提倡修改文章时，将原稿打印出来，在打印稿上修改。还要记得随时备份电子文件，以免原文丢失。

鲁迅先生的《<坟>的题记》，一篇小小的序言，居然修改增删了 150 余处。鲁迅是大家，尚且如此一丝不苟。而我们写过的文章又修改了几次呢？

文章千古事，得失寸心知。

——唐·杜甫《偶题》

延伸阅读 2
《<坟>的题记》

文章是自己写的，是非得失还是自己最清楚。虽然可以找专家润色，但布局谋篇和遣词造句还需亲力亲为。怎样才能写好文章，不妨看看鲁迅先生怎么说的。

【例文3-1】

鲁迅答北斗杂志社问[1]

——创作要怎样才会好？

编辑先生：

来信的问题，是要请美国作家和中国上海教授们做的，他们满肚子是"小说法程"和"小说作法"。

---

[1] 鲁迅. 鲁迅选集[M]. 成都：四川人民出版社，1983：396-397.

我虽然做过二十来篇短篇小说，但一向没有"宿见"，正如我虽然会说中国话，却不会写"中国语法入门"一样。不过高情难却，所以只得将自己所经验的琐事写一点在下面——

一，留心各样的事情，多看看，不看到一点就写。

二，写不出的时候不硬写。

三，模特儿不用一个一定的人，看得多了，凑合起来的。

四，写完后至少看两遍，竭力将可有可无的字，句，段删去，毫不可惜。宁可将可作小说的材料缩成Sketch，决不将Sketch材料拉成小说。

五，看外国的短篇小说，几乎全是东欧及北欧作品，也看日本作品。

六，不生造除自己之外，谁也不懂的形容词之类。

七，不相信"小说作法"之类的话。

八，不相信中国的所谓"批评家"之类的话，而看看可靠的外国批评家的评论。现在所能说的，如此而已。

此复，即请

编安！

十二月二十七日。

文学作品和科技论文对语言的要求是不相同的。文学作品注重渲染气氛，刻画形象；科技论文以学术成果为表述对象，偏重写实。本章将文学作品和科技论文的修改分作两节来讨论。

3.1 文学作品的修改

文学作品的修改是写作过程中必不可少且十分重要的一环。它的必要性和重要性已被古往今来不少作家的创作实践所证明。好文章是反复修改出来的，喜欢写作的人都会有这种体会。这里，我们列举两个文学家的例子来说明好文章是改出来的。这两位文学家分别是中国宋代的欧阳修和俄国的托尔斯泰。

欧阳修是著名的"唐宋八大家"之一，他每写好一篇文章，总是要非常认真地反复修改，才能定稿。连写一封信也一定先起草稿，改好之后再重抄寄出。如果写的是重要文章，他就把草稿贴在墙上，进进出出的时候总要看一看，想一想怎样可以改得更好。在安徽滁州当太守的时候，欧阳修写过一篇著名的《醉翁亭记》。初写的时候，开头一段本是："滁州四面皆山也，东有乌龙山，西有大丰山，南有花山，北有白米山，其西南诸峰，林壑尤美……"后来他把文章念给当地的老百姓听，有一个老大爷听后提了意见，说文章开头写了那么多山的名字，听起来有点啰唆，"西南诸峰"没有写那么多山的名字，不是也很好吗？欧阳修听后，觉得这位老人的意见大有道理，就把前面几句统统删掉，提炼成一句"环滁皆山也"，这样显然简洁许多。

托尔斯泰的小说被列宁称作"俄国革命的镜子"。这些"镜子"都是经过反复"琢磨"而成的。如《阿娜小传》发表时，报社寄校样给他看，他起初在纸边加写标点符号，继而改字、改句，后来素性大加增删，直到校样改得难以辨认。有时稿子已经发出了，他忽然想到还要改几个字，就打电报请报社代他修改。他的《战争与和平》改写过七次，《安娜·卡列尼娜》改过十二次，《复活》的开头部分改过二十次。

"幸福的家庭都是相似的，不幸的家庭各有各的不幸。"——我想这句话大概就是经过了二十次的修改才出来的吧！含义是多么的深刻、经典！

修改文章是一件复杂的、实践性很强的工作。此处讲解文章的修改，只是抛砖引玉。真正要提高文章的写作水平，只有亲自起草和修改文章，才能获得较好的效果，而且是他人不可替代的。就像《红楼梦》的续集，没有一个版本能与曹雪芹的前八十回无缝对接，总给人一种狗尾续貂的感觉。

既然文章修改如此重要，那么应该怎样进行修改呢？老作家何其芳在《谈修改文章》中也给了读者很好的建议，值得我们学习，读者可查阅相关内容。

延伸阅读 3
《谈修改文章》

3.1.1　修改主题

文学作品的修改首先是要修改主题，使它表现得更鲜明、更充分、更深刻、更准确。主题是文章的灵魂，文学作品的主题首先要准确，不能为了哗众取宠而伤害民族感情、民族习惯、民族信仰，甚至煽动暴乱、鼓吹恶俗。

文章的体裁不同，对主题的要求也不尽相同。文学作品的主题和科技论文不同，文学作品的主题要避免概念化、卡通化、抽象化，要使作品充满正能量。即便是描写战争的惨烈，也是为了让人们珍爱和平，而不是宣扬暴虐；描写生活的艰辛，要让人们看到曙光，期盼明天生活得更美好。

3.1.2　调整结构

文学作品中叙述、描写的方法有很多，我们需要在写作实践中不断地探索合适的写作类型，通过调整结构可以使文章更完整、更紧凑，更好地为表现主题服务。

"文似看山不喜平。"(清·袁枚)依据相应的体裁找到合适的结构，设置悬念，引人入胜，给读者以更深层次的艺术享受。要尽量避免平铺直叙，一览无余。

3.1.3　锤炼语言

文学是语言的艺术。在修改文学作品时，一定要按照不同题材的要求来锤炼语言。

【例文3-2】

水浒传(节选)[1]

明·施耐庵

那个大虫又饥又渴,把两只爪在地上略按一按,和身往上一扑,从半空里撺将下来。武松被那一惊,酒都做冷汗出了。说时迟,那时快;武松见大虫扑来,只一闪,闪在大虫背后。那大虫背后看人最难,便把前爪搭在地下,把腰胯一掀,掀将起来。武松只一躲,躲在一边。大虫见掀他不着,吼一声,却似半天里起个霹雳,振得那山冈也动,把这铁棒也似虎尾,倒竖起来只一剪。武松却又闪在一边。原来那大虫拿人,只是一扑,一掀,一剪;三般提不着时,气性先自没了一半。那大虫又剪不着,再吼了一声,一兜兜将回来。武松见那大虫复翻身回来,双手抡起哨棒,尽平生气力只一棒,从半空劈将下来。只听得一声响,簌簌地将那树连枝带叶劈脸打将下来。定睛看时,一棒劈不着大虫,原来打急了,正打在枯树上,把那条哨棒折做两截,只拿得一半在手里。

那大虫咆哮,性发起来,翻身又只一扑,扑将来。武松又只一跳,却退了十步远。那大虫恰好把两只前爪搭在武松面前。武松将半截棒丢在一边,两只手就势把大虫顶花皮胳嗒地揪住,一按按将下来。那只大虫急要挣扎,被武松尽力气纳定,那里肯放半点儿松宽。武松把只脚望大虫面门上、眼睛里,只顾乱踢。那大虫咆哮起来,把身底下爬起两堆黄泥,做了一个土坑。武松把那大虫嘴直按下黄泥坑里去。那大虫吃武松奈何得没了些气力。武松把左手紧紧地揪住顶花皮,偷出右手来,提起铁锤般大小拳头,尽平生之力,只顾打。打到五七十拳,那大虫眼里、口里、鼻子里、耳朵里,都迸出鲜血来。

"武松见那大虫复翻身回来,双手抡起哨棒,尽平生气力只一棒,从半空劈将下来。只听得一声响,簌簌地将那树连枝带叶劈脸打将下来。"读完此句描述,读者不仅身临其境,还能听到"簌簌"的声响,其打斗的逼真形象惟妙惟肖、跃然纸上。

"原来打急了,正打在枯树上,把那条哨棒折做两截,只拿得一半在手里",准确地使用语言使读者在朗读过程中为武松揪心,字里行间表达出作者的思想感情。

"武松将半截棒丢在一边,两只手就势把大虫顶花皮胳嗒地揪住,一按按将下来。那只大虫急要挣扎,被武松尽力气纳定,那里肯放半点儿松宽。"读到"那里肯放半点儿松宽",紧张的场景宛在眼前,仿佛作者就是武松本人。

作者借助语言的声调、节奏来传达生活中的声响,表现复杂的感情和基调,从而反映出生活的真情实感,给读者以强烈的感染。

诚然,并不是每篇文章仅限于在以上几个方面进行修改。鉴于作者情况不同,文章的成熟度不同,修改时势必会在某些方面有所侧重。而且,由于文章的体裁与形式不同,作者的创作个性与艺术风格迥异,文章的修改也不能强求一律。修改文章和写文章一样,

---

[1] 施耐庵. 水浒传[M]. 长春:时代文艺出版社,2000:177-178.

都不可能有固定的模子。如果你是一位业余作者，不厌其烦地修改文章，经常拿出被采用的和被退回的稿件两相对比，不断揣摩，总会找到一条适合自己修改文章的路子来。

鲁迅的文章总是经过充分的酝酿和构思之后才写成的，他的手稿一般都很整洁。鲁迅先生修改文章往往在字、词、语句的锤炼上面多下功夫。他往往能够通过改动一句话或一个字，使文章显得更生动鲜明，使人物的思想性格更突出，对表现主题思想更有力。例如在《藤野先生》中，当写到藤野先生上课的神态时，原稿是这样写的："一将书放在讲台上，便向学生介绍自己道……"修改时增加了一行文字，改为："一将书放在讲台上，便用了缓慢而很有顿挫的声调，向学生介绍自己道……"这样一改，使藤野先生的音容语态更显逼真，使人感到他的诚恳；而且这里所增添的几个字又和结尾处的一段文字形成鲜明的照应，使读者更觉得藤野先生可敬可亲。再如《藤野先生》中还有一段关于清国留学生的描写，原稿是这样写的："东京也无非是这样。上野的樱花烂漫的时节，望去确也象绯红的轻云，但也缺少不了'清国留学生'的速成班。"修改时，"但"字以下改为"但花下也缺少不了成群结队的'清国留学生'的速成班。"增加的"花下"二字与前文的"樱花烂漫"拍合紧凑，使语义更显绵密；而增加的"成群结队的"几个字，则点明了大多数的"清国留学生"都处于不关心国家命运的醉生梦死的状态之中，这就和虽是外国人却还关心着中国前途命运的藤野先生构成了鲜明的对比。阅读鲁迅的手稿，领略大师的语言锤炼，我在这里不再管窥蠡测，读者诸君却要仔细地体味。以下例文是鲁迅对《藤野先生》一文的具体修改。

【例文3-3】

我的藤野【藤野】先生[1][2]
——旧事重提之九——
鲁迅

　　东京也无非是这样。上野的樱花烂熳的时节，望去确也象绯红的轻云，但【花下】也缺不了【成群结队的】"清国留学生"的速成班，头顶上盘着大辫子，顶得学生制帽的顶上高高耸起，形成一座富士山。也有解散辫子，盘得平的，除下帽来，油光可鉴，宛如小姑娘的发髻一般，还要将脖子扭几扭。实在标致极了。

　　中国留学生会馆的门房里有几本书买，有时还值得去一转；倘是【在】上午，里面的几间洋房【里倒】也还可以坐坐的。但到傍晚，【有一间的】地板便常不免要咚咚【咚】地响得震天，兼以满房烟尘斗乱；问问熟识【精通】时事的人，答道，"那是在学跳舞。"

---

[1] 天津师范学院中文系，曲阜师范学院中文系写作教研室. 怎样修改文章[M]. 长春：吉林人民出版社，1980：11-17.

[2] 此后例文中【　】内表示修改时添加的文字，＿＿线上为修改时删除的文字，□表示原文缺字或无法辨认的字符。

到别的地方去看看，如何呢？

我就到了【往】仙台【的医学专门学校去。】，这地方在北边，冷的利害，还没有中国的留学生。从东京出发，不远【久】便到一处驿站，写道：日暮里。不知怎地，我到现在还记得这名目。其次却只记得水户了，这是明的遗民朱舜水先生客死的地方。仙台是一个市镇，并不大；冬天冷得利害；还没有中国的学生。

大概是物以希为贵罢。北京的白菜一到【运往】浙江，便用红头绳系住菜根，倒挂在水果店头，尊为"胶菜"；福建野生着的芦荟，运往【一到】北京便【就】请进温室去，且美其名曰"龙舌兰"。我到仙台也颇受了这样的优待，不但学校不收学费，几个职员还为我的食宿操心。我先是住在监狱旁边一个客栈【店】里的，初冬已经颇冷，蚊子却还多，后来用被盖了全身，用衣服包了头脸，只留两个鼻孔出气。在这呼吸不息的地方，蚊子竟无从插嘴，居然睡安稳了。饭食也不坏。但一位先生却以为这安【客】店也包办囚人的饭食，我住在那里不相宜，几次三番，几次三番地说。我虽然觉得客店兼办囚人的饭食和我不相干，然而好意难却，也只得别寻相宜的住处了。于是搬到别一家，离监【狱】也很远，可惜每天总要喝难以下咽的芋梗汤。

从此就看见许多新【陌生】的先生，听到新【许多新鲜的】讲义。解剖学是两个教授分任的。最初是骨学。其时进来的是一个黑瘦的先生，□身材，【八字须，】戴着大眼镜，挟着一迭大大小小的书。一将书放在讲台上，便【用了缓慢而很有顿挫的声调，】向学生介绍自己道：

"我就是叫作藤野严九郎的……。"

后面有几个人笑起来了。他接着便讲述解剖学在日本发达的历史，那些大大小小的书，便是从最初到现今关于这一门学问的著作。起初有几本是线装的；还有翻刻中国译本的，他们的【翻译和】研究新的医学，并不比中国早。

那坐在后面发笑的是上【学】年不及格的落第【留级学】生，在校已经一年，掌故颇为熟悉的了。他们便给新生讲演各【每个】教授的历史。这藤野先生，据说是穿衣服太模胡了，有时竟会忘记带领结；冬天是一件旧外套，寒颤颤的，有一回上火车去，致使管车的疑心他是扒手，大叫车里的客人大家小心些。

他们的话大概是真的，我就亲看【见】他有【一】次上讲堂没有带领结。

过【了】一星期，【大约是星期六，】他使助手来叫我了。到得研究室，见他坐在人骨和许多单独的头骨中间，——他这【其】时正在是研究【着】头骨的，后来有【一篇】论文在本校的杂志上发表出来。

"所听【我】的讲义，你能抄下来么？"他问。

"可以抄一点。"

"拿来我看！"

我交出所抄的讲义去，他收下了，第二三天便还我，并且说，此后每一星期要送给他看一回。我拿回【下】来打开一看【时】，很吃了一惊，同时也感到一种不安和感激。原来我的讲义已经从头到末，都用朱【红】笔添改过了，不但增加了许多脱漏的地方，连文法的错误，也都一一订正。这样一直继续到他教完【了他】所担任的功课：<u>骨学</u>，<u>筋肉学，纽带学，</u>【骨学、】血管学、神经学。

可惜我那时【太】不用功，有时也<u>太</u>【很】任性。还记得有一回藤野先生将我叫到他的研究室【里】去，翻出我那讲义上的一个图来，是下臂的血管，指着，向我和蔼的说道：

"你看，你将这条血管移了一点位置了。——自然，这样【一】移，的确比较的好看些，然而解剖<u>学上的</u>图不是美术，实物是那么样的，我们没法改<u>正</u>【换】它。现在我给你改好了，以后你要全照着黑板上那样的画。"

但是我还不服气，<u>心里想道——</u>【口头答应着，】【心里却想道：】

"图还是我画的不错；至于实在的情形，我心里自然记得的。"

学年试验完毕之后，我便到东京玩了一夏天，秋初再回学校，<u>榜</u>【成绩】早已发表了，同学一百余人之中，我在中间，<u>总算</u>【不过是】没有落第。这回藤野先生所担任的功课，是解剖实习和局部解剖学。

解剖实习了大概一星期，【他又叫我去了，很】高兴<u>起来了</u>【地】，仍用了极有抑扬的声调对我说道：

"我因为听说中国人是【很】敬重鬼的，所以很担心，怕你不肯解剖尸体。现在总算放心了，没有这回事。"

但他也偶有使我【很】为难的时候。他听说中国的女人是裹脚的，但不知道详细，所以要问我怎么裹法，足骨变成怎样的畸形，还叹息<u>说</u>【道】，"总要看一看才好【知道】。究竟是怎么一回事【呢】？"

有一<u>回</u>【天】，本级的学生会干事到我寓里来了，要借我的讲义看。我检出来交给他们，却只翻检了一通，并没有带走。但他们【一】<u>走出</u>不远，邮差<u>便</u>【就】送到一封很厚的信，拆开看时，第一句是：

"你改悔罢！"

这是《新约》上的句子罢，但【经】托尔斯泰新<u>进</u>【近】引用过的。其时正值日俄战争，<u>他</u>【托】老先生便写了一封给俄国【和】日本的皇帝的信，开首便是这一句。日本报纸上很斥责他的不逊，【爱】国青年也愤然，然而暗地里【却】早受了他的影响了。其次的话，大略是说【上年】解剖学试验的题目，<u>就</u>是藤野先生讲义上做了记号，我预先知道的，所以能有这样的成绩。【末尾是匿名。】<u>此后应该改悔。</u>

我这才回忆到前几天的一件事。因为要开同级会，干事便在黑板上写广告，末一句是"<u>希</u>【请】全数到会勿漏为<u>幸</u>【要】"，<u>还</u>【而且】在"漏"字旁边加了一个圈。我当时虽然觉<u>得</u>【到】圈得可笑，<u>却不介意</u>【但是毫不介意】，这回才悟出那<u>事</u>【字】也在讥刺我了，犹言我得了教员漏泄出来的题目。

我便将这事告知了藤野先生；有几个【和】我熟识的同学也很不平，一同去诘责干事托辞检查的无礼，并且要求他们<u>发表</u>【将】检查的结果，发表出来。终于这事情【流言】消灭了，干事却【又】竭力运动，要收回那一封匿名信去。结末是我便将这托尔斯泰式的信【退】还了他们。

中国是弱国，所以中国人当然是低能儿，分数在六十分以上，便不是自己的能力了：也无怪他们疑惑。但我接着便有参观枪毙中国人的命运【了】。第二年添教微生物【霉菌】学，细菌的形状是全用电影来显示的，一段落已完而还没有到下课的时候，便演【影】几片时事的片子，自然都是日本战胜俄国的情形。但偏有中国人夹在里边：给俄国人做侦探，被日本所【军】捕【获】，要枪毙了，围着看的也是一群中国人；在讲堂里的还有一个我。

"万岁！"他们都拍掌欢呼起来。

这种欢呼，是每【看】一片都有的，但在我，【这一声】却此时特别听得刺耳。便是在【此后回到】中国【来】，【我看见那些】闲看绑去枪毙人犯【犯人】的人们，他们也何尝不酒醉似的喝彩，【——】呜呼，无法可想！但在那时那地，我的意见却变化了。

到第二学年的终结，我便去寻藤野先生，告诉他我将不学医学，并且离开这仙台。他的脸色仿佛有些悲哀，似乎想说话，但竟没有说。

"我□□【想】去学生物学，先生教给我的学问，也还有用的。"其实我并没有决意去【要】学生物学，因为看得他有些凄然，便说了一个慰安他的谎话。

"为医学而教的解剖学之类，怕于生物学【也】没有【什么】大用处【帮助】。"他叹息说。

将走的前几天，他叫我到他家里去，交给我一张照相，后面写着两个字道："惜别"，还说希望将我的也送他。但我这时适值没有照相了；他便叮嘱我将来照了寄给我【他】，并且时时通信告诉他近【此后的】状【况】。

我离开仙台之后，就多年没有照【过】相，又因为状况也无聊，说起来无非使他失望，便连信也怕敢写了。经过的年月一多，话更无从说起，所以虽然有时想写信，却又不能动【难以下】笔，这样的一直到现在，竟没有寄过一封信和一张照片。从他那一面看起来，是一去之后，【杳无】消息全无了。

但不知怎地，我总还时【时】记起他，在我一生之中【所】认为我师的之中，他是最使我感激，给我奖【鼓】励的一个。有时我常常想：他的对于我的热心的希望，继续【不倦】的教诲，小而言之，是为邻【中】国，就是希望中国有新的医学；大而言之，是为学术，就是希望新的医学传到中国去。他的行为【性格】，在我的眼里和心里是伟大的，虽然他的姓名并不为许多人所知道。

他所改正的讲义，我曾经订成三厚本，收藏着的，将作为永久的纪念。不幸七年前迁居的时候，中途毁坏了一口书箱，失去半箱书，恰巧这讲义也遗失【在内】了。责成运送【局】去找寻，毫【寂】无回信。只有他的照相【至今】还挂在我北京寓所【居】的东墙上，书桌对面。每当倦夜【夜间疲倦】，正想偷懒时，仰面在灯光中瞥见他黑瘦的面貌，仿佛【似乎】正要说出抑扬顿挫的话来，便使【我】忽又良心发现，【而且增加勇气了，于是就点上一枝烟，】再继续写那些为"正人君子"之流所深恶痛疾的文字。

十月十二日

3.2 科技论文的修改

一个科技工作者要想把科研成果以文章的形式恰当地反映出来，并不是一件轻而易举的事情。有的学位论文成果显著，但文字表现力偏低，其原因就是作者欠缺写文章和改文章的基本功。

写文章要费心思，改文章更要用心思。古人写诗做学问仍需"吟安一个字，捻断数茎须"。如今，我们写论文时也要认真推敲，反复修改，使论文臻于完美。我们要做到草稿打印后修改两遍，确认文字通顺、内容完整、观点正确，已发挥出自己的最佳水平后再提交，确保论文足以证实自己具备获得相应学位的能力。当然也不可能要求字字珠玑，如果"二句三年得"，那么答辩肯定得延期。

【例文3-4】

基于PLC的石材大切机的自动化改造[1]

沈 杨

摘 要:【在】分析【现有】石材大切机的组成原理和控制要求【的基础上】，拟定了大切机自动化改造的整体方案，选用西门子S7-200作为主控制器【并实施了】对【传统的】大切机【的自动化】进行了【进行了自动化】改造，【。】并给出了部分PLC程序，经工厂【使用验证】实践证明，【由PLC控制的大切机，生产效率提升近一倍，】具有明显的经济价值。

关键词: 大切机;【改造】PLC;荒料加工 【控制】

近年来，一方面随着建材行业的发展，各种品种的石材板材制品的需求量迅速【的】增加【长】，刺激【也带动】了石材加工业的发展；另一方面随着【和】国内人力成本的快速增加、人们生活水平的提高、中西部的发展，很多石材加工厂都存在"用工荒"的现象。在此背景下，作为国内石材主要加工聚集区，福建省有现实必要促使省内制造业尤其是具有特色的【,】【石材加工及其机械制造业遭遇到了发展瓶颈。】【逼迫】石材机械制造业【其】向【加工精度、效率更高的】数控化、智能化【生产】转型。

(交代清楚研究背景即可。无须解释人力成本增加的社会因素。)

石材加工可以采用框架锯、砂锯和金刚石圆盘锯【三】3 种方式，而金刚石圆盘锯具有线速度大、加工效率高的特点，得到了广泛【地】的应用。在石材加工行业一般将用于加工大板的金刚石圆盘锯切机称为"大切机"。大切机是一种典型【关键】的石材加工机械【,】，具有结构简单、成本低廉、生产效率高以及安装、操作、维护简便的特点，是花岗岩、大理石板材加工的首选设备之一，也是石材荒料加工中最常用的

---

[1] 该文是由沈杨友情提供的修订文稿。摘要和关键词在科技文体写作的章节中详细阐述，在此暂不做讲解。例文中括号中的斜体文字为编者对文章的说明文字。

一种设备。

(*直接引入研究主题"大切机",说明它在石材加工中的地位,体现改造的必要性。*)

传统的大切机采用继电器【-】—接触器控制系统,【这种系统】存在电路复杂、可靠性差、故障诊断与排除困难、维修任务较大等缺点。可编程控制器(PLC)作为新一代的工业控制装置,具有开发柔性好、接线简单方便、可靠性高等特点。利用 PLC 对石材大切机进行技术改造,【可】提高设备自动化程度,能够大幅降低石材加工的劳动强度,对于实现"机器换人"和"数控一代"重要战略措施具有现实意义。

(*介绍大切机的现状分析以及改造的目标、意义。*)

1. 大切机的【结构及】工作原理

石材大切机的外观样式比较多样,但主要机械结构都基本相同。典型大切机的外观如图 1 所示,主要由主切机部分【,】、工作台部分和电控系统组成。(图 1 略)

主切机部分:由主机座、滑板、主轴箱、悬架 4 个部分组成。主切机是整个机床的主体部分,它可以实现锯片旋转、进刀、退刀动作。

工作台部分:由上台车和下台车组成。上台车完成分层动作,一般由工人手动调节丝杆进行分层,这也是劳动强度较大的一个工序;下台车完成水平运动,由异步电机带动蜗轮蜗杆减速器再用钢丝绳牵引下台车在导轨上运动。上下台车作整体运动。

电控系统:该机的锯片旋转运动、进刀、退刀、台车水平运动由电控箱集中控制,一般采用接触器控制系统,可以根据不同的石材加工要求相应地调整电控参数,可【以】获得最佳的工艺方法。

大切机的工作流程可以概括为:

(1) 将石材荒料垂直安装在工作台上;

(2) 将金刚石圆锯片下降到距拟切割石材荒料顶面约 50 mm 的位置;

(3) 启动主轴,采用双侧下刀法循环锯切石材;

(4) 下刀至下行程极限时,停止切割,锯片回退到石材顶部,停止旋转;

(5) 人工手动调节分层螺母,按指定厚度分层;

(6) 重新启动,循环开始,直至全部切完。

2. 自动化改造方案具体内容

2.1 整体方案

根据石材加工的特点和自动化改造的要求,大切机的自动化改造的整体方案由控制器、操作台、接触器、行程开关等模块组成。

(1) 控制器是整个控制系统的核心。主要功能是接收按键和行程开关的输入,通过检测输入信号,按照程序控制要求控制电机动作。

(2) 操作台由操作开关和电流表电压表组成。电流表和电压表用于检测机器工作是否正常。操作开关主要包括电源开关、机头向上按钮、机头向下按钮、手动/自动选择开关等。操作开关主要用来保证在手动状态下也可操作机床。

(3) 行程开关和接触器是电控系统的输入输出部件,用以检测和控制电机的运转。

2.2 控制器的选择

根据工业控制器在国内外的发展状态,可选控制器的类型特别多。但机床改造上较常用的控制器主要有单片机、DSP、PLC、嵌入式系统等。

(1) 单片机:【它】是一种较为普及的计算机系统元件,将存储器、CPU、接口或输入/输出集成在芯片中,再通过一些相应的外围电路构成的系统。工程上常用的系列有PIC 单片机、51 系列单片机等。单片机适宜于对复杂数字的处理,成本较低,但是还需要自行设计外围电路,对技术开发能力要求较高。

(2) 数字信号处理器(DSP): 是一种利用数字信号处理众多信息的元件。该处理器不仅可以高速处理数字信号,还具有编程的功能。DSP 的运算功能十分强大并且工作的速度也特别的高。在机械行业比较适合于插补计算等对数据实时处理要求较高的场合。

(3) 可编程控制器(PLC):【它】主要用于逻辑控制的场合,又称【PLC 或】工业计算机。它开发较简单、易于上手、稳定可靠,但价格较高。PLC 的主要作用是进行生产控制,一般使用梯形图进行编程,可以利用并不复杂的编程语句实现控制要求。

(4) 嵌入式系统:【嵌入式系统】一般指采用 ARM 架构的专用计算机【,】。嵌入式系统可以安装操作系统,其数据处理能力远胜单片机【,】; 能够根据需要安装各种软件,嵌入式系统更新速度很快,在手机、iPad、打卡机等行业中应用很广。在机械行业中,数控系统就是典型的嵌入式系统。但是嵌入式系统价格比较昂贵,并且还需要专门硬件设计和软件编程人员。

【考虑到】大切机的控制系统【要】具有较高的稳定性和可靠性要求,以适应石材加工过程中恶劣的工业【工作】现场,再加上整个设备上的操作开关、传感器并不多,其控制逻辑也不复杂。并【,同时】考虑到整个系统的 【兼顾】开发周期和成本核算以及实现控制功能的便捷性等因素,【改造方案】最终选择了技术成熟、性能稳定的通用PLC 作为大切机控制系统的控制器,其价格相对低廉却能较好地满足石材切割现场控制系统的要求。

表 1 是 PLC 输入输出地址分配表。根据表 1 可知,大切机控制系统内的输入点数为16 个,输出点数为 10 个,可以选用技术较成熟、性能较稳定的西门子系列 S7-200 型可编程控制器为主控器,型号为 CPU 226 型。(表 1 略)

2.3 PLC的软件设计

在编写梯形图时采用了模块化编程思想,主程序 OB1 调用功能子程序 FC1 和 FC2,然后在 FC1 中调用 FC3,分别用以实现手动控制、自动控制和星三角延时启动。部分PLC 程序图如图 2 所示。(图 2 略)

3. 结语

本文【通过】对石材大切机进行<u>了</u>自动化改造，提高了大切机的自动化水平。此系统在福建省南安市水头镇象山石业有限公司进行了实施应用<u>【，】</u>实践证明，石材大切机经过自动化改造后运行情况良好，劳动强度大大降低，单个工人能够管理的机台数从原来的平均 3~5 台上升到平均 7~8 台，大幅度提升了生产效率。

参考文献：略

读者只需揣摩上面例文中文字的锤炼，注意如何使用更经济、更准确、更符合汉语习惯的词汇来表达出段落的主旨。

3.2.1　科技论文写作常见缺点

1. 题目不贴切

题目是论文的名字，是映入读者眼帘的第一信息。标题是否醒目、明了、贴切，将直接影响论文的传播效果。题目的不贴切主要表现在以下 4 个方面。

(1) 笼统。比如"反应速度的研究"这个题目很笼统。究竟是什么的反应速度呢？需要添加适当的定语。又如"螺旋输送机的设计"，规格型号、使用环境、输送的介质是什么？题目应该交代清楚。

(2) 过长。例如，"200kW 立式双传动活齿端面谐波齿轮减速器的加工工艺及试制"这个题目不便于读者一目了然地阅读，也不利于检索编目。

(3) 过高。题目定位太高，但内容达不到相应的深度。例如，"吸烟与肺癌形成机理的研究"这个题目，会让人以为文章中洞悉了肺癌的形成机理，解决了医学难题，但其实只介绍了吸烟导致人的肺纹理增强。

(4) 文不对题。例如，"智能播种马铃薯的研究"题目很容易让人联想到机器人播种马铃薯，但其内容还是停留在机械化的操作阶段，与题目中的"智能播种"文不对题。

2. 概念不清楚，论点不明确

有的论文中概念不清楚，论点不明确，作者想要表达的内容过多，但都没有深入介绍或表达太模糊，不利于读者了解论文中的观点。

3. 数据不准确，运算有错误

数据是产生理论的基础，至关重要。例如，某设计布袋除尘的学士论文初稿中有"国家规定用锅炉排放烟尘质量允许浓度为 $50g/m^3$"，但通过与 GB13271-2014《锅炉大气污染物排放标准》核对，原来单位写错了，将 mg/m^3 误写为 g/m^3，这真是差之毫厘谬之千里呀!

在数据处理方面通常可能产生以下 4 个问题。

(1) 数据不全。数据不充分，满足不了计算与分析的需要，不足以支持结论的成立。

(2) 数据不准。没有按照要求精确地测取和准确地记录，有效数字的位数不统一。

(3) 伪造数据。有的学生因缺少经费或自己实验结果不理想，甚至根本没做实验，为了完成毕业论文，不惜弄虚作假，伪造数据。

(4) 剽窃或购买数据。有些学生剽窃别人的研究成果，或者在网上购买实验数据，写入自己的毕业论文。

4. 推理不严密，论证无逻辑

推理是由一个或几个已知的判断推出新判断的过程。推理包括直接推理和间接推理，都要求推理过程必须十分严密、无懈可击。

5. 分析不客观，考虑欠全面

有些问题分析过于主观武断，不是根据实验现象和数据进行的实事求是的分析与判断，而是仅凭主观想法得出的。

6. 评价不恰当，机密不严守

在对已有成果的评价上应客观恰当，不能贬低别人、抬高自己；也不能坐井观天、自吹自擂。有的人保密观念淡薄，将国家花费大量资金、自己多年苦心研究的成果和盘托出，使他人甚至是不法分子不费吹灰之力就得到了重要情报，给国家的政治、经济和国防安全造成严重损失。

要正确处理交流和保密的关系。交流是指理论上的交流；保密是指技术诀窍上的保密。论文中涉及诀窍问题时，应含而不露，引而不发。

7. 修辞不讲究，语句不精练

(1) 用词不准确，搭配不恰当。例如，在"反应速度随着温度的加大而增多"中，温度变化应该用"升高"或"降低"，而不能用"加大"或"减少"；速度变化应该用"加快"或"减慢"，而不能用"增多"或"减少"。

(2) 语意不明。例如，在"深圳地区正在兴建九万吨的钢厂"这句话中，本来要表达的语义是钢产量九万吨，容易产生歧义，误解为钢厂的重量九万吨。

(3) 语句不精练。有的句子长达二三百字，读起来很费劲，建议精简表述，例如，"两个月来，我们在老师的耐心指导下，在工人师傅的热情支持下，终于摸清了车间自动化存在如下问题……"可精简为"车间自动化存在下列问题……"

8. 符号不统一，图表不美观

在一篇文章中，一种符号只能代表一个含义。如果一种符号代表几个不同的含义，容易混淆。还有人选用符号时不遵循规范或惯例，随心所欲。国际上在数学、物理、化学等方面都形成了统一的符号系统，使用时应以此为准。凡是有通用的符号，就不要自己设定；如确需自己设定的符号均应注明含义，且给出单位，以方便审核、运算、学习或引用。

表格方面存在以下问题：显示信息不够明了，不容易看出规律；表头项目安排不合理；排版不美观等。

9. 字迹不清晰，标点用得乱

以手稿形式提交的文章存在字迹不清晰的问题，随着电子化写作办公的普及，此问题已基本解决，随之出现了别字、错字等问题。如电解质——电介质、零件——另件、负电——负点、反映——反应，等等，不胜枚举。

在英文的输入上，大小写、上下标易出错。如，pH 表示溶液酸碱度，将 p(小写)改成 P(大写)，则变成 PH，其含义改变为：①苯基，②发电厂，③沉淀硬化。又如，C(大写)表示电容，而 c(小写)则表示：①速度，②真空中光速，③声速。CO 代表一氧化碳，而 Co 则代表元素钴。有的写化合物名称时，中英掺叉，不伦不类，如把二氧化碳(CO_2)写成二〇化碳、二〇化 C、二氧化 C。

标点符号使用也容易出现问题，如：

氢燃烧生成水，煤、木材燃烧生成二氧化碳。

逗号和顿号换位，则变成

氢燃烧生成水、煤，木材燃烧生成二氧化碳。

岂不荒谬！

横线长短不同，则表示不同含义：二倍字长为破折号——，表示注释，如北京——中国的首都；一倍字长为范围号—，表示起讫，如 50%—60%；半个字长为连字符-，表示复合关系，如 Ni-Cr 不锈钢。很多人不注意它们之间的区别，容易出错，大家需注意这一问题。

汉字序列号后边用顿号，如"一、""二、""三、"等；阿拉伯数字做序列号，后边需要加圆点，如"1.""2.""3."等。

有时软件版本不同，符号也会出现转换差错。传递时不妨转换成固定的模式(如 pdf)；打印时一定要仔细核对，做到万无一失。

3.2.2　科技论文的修改步骤和手段

好的科技论文很大程度上依赖于好的修订。首先是自己修改，然后把修改稿给别人看，听取别人意见后再对论文进行修改。

修改科技论文应从何处着眼？一要看内容，二要看表现形式。内容是重点，是论文的灵魂，决定着论文的水平和价值，必须下大功夫修改。然而，表现形式也不能忽视，它是为表达内容服务的，直接影响到内容的表达效果。

一般采取两大步骤和七种手段来修订中文论文。

1. 两大步骤

(1) 反复通读，谋篇审意。论文写完之后，要反复通读几遍，统揽全局，从大的方面去发现问题。"不谋万世者，不足谋一时；不谋全局者，不足谋一域。"(清·陈澹然)看布局是否合理，论点是否鲜明，论据是否充分，论证是否严密，文题是否相符，评价是否恰当，有无泄密问题，等等，概括起来就是：谋篇审意，确定主旨。

只有站得高，才能看得远。"欲穷千里目，更上一层楼。"只有站在学术先进水平的高度上，才能正确评估自己论文的水平，发现其中的问题。否则可能就如坐井观天、瞎子摸象那样局限和片面，得不出全面的结论。

(2) 逐字逐段地进行推敲斟酌。一段一段地找不足，一段一段地修改，逐个击破，积小胜成大胜。除掉少量的过渡段外，每段的内容是否集中，段旨是否明确，表现形式是否合乎规范，选用的公式标准是否现行有效，要字斟句酌，精雕细刻。一句话怎么说，一个词怎么选，一个标点怎么用，一幅图怎么画，都要精心琢磨。

推敲时应该由浅入深，即首先把较为明显的问题解决处理，使论文大体通顺。然后深入挖掘那些不太容易发现而又十分重要的问题，进一步提高论文的质量。

以上这两大步骤是相辅相成的，缺一不可，每一步都要花大力气才可以做好。

2. 七种手段

(1) 推敲。推敲是指通过认真地思考提出问题，通过反复地比较确定最佳解决方案。例如，题目怎样拟定才更贴切，结构怎样安排才更合理，段落怎样划分才更明确，图表怎样绘制才更明了，等等，这些问题都离不开仔细推敲。推敲既是修改论文的切入点，又是贯彻始终的修改手段。

(2) 提炼。文章的题目、论点、段旨等，都要靠提炼才能得到。提炼就是要淘沙取金，找出精华。

(3) 增补。凡是结构残缺、数据不足、论据单薄的部分，都要增补适当的内容，使其完整。

(4) 删减。凡是与主要论点毫不相干的部分，凡是过于累赘、臃肿以至与其他部分无法平衡的地方，都要大刀阔斧地砍掉。

(5) 校核。原始数据、运算过程和最后结果等信息要认真校核，看其是否有错；推理、论证的每一步骤都要仔细检查，看其逻辑是否严谨，是否有科学根据。

(6) 调整。对材料选取不当、布局不合理、层次混乱等情况，要进行调整。可以从前后位置上调整，也可以从篇幅上调整，目的是使全文各部分保持平衡。

(7) 改正。对于错别字、符号或标点使用错误、用词不当或语句不通，以及推导、运算、分析、判断有错误等问题，一经发现，即刻改正，绝不放过任何一个微小的差错。

上述七种手段不是孤立的，常需要配合使用，多管齐下。在修改之前，要备份原稿，修改后觉得需要恢复原样时，方便追溯和找回。

3. 外文论文的修改

修改外文论文大同小异，在修改文稿时，注意以下 8 个问题。

(1) 论文是否已包含所有应该包含的信息。

(2) 是否已经删除多余的和需要保密的信息。

(3) 论文包含的信息是否完整准确。

(4) 论文内容组织是否合理。

(5) 论文中的每句话表达是否清楚。

(6) 观点陈述是否言简意赅。

(7) 语法、拼写、标点和用词准确性是否符合语种的规范。

(8) 论文是否符合拟投期刊的《作者须知》。

练习与训练

1. 简述修改文章主要从哪几个方面着手。

2. 科技论文常见的缺点有哪些？

3. 简述修改科技论文的两大步骤、七种手段。

4. 阅读何其芳的《谈修改文章》，并写一篇 800 字左右的读书笔记。

5. 缩写训练：将《室内空气净化新方法》缩编至 800 字以内，要求文字简练，段旨在前，主要内容不减。

室内空气净化新方法[1]

近年来，全球多地出现大范围持续雾霾天气。长期暴露于雾霾等污染空气会导致体

---

[1] 资料来源：http://hainan.ifeng.com/a/20181030/6984543_0.shtml.

重增加，以及心脏、肺和呼吸道疾病，甚至诱发癌症。据统计，空气污染导致全球每年约有四万人早死并导致200亿英镑的花费。空气污染已成为继高血压、饮食失调和吸烟之后全球第四大健康威胁。日益严重的室外空气污染也影响了室内空气质量。在很多雾霾频发地区，如中国或英国伦敦地区，室内空气中的污染组分已由传统的气态污染物为主转变为颗粒态(雾霾)和气态污染物共存甚至是以雾霾污染物为主的趋势。人们生活和工作中的大部分时间都是在室内度过，为了应对日益严重的室内空气污染，高效的室内空气净化器成为人们的首选。目前已有种类繁多的室内空气净化方法。吸附、催化氧化等主要针对VOC等气态污染物，在使用过程中需更换吸附剂和催化剂以保证足够的净化效率。对于颗粒态污染物比如霾，常见的净化方法为过滤和静电除尘，前者后期维护需频繁更换滤网，后者易产生臭氧等有害副产物。因此，人们希望找到一种无须更换材料和不产生有害次生污染物的高效室内空气净化的方法。

自然界中，当水汽上升，会在天空以某些吸湿性气溶胶粒子为核冷却并凝结成云，云滴碰撞增长，再以雨、雪和冰雹等形式降落回地面，从而有效清除大气中的气溶胶粒子和微量气体组分。受这一自然湿沉降过程的启发，潘纲团队提出利用低温冷凝技术，促使气体污染物或者水汽以颗粒态污染物为凝结核发生相变，进而冷凝增长，从而去除室内颗粒态和气态污染物的新方法。研究发现，将室内实际雾霾污染气体通过自制的冷凝净化设备，当处理温度低于-18℃时，高达99%的PM2.5颗粒被去除。在低温冷凝过程中，纳米和亚微米颗粒减少，大量微米级大颗粒生成，从而将污染物从气体中分离去除。利用低温冷凝方法同样可有效去除气态污染物，比如氮氧化物去除率可达98%。该方法无须采用任何滤料、吸附剂和催化剂，且不产生有害次生污染物，仅靠电能即可持续净化室内多种污染物。

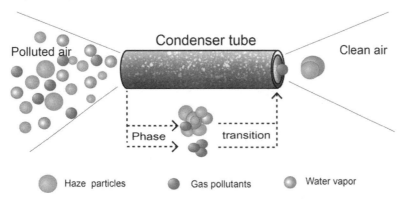

基于该原理，潘纲团队提出一种"制冷电器与空气净化一体设备"的专利申请并获得授权。该项专利依据冷凝相变和异相成核的原理，将进入室内的雾霾以及室内的气态污染物通过制冷家电中加装的冷冻腔，使空气中的污染组分团聚、液化或固化并与清洁空气分离，净化后的洁净空气可经冷凝器回温或直接送回室内，从而实现利用制冷家电净化室内污染空气的目的。该专利技术的优势在于无须使用、消耗或更换任何吸附剂、过滤器、催化剂和静电分离装置，仅用电能即可同时实现对室内霾和气态污染物的无限

连续净化，达到"以电换安"的目的。事实上，电是人类获取舒适与健康生活条件的重要保障，比如照明，降温，保温等。在某些极端环境下(比如潜水艇、恶劣空气环境中的指挥室或办公大楼、大型污染工业车间等)，当人类健康受到严峻挑战时，更希望用电能换取安全或者生命的保障。对于百姓日常需求而言，如果空调家电上能附加一种应急空气质量健康保障功能，以供人们在极端恶劣空气条件下选用，具有潜在的市场应用价值。

6. 修改训练：修改下面论文，使其更加精炼，更贴近应用文写作的要求，字数在1000字左右。

柱齿钎头的有限元仿真分析[1]
李星

1. 引言

凿岩钎具配合爆破技术在岩矿石上穿孔，直接服务于交通、能源、资源开发等基础工业。凿岩钎具工作过程中，柱齿钎头作为直接和岩石接触并参与破岩的部件，受力条件苛刻、使用寿命较短，属于大量消耗性工具。它的寿命直接影响着整个破岩工具的寿命，因此，对硬质合金凿岩钎具的力学研究十分重要。

结合UG NX软件中高级仿真模块，对硬质合金凿岩钎具的柱齿钎头进行有限元分析并计算，得到柱齿钎头的力学特性和疲劳寿命分析，可为新型钎具设计提供有效的参考数据和理论依据。

2. 柱齿钎头有限元分析

凿岩机是依靠冲击载荷破碎硬岩石进行钻孔的。冲击式凿岩是周期性地向钎头施加一个垂直于岩石表面的冲击力，在冲击力的作用下，钎头凿入岩石，形成具有一定深度的炮孔。(在凿岩过程中，能量是以应力波的形式进行传递的。)此处以锥体连接的钎头作为研究对象。锥体连接属于过盈配合，钎杆的锥体压入钎头的锥孔中，利用接触面的摩擦力来传递冲击力和扭矩，使二者不致产生松动和滑脱。

在利用UG NX软件高级仿真模块进行疲劳分析之前必须要进行有限元静力学分析，需要利用静力学分析结果及疲劳材料特性得到的应力去计算疲劳分析结果。

2.1 柱齿钎头静力学分析

以柱齿钎头作为研究对象，柱齿钎头所用硬质合金其具体性能见表1，其结构如图1所示。

---

[1] 该文由李星友情提供。

表1　硬质合金性能表

密度(kg/cm^3)	硬度(HRC)	抗拉强度(MPa)	屈服强度(MPa)
7.85	35	1080	930

利用UG NX的高级仿真模块进行结构静力分析:取静态载荷为最大冲击力(冲击波峰值)P=300N,材料弹性模量取E=212GPa,泊松比μ=0.28。创建有限元模型:定义单元类型为Solid45,设置模型的材料参数,单元尺寸大小设置如图2所示,统计节点为25131个,单元为14542个。在此处,柱齿钎头体与柱齿钎头为不同的体,需要通过面与面粘合这一条件实现约束与载荷的传递(如图2所示)。边界条件:柱齿钎头端部施加固定约束,载荷施加在柱齿钎头与钎体接触的面上。

图1　柱齿钎头结构

图2　柱齿钎头有限元模型

图3为硬质合金齿柱齿钎头有限元分析的结果,包括应力大小和应力分布。

从图3可以看出柱齿钎头的最大应力值为0.266MPa,未超出材料的屈服强度930MPa;最大位移值为4.875×10^{-5}mm,说明柱齿钎头结构在300N的静载荷作用下不会发生破坏,可以正常工作。

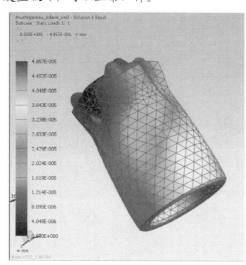

(a) 位移云图

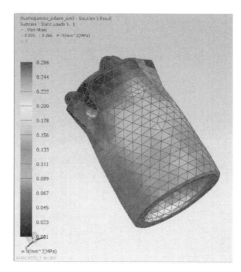

(b) 应力云图

图3　柱齿钎头位移与应力云图

2.2 柱齿钎头疲劳分析

以2.1柱齿钎头静力学分析结果可以知道危险截面的位置以及最大的单元应力值，在UG NX高级仿真耐久性分析进行如下设置：循环次数为3×10^6次，缩放因子为1，指定缩放函数为完整单位周期，危险点疲劳寿命计算结果如表2所示。

表2　危险点疲劳寿命计算结果

评定节点	给定循环值	允许疲劳循环次数
11085		0.76×10^{12}
7421	3×10^6	1.17×10^{12}
9555		1.20×10^{12}
14029		1.20×10^{12}

结果分析：由表2的结果数据可知，在最危险工况下，危险截面危险节点位置的允许疲劳循环次数大于给定的循环值，说明柱齿钎头的疲劳寿命满足设计要求。

3. 结论

在UG NX高级仿真模块中依据凿岩机冲击功、冲击频率、钎头的几何结构参数、钎头材料等原始数据，对凿岩钎头的工作状况进行模拟，通过结构静力分析和疲劳分析等分析方法求解，得到此柱齿钎头应力、变形和工作寿命等三维仿真结果，均在安全范围内。在进行新型钎具研制时，这些结果能对钎具几何结构参数、材料、制钎工艺和使用技术的优化起到辅助设计和指导的作用。

第4章

校 园 文 书

本章主要讨论大学生调查报告、活动策划和方兴未艾的电子文书的写法及要求。

4.1 调查报告

调查报告是针对社会生活中的某一情况、某一事件、某一问题，进行深入细致的调查研究，然后把调查研究得到的情况真实地表述出来，以反映问题、揭露矛盾、揭示事物发展的规律，向人们提供经验教训和改进办法，为有关部门提供决策依据，为科学研究和教学部门提供研究资料和社会信息的书面报告。

4.1.1 调查报告的含义

调查报告是运用科学的方法，有目的、有计划地对某一典型现象、问题或经验等进行深入、系统的调查与分析后写成的书面报告，也被称为"调查记""调查汇报""情况反映""情况介绍""考察报告"等。调查报告既可以用来揭露问题、反映社会情况，也可以用来推广经验，介绍新生事物。它是实际工作中使用率非常高的文书。调查报告的写作能力常常被看作能够从事各项工作的基本能力。由于调查报告能真实、详细地说明情况，深入客观地反映问题，因此，它是上级部门制定决策的重要依据。

《湖南农民运动考察报告》就是很好的范本，即便对今天的社会调查活动也仍有指导意义。该报告是无产阶级及其政党领导农民革命斗争的纲领性文献，在历史的紧要关头为农民运动继续开展奠定了基础，为中国革命指明了方向，推动了农村大革命运动的继续发展。1927 年 1 月 4 日至 2 月 5 日，毛泽东考察了湖南湘潭、湘乡、衡山、醴陵、长沙五个县的农民运动，每到一处，他都广泛接触和访问广大群众，召开各种类型的座谈会，获取大量的第一手资料，写成了《湖南农民运动考察报告》。报告坚持实践是检验真理的唯一标准和矛盾分析法，事实清楚、分析透彻、结论准确，尚无哪一个调查报告能够出其右，时至今日，仍不失其可资借鉴的意义，是学习撰写调查报告不可多得的教材。

大学生可以利用假期进行社会调查活动，以增进才干。许多大学生能够不辞辛苦深入一线，在翔实的第一手材料的基础上，通过矛盾分析，实事求是地写成调查报告。调查报告的价值与调查过程的深入及付出成正比。

调查报告在深入调查的基础上形成，需要广泛听取意见，并进行实地考察，不能走马观花，更不能搞形式主义。

4.1.2　调查报告的分类

根据调查对象和写作目的的不同，调查报告可分为以下 4 个类别。

(1) 典型经验调查报告。典型经验调查报告主要反映社会生产、生活中取得的突出成绩，着重介绍先进经验及优秀典型，通过调查找出规律性的内容，以便于日后推广普及。例如，《华为公司调查报告》《阿里巴巴调研报告》等。

(2) 揭露问题调查报告。揭露问题调查报告主要以社会弊端、不良现象或问题人物为调查对象，把揭露这些现象和问题产生的深层原因作为主要目的，希望通过调查报告引起相关部门甚至全社会对此问题的重视。例如，《大学生睡眠时间及质量调查报告》《中国艾滋病患者分布情况报告》等。

(3) 社会情况调查报告。社会情况调查报告主要针对社会生活(衣食住行)、社会风气等方面的基本情况展开调查，对其发展变化、产生原因等进行深入分析与研究，以此为上级机关或有关部门的决策制订提供参考和依据。例如，《2020 年二胎生育情况调查报告》等。

(4) 学术调查报告。学术调查报告是指就某科学领域中的课题展开调查而写出的具有学术价值的报告。例如，《2019-nCoV 新型冠状病毒溯源》等。

4.1.3　调查报告的特点

(1) 真实性。真实性是调查报告的生命。无论是调查对象的选取、调查方式的设定、调查活动的开展、调查数据的分析等都应是实际发生且真实可信的。作者应以公正的态度对调查结果进行评析，并保证调查结果是以真实的材料、数据为依据得出的，切忌使用虚假、浮夸的材料，更不可以偏带全、移花接木。

(2) 典型性。调查报告应从众多的调查材料中选取出那些具有典型意义和代表性的材料在报告中加以体现，通过典型事例、材料、数据说明被调查对象的本质、规律和发展趋势。

(3) 针对性。调查报告是对某一典型现象、问题或经验进行调查研究，并以此为基础进行写作的。一篇优秀的调查报告所反映的内容往往是当前人民群众普遍关心或亟待解决的问题。即使调查历史问题，也与今天的生活有着某种联系。一般来说，越是针对当前社会生活，越是反映社会需要的报告，其价值就越突出。

4.1.4 调查报告的写作步骤

调查报告的写作要经历"准备资料—深入调查—分析研究—撰写报告"四个阶段。资料准备是写调查报告的前提，深入调查是依据；分析研究是基础，撰写报告是对前三个阶段的最终呈现。

1. 准备资料

准备资料阶段主要明确调查主旨，设计调查方案，选取调查方法以及调查的预算和资金来源。在这一阶段，调查方法的选取和物资保障将直接影响日后调查材料的收集与获取，是准备资料的重要内容。调查方法包括确定调查对象的方法和收集资料的方法。

(1) 确定调查对象。根据调查范围的大小，调查对象可分为全面调查、抽样调查、典型调查等。

① 全面调查。全面调查是对调查范围内的全部对象进行调查，以获得有关调查对象完整的资料。这种方法收集的资料全面、具体、误差小，但消耗的人力、物力、财力较多，其调查所需的时间也很长。

② 抽样调查。抽样调查是选取范围内的一部分对象进行调查，使用这部分调查结果推论或说明总体的状况。这种方法通过部分推出整体，在抽样方法正确的前提下同样能够保证调查的精确度，而且降低了调查的成本，提高了调查的效率。但这种方法存在误差，例如，样本数量不合理、抽样过程未遵循随机原则等情况的出现都会影响调查结果的精确性。

③ 典型调查。典型调查是在调查范围内选取具有代表性的组织或个人，对其进行全面、深入的调查，并借助少数典型的特征反映同类事物所具有的一般特征。这种方法便于对调查对象进行定性分析。典型调查的关键在于正确选择典型。典型选取准确，则结果真实可靠，否则很可能得出错误的结论。

(2) 收集资料。收集资料的方法包括问卷法、访谈法、观察法、试点法、数据库提取法等。这里重点介绍问卷法。

问卷法是调查者根据调查主旨，运用统一设计的问卷，向调查对象了解情况或征求意见的方法。问卷包括导言、问题与回答方式、附文三个部分。

导言是对本次调查的总体介绍，主要让调查对象明确以下内容：调查者的身份，问卷设计的背景、依据、目的，填写问卷的方式方法，保密原则及奖励措施等，以消除调查对象的疑虑，激发他们的参与意识。

问题与回答方式一般包括调查的问题、回答问题的方式及对回答方式的指导和说明。此部分是问卷的主体部分，在设计时必须紧密结合调查主旨，做到设计周密、问题合理、内容具体、表达清晰。问题最好是选择题，节省调查对象的时间。

附文包括调查对象的姓名、年龄、性别、受教育程度、经济状况、从事行业、单位性质等个人信息。调查对象往往对这部分问题比较敏感，设定时应选取对调查影响最大的项目。而且宜少不宜多，避免造成调查对象的反感，而使调查结果失真。

此外，问卷的设计还可以包括调查时间、地点、完成情况等，用以保证日后对问卷内容进行审核、补充调查或二次取样，并为数据分析提供依据。

2. 深入调查

调查报告，顾名思义是依据调查写出的报告。在准确资料阶段已完成后，可展开深入调查。调查要从多方面入手，充分收集现实的与历史的、正面的与负面的、典型的与一般的、直接的与间接的材料，并确保材料的真实、可靠，防止以偏概全。

3. 分析研究

分析研究阶段主要对调查所得到的材料进行筛选与整理，做到去粗取精、去伪存真、由表及里、由此及彼。要尽可能找出材料之间的内在联系，总结和发现带有规律性的价值和信息，并由此提炼出观点。

4. 撰写报告

撰写报告阶段主要是对调查过程和结果的呈现，要按具体的内容要求完成撰写任务。

4.1.5　调查报告的写作内容

调查报告包括标题、正文和落款三部分，下面对其展开介绍。

1. 标题

调查报告的标题一般包括公文式标题、文章式标题、双行式标题 3 种。

(1) 公文式标题。公文式标题由调查机关、调查内容及文种三部分组成，其中调查机关可省略。例如，《2020 年第一季度中国公民出国旅游满意度调查报告》《关于创建省级文明社区的调研报告》等。

(2) 文章式标题。文章式标题可以针对调查内容提出问题，以问题作为标题。例如，《儿童需要什么读物?》《沉睡中的大学生：你不失业，天理难容!》等。

(3) 双行式标题。双行式标题由正副标题构成。正标题为文章式标题，副标题为公文式标题。例如,《被"网"住的大学生——关于大学生网络行为研究的调查报告》《情系水世界——对我市水位站、水文站的调查报告》等。

2. 正文

由于社会调查单位不同及调查内容不同,调查报告的写法会有所差异,但其正文的基本结构大致相同,主要包括以下几个方面。

(1) 前言。前言一般写社会实践的缘由和目的,实践单位的情况或实践事项、时间、背景,简单介绍本人的情况。

(2) 主体。主体包括以下 4 个方面的内容。

① 介绍调查的形式和具体的调查内容等。

② 对调查单位或调查事项的基本认识和基本评价。对调查单位的认识,或了解其问题,或揭示其规律性的矛盾,或总结其成功经验。如有准确的判断,调查报告还可以对单位提出富有专业性的、建设性的工作建议。

③ 总结社会调查的收获,包括个人在思想、人生体验、素质及专业技能方面的提升。

④ 对学校安排社会调查活动提出行之有效的改进建议。

3. 落款

如果是分组的调查报告,需经全组讨论,落款为×××调查组,然后另起一行,写明报告日期,落款两行为右对齐;如果是独立完成的调查报告,写清单位、姓名,然后另起一行,写明报告日期,落款也是两行右对齐。如果是打印稿,姓名手签为宜。

4.1.6 调查报告的写作要求

写作调查报告要注意以下 4 个问题。

(1) 注重调研性。调查者应对调查内容客观评价。

(2) 确保调查内容的完整性。不可遗漏或回避调研得到的数据。如到企业做调查,要了解单位的工作流程、效益、前景和存在的问题,以及员工的评价及精神状态。

(3) 实事求是。调查报告是写实性文书,必须言之有据,切忌凭空杜撰和道听途说。

(4) 结论要慎重。调查结论是建议性的,不是建设性的。如到企业做调查,企业有其适应市场的文化,仅凭一次调查无法深入了解,只能将看到的或分析研究的结论以建议形式呈现。

【例文4-1】

2019年中国大学生就业报告[1]

(2019年6月11日)昨天下午,《2019年中国大学生就业报告》在京发布。报告显示,应届毕业生薪资持续增长,"北上广深"就业比例持续下降,教育、医疗、信息等民生行业成就业增长点。

大学生就业报告由麦可思研究院[2]编写,迄今已是第11年发布。最新报告显示,2018届大学毕业生的就业率为91.5%。其中,本科毕业生就业率为91.0%,较2014届下降1.6%;高职高专毕业生就业率为92.0%,较2014届上升0.5%。

报告显示,2018届本科毕业生就业率最高的学科门类是工学,其次是管理学,最低的是法学;就业率排前三位的专业是软件工程、能源与动力工程、工程管理。2018届高职高专毕业生就业率最高的专业大类是生化与药品大类,其次是公共事业大类、材料与能源大类;就业率最高的专业类是食品药品管理类。

报告指出,与民生相关的教育和医疗服务成为毕业生就业增长点。2018届本科毕业生就业比例增长最多的行业是"中小学及教辅机构",就业比例为12.7%。就业比例增长较多的其他行业是"信息传输、软件和信息技术服务业"与"医疗和社会护理服务业"。2018届高职高专毕业生就业比例增长最多的行业是"学前、小学及教辅机构",就业比例为6.6%。

同时,近年来本科毕业生在"北上广深"四个一线城市就业的比例从2014届的25%下降到了2018届的21%,而在"新一线"城市就业的比例从2014届的22%上升到了26%。刚毕业时在"北上广深"就业的毕业生中,三年内离开的比例明显上升,从2011届的18%上升到了2015届的24%。

收入方面,2018届大学毕业生的月收入为4624元,比2017届增长了307元。其中,2018届本科毕业生的月收入为5135元,比2017届增长了361元;2018届高职高专毕业生的月收入为4112元,比2017届增长了252元。从近三届的趋势可以看出,应届大学毕业生月收入呈现上升趋势。从专业上看,从事IT类职业的本科毕业生月收入较高。2018届本科毕业生月收入最高的是信息安全,为6972元;其次为软件工程和网络工程,分别为6733元、6597元。

该报告从就业率、就业率专业排名、毕业生就业增长点、大城市就业收入变化等方面,以明确的数字展现给读者,是我们学习写作调查报告的典范。

---

[1] 资料来源: https://baijiahao.baidu.com/s?id=1636024872903218482&wfr=spider&for=pc.

[2] 麦可思数据(北京)有限公司简称麦可思公司,2006年成立于成都市,是中国首家高等教育管理数据与咨询的专业公司,是高校、社会大众、用人单位和政府公认的第三方权威性数据机构。——编者注

4.2 活动策划

假如学校学生会发现最近学生赖床的情况比较严重，常常是来不及吃早饭就去赶上第一节课，为纠正这些同学的坏习惯，同时丰富校园生活，学生会计划组织一场提倡早睡早起的辩论赛，寓教于乐。组织者首先需要将能预先安排的事项统筹规划，仔细斟酌讨论，然后申请经费并组织实施。在组织实施前的部分，就是辩论活动策划。

4.2.1 活动策划概述

1. 含义

活动策划，作为一种文体，通常称作活动策划书、活动策划案，是对活动或事件进行策划并以文字形式呈现出来的目标规划文本。

2. 适用范围

活动策划适用于各种具体活动的策划，包括商业性与非商业性活动策划两大类。

(1) 商业性活动策划。商业性活动策划包括以下 3 种形式。

① 营销主导型活动策划。营销主导型活动策划是指其活动是以盈利销售为主、品牌宣传为辅展开的主题策划。如在车展活动策划中，主办方策划出精彩的主题与活动内容以吸引企业客户进行广告投放、目标消费者购买门票，活动本身就是盈利点。

② 传播主导型活动策划。在典型的以品牌宣传普及为目的的传播型活动策划过程中，主办方往往采取以品牌宣传为主、盈利销售为辅的策划方案，如时装秀策划、电影展览、图书展览策划等。

③ 混合型活动策划。这一类型的活动兼具以上两个类型的特点，既进行营销也进行传播活动，如各种行业年会、冷餐会等。

(2) 非商业性活动策划。非商业性活动策划主要用于政府部门、事业单位、社会组织等进行的各种非商业性活动的策划。由于其不具有商业目的，因而往往以宣传活动、扩大活动影响力为主要目的。

非商业性活动策划与市场无关，没有商业色彩，不需要考虑潜在的品牌传播效应或产品营销效果，因而只专注于活动本身的价值或宣传效果。

校园活动策划、大学生运动会策划等属于非商业性活动策划。活动效果体现在学生的参与率以及后续对学生精神面貌的影响，且不以盈利为目的。

4.2.2　活动策划的功能

(1) 大众传播。因为活动都是公开举行的,所以在活动策划中一定要考虑活动自身的大众传播功能,确保活动开展的信息能够在筹备阶段有效地传播出去,引起公众的注意。同时,还要在活动开展的过程中强化活动的参与性、互动性,乃至娱乐性,以增强活动内容的传播效果与传播品牌的美誉度。

(2) 深层阐释。比起一般的广告宣传,活动策划的时间更长,空间更广,过程更完整,形式更丰富多样,可以更全面、更深层次地阐释活动内容,更准确、清晰地传播目标信息,更彻底、有效地实现活动策划的目的。

(3) 公关功能。活动策划具有一定的公关功能。活动策划通常围绕某个具体的主题开展。如《早起的鸟儿有虫吃与早起的虫儿被鸟吃辩论赛策划案》,就是围绕早睡早起和晚睡晚起展开,贴近学生的日常生活,针对大学生赖床严重、经常上课迟到而展开辩论,易增加学生的参与度和认同感,并引起学生的反思,唤醒沉睡的大学生。

4.2.3　活动策划的结构与写法

(1) 标题。活动策划的标题必须明确、具体,其中通常包含活动年份、主办单位名称、活动届数、活动名称、文体名称。

(2) 项目背景。项目背景主要介绍活动或项目开展的外部环境与内部状况,交代活动开展的合理性背景。

(3) 活动目的。活动目的是活动策划中的核心部分,直接决定着活动策划的方向。活动策划的具体内容都围绕活动目的来展开,因此要具有明确的方向。

(4) 活动时间。活动时间指开展活动的具体时间,往往以时间段的形式呈现。

(5) 活动地点。开展活动的具体地点通常是一个,系列活动或大型活动可以包含两个或两个以上的地点。所有的地点都要明确列出。

(6) 资源需要。资源需要指为顺利开展活动而必须具备的物质资源及非物质资源。物质资源主要有场地、设备、道具等;非物质资源包括媒体宣传资源、人员配备等。

(7) 活动开展。活动开展部分介绍举办活动的具体流程。这部分需要将活动具体开展的步骤、流程按照时间顺序呈现出来。它是活动策划的主体部分,也是内容最多、最具体的部分。

(8) 经费预算。对活动全程所需的经费进行预算并列出支付的过程,其形式可以是数字与文字,也可以是表格。

(9) 组织分工。活动负责人和主要参与者及其职责要以书面的形式固定下来,以保证活动的顺利进行。必要时将对应部门的或者人员名单具体标注出来,并附注相应的联系方式。

【例文4-2】

××年度厦门交通大学子民杯[3]大学生辩论赛策划书

一、辩论赛背景

我院大学生进入大二后,部分同学出现早晨赖床现象,甚至有的同学迟到,长期发展下去,势必会影响学生的身体健康和学习成绩。同时,学校地处闽南地区,普通话普及有待提高,学生们课堂发言不够踊跃。

二、辩论赛目的

活跃文化生活,锻炼口才,锻炼反应能力。本届辩论赛主要为丰富同学们课余生活,活跃校园气氛,体现大学生朝气蓬勃、积极向上的精神状态,培养发掘辩论人才,本着"公平竞争,力争第一"的精神,提高学生的阅读、写作、试听、演讲能力,以及团体组织与协作的能力。兼顾培养学生养成良好的生活与学习习惯。

三、活动内容

1. 组成辩论赛组委会,由各学院推荐裁判员1人、学生代表1人和学生会学习部全体共21人组成。讨论成立组织组、宣传组、裁判组、后勤保障组。

2. 确定辩论题目

正方:早起的鸟儿有虫吃——早睡早起。

反方:早起的虫儿被鸟吃——晚睡晚起。

3. 参赛对象

厦门交通大学全日制在校学生。

4. 比赛机制

初赛采用淘汰制,每个学院组织四人一组参赛,共八个组参与初赛。抽签决定对局的分组和辩论的正反方,且在比赛前一周公布。

决赛采用单循环制,辩论的正反方现场抽签决定。

5. 参赛要求

(1) 各参赛队队员仔细阅读本次辩论赛方案,熟悉有关赛程安排。

(2) 各参赛队于每场比赛开始前20分钟到达比赛现场,以利于组委会对赛事的统筹安排及各场比赛准备工作的顺利进行。

(3) 请在每场比赛之前做好细致的准备工作,以利于辩手在比赛中发挥出自己的最高水平。

(4) 遵守比赛纪律及比赛规则,服从大会工作人员安排,尊重评委评判,如有不同意见,请代表队长赛后与组委会联系。

---

[3] 教育家蔡元培先生的字为"子民"。——编者注

四、辩论时间

初赛时间：5.1—5.14

决赛时间：5.16

五、辩论地点

初赛在国学大讲堂孟子厅举办。

决赛在国学大讲堂孔子厅举办。

六、资源需求

1. 后勤组调试好孟子厅、孔子厅音响设备，提前一天布置好比赛场地。

2. 宣传组提前采购好奖品、奖杯、奖状及摄影、摄像等宣传所需的物资，安排好采访、采写人员。

3. 组织组做好抽签、观看比赛人员的座位、裁判员的评分牌及记录人员统计表等事宜，并落实颁奖嘉宾及颁奖事宜。

七、经费

1. 比赛选手的服装、训练等经费由学院自行解决。

2. 场地费、音响费等由学校承担。

3. 奖杯、奖品、奖状及办公经费等从学生会经费中列支。

4. 学生参与活动为志愿者，无报酬；教职工参与为友情奉献，不支付报酬。

八、组委会、各专业组人员名单及联系方式

略

九、比赛日程表

略

4.3　电子文书

1946 年 2 月，第一台电子计算机在美国宾夕法尼亚大学诞生。1969 年 12 月，互联网在美国诞生。1973 年 4 月，世界上第一部移动电话问世。1992 年 12 月 3 日，全球第一条手机短信诞生。计算机和网络技术突飞猛进地发展，将人类文明带入信息化时代，彻底颠覆了传统的书写方式和通信手段，尤其是 2005 年 10 月，电子支付方式的出现，革命性地改变了人们的生活。从奢侈品"大哥大"到今天的生活必需品手机，已从单纯的通话发展到传输音频、视频、文件、结算等综合应用。社会生活的每一个领域都受到互联网的影响。随着信息化、网络化、智能化时代的来临，键盘、音频、视频等输入技术的出现改变了传统的写作方式，产生了大量的电子文书。

电子文书是通过互联网储存和传输的数字化产物。电子文书目前还没有统一的定义。在本书中，电子文书是指通过互联网构拟的空间和媒体，以数据的形式表达的公文、邮件、帖子、短信、商务订单等，能够表达完整思想和意愿的文件统称。与传统纸质文书相比，电子文书的特点是传输速度快，其排版、编辑功能使人们能够更加准确、快捷、方便地从事写作及文字处理工作，极大地提高了写作的效率。而依靠互联网和数字化的信息中心，方便电子文书的传输和备份。

4.3.1 电子文书的分类

随着网络技术的发展，新的沟通软件和形式还会层出不穷。电子文书根据写作内容和表现形式不同，大致可以分为以下几类。

(1) 电子公文。电子公文是伴随着电子政务的逐步深入推广和应用而产生的一种新的表现形式。随着电子政务的开展，政府将一部分职能通过网络来实现，并逐步实现政务的信息化。企事业单位的管理流程也随着网络化的不断发展，以电子公文的形式出现在日常工作中。组织内部无纸化办公，管理文件的起草、审批、流转通过计算机网络来实现电子公文信息化处理，大大节省了资源和时间，提高了工作效率。电子公文与纸质公文的格式和写法基本一致，发布也要由授权人审核及批准才能产生效力，只是在批准方式上由手写签名变成了电子签名或节点批转。

(2) 电子邮件。电子邮件是一种用电子手段提供信息交换的通信方式，是互联网应用最广的服务。通过网络的电子邮件系统，用户以非常低廉的价格、快捷的方式，与世界上任何一个角落的网络用户联系。

电子邮件可以是文字、图像、声音等多种形式。同时，用户可以得到大量免费的新闻、专题邮件，并轻松实现信息的搜索。电子邮件的存在极大地方便了人与人之间的沟通与交流，促进了社会的发展。

【例文4-3】

云峰学友:

挥手告别后，列车以惊人的速度飞驰。眨眼间，你那高大的身影便消失在雨夜中，脱离了我的视线。不由得想起"挥手自兹去，萧萧班马鸣"的诗句，心里油然升起一丝离愁别怨来。仿佛你是我的至亲，你的离去把我的心也带走了。彩凤和云龙进入甜美的梦乡，而我失去了停泊的港湾难以成眠。短短的相聚仿佛我们早已相知，无法用语言来表达我对你的依恋。

回到哈尔滨，我的脑海中始终抹不掉你的影像，和同学们在松花江上荡舟，从太阳岛返回的一条交错而过的船上分明见到了你，形象分毫不差。我知道那是不可能的。若不是我的幻觉该多好啊! 可我一直目送着那条船，直至消失在视野之外，湮没在雾海中，心还久久不能平静。

同学们都笑我着了魔⋯⋯

此致

敬礼

You'yun

在羁旅中，一个叫"芸"的女孩邂逅了心仪的男孩"云峰"，产生了爱的情愫，却拿不准这个男孩是否也喜欢她。于是她写一封邮件，来投石问路。这些话如果用微信或QQ软件来聊，很难显示出才情，一旦遭到拒绝，就会变得唐突和尴尬；即便不拒绝，女孩也会难为情。整个邮件明确表达了爱意，却没有一个"爱"字，显得含蓄内敛，而又感情真挚。倘若遭到拒绝，这"依恋"就是妹妹对大哥哥式的，很自然地将情侣的感情化作兄妹。男孩接受了这份感情，那么，他在得到暗示后，会主动出击，或许能成就一段美好的姻缘。

(3) 帖子。从字面上看，帖是以锦帛作为书写工具的产物。帖子原意是指写着字的小纸片儿。请帖是指邀请客人的通知；庚帖是指写着生辰八字的纸片。

在互联网时代，用户发在互联网上的各种信息统称为帖子。帖子可分为文字的、影像的、音频的及其组合，主要有 BBS、博客、微博、QQ 日志、微信朋友圈及网络评论等。

(4) 手机短信。手机短信是伴随数字移动通信系统而产生的一种电信业务，通过移动通信系统的信令通道和信令网传送文字或数字短信息，属于一种非实时、非语音的数据通信业务，因为篇幅短小而被称为"短信"。伴随微信、QQ 等实时通信手段的兴起，手机短信的历史使命基本完成，它的主要业务变成了未接来电提醒、账单和广告推销等。

(5) 网络洽谈。随着数字通信的不断发展和完善，有些业务沟通和交流从原来的长途奔袭、面对面洽谈转变为网络洽谈。购物交流、技术交流、商业合同的初期文本等均可以在网络上洽谈，大大方便了人们的生活，也提高了工作的效率。

(6) 网络订单。第三方支付系统的出现，增加了网络交易的安全性。信息准确、诚实守信是网络交易的基础。在提交网络订单时，采购的信息要求名称、数量、交货地点等准确无误，以免因错误采购和无法投递而造成物流损失。

4.3.2　电子文书的特点

与纸质文书相比，电子文书具有存储体积小、检索速度快、远距离同步传递及同时满足公众和组织资源共享等优点。

电子文书是具有相对稳定特征的数字信息，又是以数字信息为特征的文件。与纸质文件相比，电子文书存在自身无法克服的局限性，如信息与载体分离、不能直接阅读，必须依赖软件和硬件才能识别与利用；电子文书容易被人修改、复制，修改之后几乎不留痕迹，在真实性、完整性、凭证性方面比较难认可。

4.3.3　电子文书写作的要素

电子文书写作必须具备以下 3 个要素。

(1) 硬件与软件。电子文书制作的物质基础是以计算机或移动通信设备为中心、以数字化信息化网络为依托，辅助以输入输出设备、各种系统软件和应用软件组成的现代化写作及录入系统。

(2) 技术设施。电子文书的形成必须基于数字通信及文档、音像传播技术。前者是电子文档传播的物理基础，后者是电子文档传输系统的软件平台。最后通过工作流技术，使人们通过手机、计算机等电子设备来收发电子邮件、上网发帖、视频直播等，使电子文书处于电子化控制之下。

(3) 操作者。计算机、手机只是帮助人们工作的工具，没有具有操作能力的人，它是无法发挥其作用的。手机软件技术突飞猛进地发展，语音、拼音、手写等录入手段层出不穷，手机发帖、收发微信信息、收发 QQ 信息和收发 Email 变得越来越方便，对操作者的要求也越来越低。

4.3.4　电子文书写作的基本要求

公共平台为每个用户提供了发表文章的空间，并将文章传播到世界各地。在写作电子文书时，应注意以下几点。

(1) 内容健康。网络是一个公共媒体，如论坛上的帖子在客观上会起到传播信息、影响他人的作用。在网络上写博客、微博、微信朋友圈、日志、说说等帖子，因可以匿名发表，所以发帖子比较随性，但不能因此发表或转发庸俗下流的帖子，更不要恶意灌水，造谣生事。

(2) 语言文明。网络论坛上的帖子语言丰富多彩，产生了很多富有网络特色和时代气息的网络语言。但网络上也存在着许多不文明的语言，污染了网络环境，我们应该自觉抵制这种不文明的行为。此外，网络论坛上出现的很多不规范的语言对未成年人的教育会产生不利的影响，是需要予以纠正的。

(3) 遵守法律。在网络上发帖子必须遵守法律，严禁发表危害国家安全、破坏民族团结、破坏宗教信仰、妨碍社会稳定、污蔑、诽谤、淫秽等内容的作品。

(4) 实名发帖。文责自负，实名发帖值得提倡。【例文 4-4】即笔者发表的帖文。

【例文4-4】

母亲的教诲

世界上最疼我的那个人走了。每次跟父亲通电话，心里总是觉得空落落的不好受。

我多想电话的那一端，站在父亲身边的还有我那勤劳、正直、善良而又慈祥的母亲呀？可这一切也只能是遥不可及的梦幻啦！母亲是位极普通的农家妇女，犹如大甸子上的一株牛毛草、小山坳里的一束马兰花、空气中的一粒微尘、沧海中的一滴水，平凡得常常被人忽略。可她的教诲却让我终生受益，时隔三十多年，至今萦绕在我的耳畔——"孩子，咱穷不打紧，一定要有志气。别人的东西就是金砖，咱也不要眼气。穷，还没志气，谁也不会瞧得起咱。"

那是七十年代初的一个夏天的中午，我和哥哥被我的班主任扣留了。

这天第三、四节的课间，我在操场上遇到了哥哥。他手中拿了一把红色的铅笔刀，向我炫耀道："老二，看，我捡的！"

我的铅笔总是由妈妈用剪子削，早晨带上三、五根削好的铅笔去上学，晚上再把用钝的铅笔交给妈妈。字写得多了一点儿，有时削的铅笔就不够用。

"给我吧！"我向哥哥索要道。

"不给。"哥哥不舍。

"好哥哥，给我吧，你都用钢笔了，也用不着小刀啦。"我央求道。

哥哥架不住我的软磨硬泡，把小刀给了我。

班主任老师来上课了，我仍沉醉于拥有铅笔刀的兴奋中。一边听课，一边不时地摆弄着这红色的宝贝。我以一个不足十岁的小孩儿的思维，想着是否应该把小刀交给老师。我们天天唱的歌是——捡到一分钱交到警察叔叔手里边……

尽管铅笔刀我已经心仪很久，临近下课了，我还是举起了右手。

老师问："张小二，你有什么事？丢了魂似的。"

我站起来战战兢兢地道："报告老师，我捡了一把小刀。"

我当时个子很矮，座位紧挨着讲台。我边报告边把小刀递给老师。

老师是位比较严厉的未婚女子，严厉得几近颠顶，同学们都很惧怕她。

老师接过小刀温和地说道："好，坐下吧！好孩子，捡到东西知道交给老师。这是谁丢的呀？"

"老师，我丢的。"一个坐在后排的男孩举起手来。

举手的是大队书记的外甥，班里的小霸王。

"好，还你吧！"老师说着，把小刀扔给了他。

"老师，和这把小刀在一起的还有钥匙链、指剪刀……"小霸王说道。

老师愠怒道："张小二，把指剪刀和钥匙链也拿出来吧！"

我辩解道："老师，我就捡到一把小刀。"

老师："你在哪儿捡的？"

我一时语塞，答不上来。

"老师，不是我捡的，是我哥哥……"我解释道。

"一会说你捡的，一会儿说你哥哥捡的，恐怕是上人家书包里捡的吧？"老师抢白道。

下课的铃声响了，老师命令道："小二，和你哥一起到我的教研室去！"

同学们一窝蜂地回家吃午饭去了，我和哥哥却在教研室里反省。我的班主任也吃饭去啦，临走时留下一句话："不把钥匙链和指剪刀交出来，就别回家吃饭！"

妈妈从邻居家的孩子口中得知我们哥俩被老师扣留了，她一路小跑来到学校。见我们哥俩在教研室靠墙根站着，问道："咋不回家吃饭？"

此时，我的老师已经吃完饭，返回教研室，抢先说道："他们拿人家的东西！"

"这不可能！(冲哥哥)老大怎么回事儿？"妈妈问道。

哥哥嗫嚅道："我捡了一把小刀，让弟弟交给老师啦。"

"好哇，别人的东西咱不要。"

老师说："李书记的外甥说，'和小刀拴在一起的还有指剪刀和钥匙链。'"

妈妈又问道："老大，你捡到钥匙链了么？"

哥哥答道："我就捡一把小刀。"

妈妈向老师说道："他不会撒谎。再说，一样的小刀有很多，我儿子捡到的也不一定就是李书记他外甥丢的。"

老师盛气凌人道："这个我不管，不交出钥匙链和指剪刀就不能回家吃饭。"

一向温和的妈妈此时也不由得愠怒起来，反问道："这种小刀供销社有的是，难道天底下就卖他一把不成？"

"你这种人不讲理。"

"什么，我不讲理？"母亲更加气愤，"他妈和钥匙链一起丢了，难道你还让孩子赔他个妈不成。"

老师被质问得目瞪口呆，脸颊羞臊得绯红。其他老师也围拢上来，妈妈说："孩子，咱们走，别说咱没错，就是错了也得回家吃饭呐！"

校长赶紧解围道："快回去吧，下午还得上课呢！"

我和哥哥随妈妈一起沿着乡间小路向家走去，恰似庇护在妈妈羽翼下的两只小鸡雏。

边走妈妈边说道："孩子，咱穷不打紧，一定要有志气。别人的东西就是金砖，咱也不要眼气。穷，还没志气，谁也瞧不起咱。"

刚回到家，出工的钟声响了，妈妈顾不上吃饭，叮嘱哥哥道："走时锁好门。"说着，便从锅里拿出一个玉米饼子，扛起锄头出工去了。刚出门又想起什么似的，开门回了屋，对哥哥说："老大，走时拿俩鸡蛋，到供销社换两把小刀，你和弟弟一人一把。"

弹指间，三十多年过去了，妈妈也离开很久啦。每每想起她的教诲，心中总会有一股暖流在涌动。妈妈一生清贫，要说给我留下什么遗产，那就是教会我堂堂正正地做人。可对于儿女来说，学会做人不就是一生中从父母那儿继承的最大财富吗？

（张连志 2005.08）

练习与训练

延伸阅读4
《湖南农民运动
考察报告》

1. 简述社会调查报告的特点。

2. 设计一份社会调查报告写作模板。

3. 阅读毛泽东《湖南农民运动考察报告》，从如何撰写调查报告的角度，写出不少于1000字的读书笔记和心得体会。

4. 训练：组织一次班会活动，编写活动策划案。主题可以是清明踏青、重阳爬山、青年节歌咏、国庆节诗歌朗诵等。

5. 训练：实名发一篇1200字左右的博客，要求立论清晰，言之有物。

第5章

公 文 写 作

公文写作是公务人员写作的重点。理工科大学生经常会接触到请示、报告、函和纪要。本章讨论公文写作的一般性要求和比较常见的请示、报告的写作。函和纪要等写作，留待职场文书篇章去讨论，在此暂不阐述。

5.1 公文写作概述

5.1.1 公文的含义

党政机关公文是党政机关实施领导、履行职能、处理公务的具有特定效力和规范体式的文书，是传达贯彻党和国家方针政策，公布法规和规章，指导、布置和商洽工作，请示和答复问题，报告、通报和交流情况等的重要工具。

5.1.2 公文的特点

(沛公)与父老约，法三章耳：杀人者死，伤人及盗抵罪[1]。

——西汉·司马迁《史记·高祖本纪》

约法三章，可以说是最简单明了的法律条文。这"三章"是刘邦取得军事上的胜利后对百姓的承诺。但是如果他没有取得军事上的胜利，他说的话又有谁会听信和认可呢？公文和法律一样，都是由胜利者制定和颁布，靠国家(或政治集团)强制力来执行的。公文的特点具体介绍如下。

(1) 内容的政治性。公文是国家权力机关意志的表达者。它代表国家表达意志，公布实施，实行国家管理和统治，靠国家强制力来落实，因此，党政机关公文具有鲜明的

---

[1] 司马迁. 史记精选[M]. 呼和浩特：内蒙古人民出版社，2008：67.

政治性。

(2) 作者的法定性。公文由特定的法定机关制定和公布。公文的编制发放者必须是国家党政机关、企事业单位社会团体及依法成立并能以自己的名义行使权利和承担义务的组织。因此，党政机关公文具有作者的法定性。

(3) 执行的权威性。公文是国家的管理工具，代表国家的权力和意志。因此，公文具有法定的权威性。公文一经下发，其相关单位及成员就必须执行。这是保证党和国家的路线、方针、政策得以顺利贯彻执行的重要前提。

(4) 格式的规范性。公文格式有严格的规范性要求，我国对党政机关公文格式作出了非常具体的规定，要求特定的法定机关在进行党政机关公文写作时遵照执行。党政机关公文写作必须根据实际需要选择合适的公文种类，结构安排必须严谨、完整、统一，布局谋篇要主次分明、条理清楚、重点突出、衔接自然，语言必须规范、准确、简明、实用。

5.1.3　公文的作用

公文的作用，概括地表述就是起到行政工具的作用。公文的具体作用可以归纳为以下 5 个方面。

(1) 领导和引领。上级机关发给下级机关的公文，都具有领导和引领作用。上级机关传达贯彻党和国家的方针政策、决定和规定等公文，必然要对下属机关产生领导作用。而批复等公文，则对具体工作行使指导权利。

(2) 行为规范。相当一部分公文体现了政府机关对人们行为的规范，要求公民坚决执行。通过公文发布的法律、法令和行政法规等，同样对公民起着规范约束和准绳的作用。

(3) 宣传和教育。一般来说，政策、规定本身就是最好的宣传。而传达贯彻党和国家的方针政策又是公文所负的重要责任。公文在传达某一方针政策、规定公民应该怎么做时，往往还会说明为什么要这样做，这无疑增强了公文的宣传和教育作用。

(4) 联系知照。许多工作是通过公文进行联系、协调而得到及时处理的，还有许多信息资料也是通过公文获得的。公文在保证机关单位正常而有秩序地开展工作上起着不可替代的作用。通告、通报等知照性公文，主要是告知对方有关事项，起知照作用。

(5) 依据和凭证。公文反映了执法机关的意图，具有法定的效力，受文机关则将此作为处理工作、解决问题的依据，这是公文的依据作用。而有些公文，如会议纪要等，还具有凭证作用。

公文的以上作用是相互联系的，一种公文往往兼有多种作用。

5.1.4 公文写作的基本常识

(1) 写作的受命性。公文写作是受命写作，写作者一般较少有写作的意愿，大多按照领导的意图，或依照决策层和全体成员的意愿，在机关单位非责任的授意下进行遵命写作。公文写作过程中，表述什么观点，运用什么材料，提出什么建议，发出什么请求，都受制于授意者，必须"代机关立言"。写作时不能自作主张、各抒己见、随意铺排、任意发挥，这是写作者的受命性所决定的。公文写作需要作者具有一定的政策水平、理论素养和文字表达能力，以便准确地领会和表述领导机关的意图。

(2) 目的专指性。写作活动总是有一定的目的。公文写作的目的是专一的，有特定的指向。通过公文可以传达机关的意图和领导的指示；反映情况，汇报工作；请求事项，表达意愿；沟通信息，加强联系；交流经验，明确做法；记载事实，以便查考，等等。一篇公文最终能否在社会生活中发挥作用，关键就看写作者是否能够准确把握写作意图，明确表述写作目的。只有目的明确，准确把握领导意图的公文才能真正发挥指导、凭据和传达的作用。

(3) 读者的确定性。任何文体都有一定的读者对象。公文的读者对象由"主送机关""抄送机关""阅读范围"乃至"保密等级"等加以确定。正因为如此，写作公文便要考虑不同的读者对象，行文要采用不同的语气。请示和命令的口吻是不一样的，在具体写作时要予以区分。在应用文体中，公文的读者对象是最为确定的。

(4) 写作的集体性。公文的写作是一个集体参与的过程。有些重要的文稿要由集体讨论，指定专人执笔，初稿需在一定范围内征求意见，再由领导审阅定稿。有些简单的文稿虽然由个人执笔单独完成，最终也要经过有关领导审核批准。任何公文文种，都不是靠一个人单独完成的。好的公文是集体智慧的结晶。

(5) 写作的程式化。公文写作具有程式化的特点。公文已形成了相对固定的规范程式。如果公文体式千变万化，不仅写起来困难，印发也将十分不便，势必会影响效率，进而难以发挥作用。国务院对公文的适用范围、格式和发文稿纸等许多方面都做出了规定，这除了维护公文的严肃性外，还能起到方便起草、处理、立卷归档的作用，有利于提高公文的写作质量和办事效率。

5.1.5 党政机关的公文种类

《党政机关公文处理工作条例》中规定的 15 种公文分别是决议、决定、命令(令)、公报、公告、通告、意见、通知、通报、报告、请示、批复、议案、函和纪要。

(1) 决议。适用于会议讨论通过的重大决策事项。

(2) 决定。适用于对重要事项作出决策和部署、奖惩有关单位和人员、变更或者撤

延伸阅读 5
《国家行政机关
公文处理办法》

销下级机关不适当的决定事项。

(3) 命令(令)。适用于公布行政法规和规章、宣布施行重大强制性行政措施、批准授予和晋升衔级、嘉奖有关单位和人员。

(4) 公报：适用于公布重要决定或重大事项，如《中华人民共和国和美利坚合众国联合公报》[1]。

(5) 公告。适用于向国内外宣布重要事项或者法定事项。

(6) 通告。适用于在一定范围内公布应当遵守或者周知的事项。

(7) 意见。适用于对重要问题提出见解和处理办法。

(8) 通知。适用于发布、传达要求下级机关执行和有关单位周知或执行的事项，批转、转发公文。

(9) 通报。适用于表彰先进、批评错误、传达重要精神和告知重要情况。

(10) 报告。适用于向上级机关汇报工作、反映情况，回复上级机关的询问。

(11) 请示。适用于向上级机关请求指示、批准。

(12) 批复。适用于答复下级机关请示事项。

(13) 议案。适用于各级人民政府按照法律程序向同级人民代表大会或人民代表大会常务委员会提请审议事项。

(14) 函。适用于不相隶属机关之间商洽工作、询问和答复问题、请求批准和答复审批事项。

(15) 纪要。适用于记载会议主要情况和议定事项。

5.1.6　公文语言的基本要求

1. 明晰

明晰就是语义明白、清楚，不晦涩，无歧义。公文要在办理公务中发挥有效作用，从语言方面看，首先要让人看得懂，能清楚地理解所表达的意思。如果晦涩难懂、佶屈聱牙，甚至有歧义，必然会影响公务的办理效率。

(1) 选用含义确定、清楚明白的词语。遣词造句，如果连自己都似懂非懂，岂不是"以其昏昏，使人昭昭"。虽然，古汉语是人类文明的结晶，但除特定用语外，写公文应以现代汉语为准。

(2) 要选择通俗易懂的词语。不要用过时、冷僻的词语，更不能生造词语。比如计量单位的使用，我国曾实行市制，现在实行公制，那么现在行文表述中应用公制的单位用法。今天的公文中不应该再用诸如尺、斗、里、斤，而应该用米、升、千米、千克。

---

[1] 该公报是美国总统尼克松于1972年2月访问中国期间在上海与中华人民共和国国务院总理周恩来签署的，史称《上海公报》。

此外，生造词语和网络词语在没有被固化之前，并不是所有人都能理解其意义和功能，如果不是出于纠正目的，不可以出现在公文中。

2. 准确

准确就是恰如其分地说明情况、阐述做法、表达思想。行文中的用词、造句、构段等都要确保准确，其核心是词语的锤炼。锤炼词语的目的是要选用最恰当、最能说明特定事物的词语入文。

(1) 要认真分辨词类。词，按照其在造句时所引起的作用不同，可以分成实词和虚词两大类。实词能充当句子成分，包括名词、动词、形容词、数词、量词和代词。虚词不能单独充当句子成分，包括副词、连词、借词、助词、语气词和叹词。各类词因性质不同，其语法特点也不同。在公文撰写中要做到用词准确，就要分清词性，了解其语法特征，否则，选用时就容易产生错误。

(2) 要精心辨析词意。汉语的词汇非常丰富，这是我们民族语言发达的一个重要标志。在公文的语言表达上要做到准确，精心辨析和选用同义词，就显得十分重要。例如，公文中在讲到收获时常用到成绩、成果、成效、成就，这几个词的词意接近，属于同义词。基本意义一样，但分量上和重点上则不同。"成绩"一般用于工作或学习中取得的具体收获，如"他在期末考试中取得了优异的成绩"；"成果"侧重于在事业中取得了较大的收获，如"物理实验室取得了丰硕的成果"；"成效"则侧重于功效、效果，如"青蒿素对杀灭疟原虫卓有成效"；"成就"是指事业上取得了很大的成绩，如"我国的高铁建设取得了世界瞩目的成就"。

3. 简朴

简朴就是简明扼要、实事实说、直陈直叙，不冗长繁杂，不拖泥带水，不浮华藻饰，不言之无物。要使公文语言满足"简朴"的要求，应该注意以下几点。

(1) 实事求是，实话实说。不说假话、大话、空话、套话。

(2) 叙事说理，开门见山。主旨确定后，就要围绕主旨布局谋篇。议论某个问题，就要表明态度，是赞成还是反对，不允许模棱两可。

(3) 遣词造句，惜字如金。一个词能够表达清楚的就不用两个词；三句话能交代清楚的就不写四句话。要反复修改，去掉可有可无的字、词、句子，乃至段落。

4. 庄重

公文是神圣不可侵犯的，公文的语言表述必须庄重。庄重指用语应端庄持重，格调严肃，用以维护公文的权威性和有效性，表明作者的严正立场与明确态度。

(1) 使用规范的书面语言。公文的遣词造句，要符合现代汉语的规范要求。一般不要使用口语、方言和土语。如"改革开放后，农民的钱包一年比一年鼓，就像吃甘蔗由尾吃到头，越吃越甜。"这是口语化表述，写公文需要改为："改革开放后，农民的收入每年增加 8%，生活越过越幸福。"这就是书面语言。

(2) 恰当使用专用语。在长期的公务实践中，由于行文关系和处理程序的需要，公文逐渐形成了一套常用的专用语，即公文特定用语。

公文常用特定用语简表如表 5-1 所示，现代的公文特定用语已基本规范化、定型化，具有含义的确定性，它在准确、严谨地表述公文内容及格式的同时，还能自然地强化简明、庄重的语体风格。

表5-1　公文常用特定用语简表

序号	名称	作用	特定用语
1	开端	用于文章开头,表示发语、引据	为、为了、为着、查、接、顷接、根据、据、遵照、依照、按照、按、鉴于、关于、兹、兹定于、今、随着、由于
2	称谓	表示人称或对单位的称谓	第一人称：我、我单位、本人、本公司、我们、敝单位 第二人称：你、你局、贵公司、贵方 第三人称：他、该公司、该项目
3	递送	表示文、物递送方向	上行：报、呈 平行：送 下行：发、颁发、颁布、发布、印发、下达
4	引叙	复文引据	悉、接、顷接、据、收悉
5	审批、拟办	审批、拟办	拟办：责成、交办、试办、办理、执行 审批：同意、照办、批准、可行、原则同意、原则批准、可办、不可
6	经办	表明进程	经、业经、已经、兹经
7	过渡	承上启下	鉴于、为此、对此、为使、对于、关于、如下
8	期请	期望请求	上行：请、恳请、拟请、特请、报请 平行：请、拟请、特请、务请、如蒙、即请、切盼 下行：希、望、尚望、切望、请、希予、勿误
9	结尾	表示收尾	上行：当否，请批示；可否，请指示；如无不当，请批转；如无不妥，请批准；特此报告；以上报告，请批转；已上报，请审核 平行：此致敬礼；为盼；为荷；特此函达；特此证明；尚望函复 下行：为要；为宜；为妥；希遵照执行；特此通知；此复；为……而努力；……先予公布
10	谦敬	表示谦敬	承蒙惠允、不胜感激、鼎力相助、蒙、承蒙
11	批转	上级对下级来文的处理	批转、转发
12	征询	征请、询问对有关事项的态度、意见	当否、妥否、可否、是否妥当、是否同意、如无不当、如无不妥、如果可行

练习公文写作的过程中，要活学活用特定用语。在写作实践中，不断地感悟和体味

同义词中微小的差别，乃至不同领导风格对这些词的偏好和习惯。

公文语言明晰、准确、简朴、庄重的特点，不是孤立存在的，而是互相联系，统一存在于公文的整体之中。

理工科大学生有科技论文写作和修改的扎实功底，只要了解公文的写作模式，多阅读往来公文并仔细揣摩其行文特点，稍加训练即可。

【例文5-1】

中华人民共和国国家通用语言文字法
中华人民共和国主席令(第三十七号)

《中华人民共和国国家通用语言文字法》已由中华人民共和国第九届全国人民代表大会常务委员会第十八次会议于2000年10月31日通过，现予公布，自2001年1月1日起施行。

中华人民共和国主席　江泽民

二OOO年十月三十一日

第一章　总则

第一条　为推动国家通用语言文字的规范化、标准化及其健康发展，使国家通用语言文字在社会生活中更好地发挥作用，促进各民族、各地区经济文化交流，根据宪法，制定本法。

第二条　本法所称的国家通用语言文字是普通话和规范汉字。

第三条　国家推广普通话，推行规范汉字。

第四条　公民有学习和使用国家通用语言文字的权利。

国家为公民学习和使用国家通用语言文字提供条件。

地方各级人民政府及其有关部门应当采取措施，推广普通话和推行规范汉字。

第五条　国家通用语言文字的使用应当有利于维护国家主权和民族尊严，有利于国家统一和民族团结，有利于社会主义物质文明建设和精神文明建设。

第六条　国家颁布国家通用语言文字的规范和标准，管理国家通用语言文字的社会应用，支持国家通用语言文字的教学和科学研究，促进国家通用语言文字的规范、丰富和发展。

第七条　国家奖励为国家通用语言文字事业做出突出贡献的组织和个人。

第八条　各民族都有使用和发展自己的语言文字的自由。

少数民族语言文字的使用依据宪法、民族区域自治法及其他法律的有关规定。

第二章　国家通用语言文字的使用

第九条　国家机关以普通话和规范汉字为公务用语用字。法律另有规定的除外。

第十条　学校及其他教育机构以普通话和规范汉字为基本的教育教学用语用字。法律另有规定的除外。

学校及其他教育机构通过汉语文课程教授普通话和规范汉字。使用的汉语文教材，应当符合国家通用语言文字的规范和标准。

第十一条 汉语文出版物应当符合国家通用语言文字的规范和标准。

汉语文出版物中需要使用外国语言文字的，应当用国家通用语言文字作必要的注释。

第十二条 广播电台、电视台以普通话为基本的播音用语。

需要使用外国语言为播音用语的，须经国务院广播电视部门批准。

第十三条 公共服务行业以规范汉字为基本的服务用字。因公共服务需要，招牌、广告、告示、标志牌等使用外国文字并同时使用中文的，应当使用规范汉字。

提倡公共服务行业以普通话为服务用语。

第十四条 下列情形，应当以国家通用语言文字为基本的用语用字：

(一) 广播、电影、电视用语用字；

(二) 公共场所的设施用字；

(三) 招牌、广告用字；

(四) 企业事业组织名称；

(五) 在境内销售的商品的包装、说明。

第十五条 信息处理和信息技术产品中使用的国家通用语言文字应当符合国家的规范和标准。

第十六条 本章有关规定中，有下列情形的，可以使用方言：

(一) 国家机关的工作人员执行公务时确需使用的；

(二) 经国务院广播电视部门或省级广播电视部门批准的播音用语；

(三) 戏曲、影视等艺术形式中需要使用的；

(四) 出版、教学、研究中确需使用的。

第十七条 本章有关规定中，有下列情形的，可以保留或使用繁体字、异体字：

(一) 文物古迹；

(二) 姓氏中的异体字；

(三) 书法、篆刻等艺术作品；

(四) 题词和招牌的手书字；

(五) 出版、教学、研究中需要使用的；

(六) 经国务院有关部门批准的特殊情况。

第十八条 国家通用语言文字以《汉语拼音方案》作为拼写和注音工具。

《汉语拼音方案》是中国人名、地名和中文文献罗马字母拼写法的统一规范，并用于汉字不便或不能使用的领域。

初等教育应当进行汉语拼音教学。

第十九条 凡以普通话作为工作语言的岗位，其工作人员应当具备说普通话的能力。

以普通话作为工作语言的播音员、节目主持人和影视话剧演员、教师、国家机关工作人员的普通话水平，应当分别达到国家规定的等级标准；对尚未达到国家规定的普通话等级标准的，分别情况进行培训。

第二十条 对外汉语教学应当教授普通话和规范汉字。

第三章　管理和监督

第二十一条 国家通用语言文字工作由国务院语言文字工作部门负责规划指导、管理监督。

国务院有关部门管理本系统的国家通用语言文字的使用。

第二十二条 地方语言文字工作部门和其他有关部门，管理和监督本行政区域内的国家通用语言文字的使用。

第二十三条 县级以上各级人民政府工商行政管理部门依法对企业名称、商品名称以及广告的用语用字进行管理和监督。

第二十四条 国务院语言文字工作部门颁布普通话水平测试等级标准。

第二十五条 外国人名、地名等专有名词和科学技术术语译成国家通用语言文字，由国务院语言文字工作部门或者其他有关部门组织审定。

第二十六条 违反本法第二章有关规定，不按照国家通用语言文字的规范和标准使用语言文字的，公民可以提出批评和建议。

本法第十九条第二款规定的人员用语违反本法第二章有关规定的，有关单位应当对直接责任人员进行批评教育；拒不改正的，由有关单位作出处理。

城市公共场所的设施和招牌、广告用字违反本法第二章有关规定的，由有关行政管理部门责令改正；拒不改正的，予以警告，并督促其限期改正。

第二十七条 违反本法规定，干涉他人学习和使用国家通用语言文字的，由有关行政管理部门责令限期改正，并予以警告。

第四章　附则

第二十八条 本法自2001年1月1日起施行。

以上公文充分体现了内容的政治性、作者的法定性、执行的权威性、格式的规范性。法律必须由全国人民代表大会通过，颁布法律必须是当时在任的国家主席，这就是作者的法定性；法律是由国家强制力来保证实施的，自然具有执行的权威性；颁布法律的主席令和法律条文的格式均是固定的。

5.2　请示与报告

请示和报告是公文中应用较为广泛的两大文种，也是科技工作者工作中学习和借鉴的应用文体裁。每一位理工科大学生都应该掌握请示和报告的写法及其异同点。请示是有请必复的，报告是可复可不复的。

5.2.1 请示

请示适用于向上级机关请求指示、批准。自己职权范围外的工作，以及经过努力也不能妥善处理或圆满解决的困难，可以请示。

1. 适用范围及特点

(1) 适用范围。

① 对上级有关方针、政策、指示或法规、规章不够明确或有不同理解，需要上级机关做出明确的解释和答复。

② 从本地区、单位的实际情况出发，需要对上级的某项政策、规定做出变通处理，有待上级重新审定，明确作答。

③ 在工作中出现新情况、新问题需要处理而无章可循、无法可依，需要上级机关做出明确指示。

④ 需要请求上级解决本地区、本单位的某一具体问题和实际困难。

⑤ 按上级机关和主管部门有关政策规定，不经请示有关部门批准，无权自行处理的问题。

⑥ 工作中出现了一些涉及面广而本部门无法独立解决的困难和问题，必须请示领导或综合部门，以求得他们的协调和帮助。

(2) 特点。

① 行文内容的请求性。请示是向上级机关请求指示和批准的公文，具有请求的性质。

② 行文目的的求复性。请示的目的是请求上级指示、批准，解决具体问题，要求做出明确的批复。

③ 行文时机的超前性。请示必须在事前行文，等上级机关作了批复之后才能付诸实施。不能先斩后奏。

④ 请求事项的单一性。请示要求一文一事。不可一文多事或一事多文。

2. 主要类型

根据请示的不同内容和写作意图，请示大致分为以下两类。

(1) 请求指示。涉及对执行文件或法律条文政策上、认识上的具体问题，请上级机关给出明确的解释。

(2) 请求批准。涉及人事、财务、机构等方面的具体问题，给出自己的方案，请求上级机关批准。

3. 结构及写法

请示包括标题、主送机关、正文和落款等部分，这里仅介绍标题和正文的写法。

(1) 标题。标题内容包括发文机关、事由和文种。发文机关有时可以省略，如《关于×××名胜风景区列为国家重点风景区的请示》。写标题时要注意，不能将请示写成《×××报告》或《×××请示报告》。标题中尽量不使用"申请""请求"之类的词语替代请示。

(2) 正文。正文包括请示缘由、事项和要求三部分。

① 请示缘由。请示缘由主要说明提出请示事项和要求的理由、背景及依据，写在正文的开头。首先把缘由讲清楚，然后再写请示的事项和要求，这样才能顺理成章，有说服力。请示的缘由是写作请示的关键，写得充分与否直接关系到请示的事项能否成立，会影响上级机关审批请示的态度等。如果缘由比较复杂，不能为简要而简单化，必须讲清情况，举出必要的事实、数据，要实事求是，具体而明白。

② 事项。请示中应明确写出请求上级机关批准、帮助、协调资源、解答的具体事项。请示的事项要符合国家法律、法规，符合实际，具有可行性和操作性。事项要写得具体、明白，并作出具体的分析。如果请示的内容比较复杂，则要分清主次，一条一条地写清楚。同时，请示事项的撰写不能出现不明确、不具体的情况，也不能把缘由和事项混在一起写，使得上级机关不明白请示的真正意图。

③ 要求。为了使请示的事项得到答复，发文机关一定要提出要求。常用的写法有"以上请示，请批复""以上意见当否，请指示""以上请示，请审批""不知当否，请批示"，等等。虽然只是简单的一句话，但却是请示独有的、不可或缺的内容。

4. 写作要求

(1) 一文一事。一份请示只能写一件事，这是《国家行政机关公文处理办法》的规定，也是实际工作的需要。如果一文多事，很可能导致受文机关无法批复。如果性质相同的几件事确需写在一份请示中，则要求这几件事必须是同一机关可以批复的。

(2) 单头请示。一份请示只送一个上级领导机关，不能同时主送两个或两个以上的机关。如有需要，对有关的单位可以抄送一份。这样可以避免政出多门无所适从，或者推诿扯皮等现象。受双重领导的部门向上级机关请示工作时，要根据请示内容的性质，主送一个上级领导机关，抄送另一个领导机关。

(3) 不越级请示。请示与其他公文一样，一般不越级请示，如果因情况特殊或事项紧急必须越级请示时，要同时抄送越过的机关。请示一般不直接送领导个人，除非是领导直接交办的事项。把应由秘书部门统一办理的请示直接交给某个领导，容易误事，甚至会造成领导之间的误解或矛盾。

(4) 不得抄送下级机关。请示是上行公文，不得同时抄送下级机关，更不能要求下级机关执行尚未经上级机关批准的事项。

【例文5-2】

××市国土资源局关于拨付土地评估费的请示

××市政府：

2019年度因挂牌出让土地、置换土地、土地补偿和办理超容积率补交地价款的需要，我局委托了10家土地评估公司对98宗土地进行了评估，评估价值为×万元，评估费为×万元，其中超容率的评估费×万元，出让土地、置换土地和土地补偿的评估费×万元。根据《××市超容积率用地管理规定》第二条第四款"收支两条线。市国土环境资源局收取的超容积率地价款全额上缴财政，征收工作中涉及的土地评估费纳入成本，由财政局审核，经市政府批准后从收入中支付"之规定，特请求市政府从我局上缴给市财政的土地出让金中拨付×万元，以便我局与评估机构进行费用结算。

妥否，请批示。

××市国土资源局

2020年02月28日

5.2.2　报告

报告适用于向上级机关汇报工作、反映情况、回复上级机关的询问。

1. 特点

(1) 内容的实践性。报告，尤其是工作报告，对实践性要求很高。工作报告是对已做过的工作进行回顾和总结。撰写者将做过的工作写进报告，没有做过的、还停留在计划阶段或是构思中的想法，不能作为报告的材料。报告中根据实践具体情况总结出实践活动的经验和教训，不得弄虚作假、文过饰非，更不能敷衍塞责。

(2) 表述的概括性。这是报告的文体特点。报告是以叙述和说明为主要表达方式的文种，但它的叙述和说明是概括性的，要求做粗线条的勾勒描述，而不必详述过程、铺陈细节，撰写者必须要领会这个特点，从而写出短小精悍、货真价实、有分量的报告。

(3) 选材的灵活性。报告选材的自由度很大，选择权掌握在撰写者手中。发文单位可以根据具体情况选择最有特色、有新意的典型材料和题材来撰写报告。当然，答复报告必须按上级要求实事求是地写，不能答非所问，顾左右而言他。

2. 主要类型

根据不同内容和写作意图，报告大致分为以下5类。

(1) 工作报告。工作报告是指汇报工作的报告。下级机关向上级机关汇报某一阶段工作的进展、成绩、经验、存在的问题及打算，汇报上级交办事项的结果，汇报对某一指示传达贯彻的情况，等等。

(2) 情况报告。情况报告是指向上级机关反映情况的报告。例如，及时汇报本地区、本单位发生的重大事件，或在一定范围内带有经济、科技等倾向性的情况等。

大家应注意工作报告与情况报告之间的区别：工作报告反映的是经常性的常规工作，而情况报告汇报的是偶发性的特殊情况；工作报告的内容相对确定，而情况报告的内容多不确定，因时因事而异；工作报告的写法基本稳定，而情况报告的写法要因事而异；工作报告有不同程度的说理，而情况报告重在叙述、说明有关情况。

(3) 建议报告。建议报告是指汇报或提出工作建议、措施的报告。建议报告用于下级机关或主管部门向上级领导机关提出工作意见，或是贯彻某文件、某指示的意见，或是解决某问题的措施、工作方案等。有的建议报告只要求上级机关认可，称之为呈报性建议报告。有的建议报告要求上级机关批准并转发下级机关执行，称之为呈转性建议报告。呈报性报告，如无不妥，上级机关不予回复。呈转性报告，一经上级机关批准转发就变成上级机关下发的文件，下级机关需要严格执行。

(4) 答复报告。答复报告是指答复上级询问事项的报告。例如，上级领导对群众来信来访或文件材料中反映的问题等批示下级机关查办或询问有关情况，下级机关办理完毕，需用书面形式答复上级机关，此时使用的公文就是答复报告。

(5) 报送报告。报送报告是指向上级机关报送物件或有关材料的报告。

3. 结构及写作要点

报告有多种写法，这里只介绍一般的结构和写法，同时指出实际写作中常见的不足。

报告的结构包括标题、主送机关、正文、落款四个部分，其中正文一般包括缘由、事项和结尾三部分。这里仅介绍标题和正文的写法。

(1) 标题。报告的标题可根据需要省略发文机关，事由和文种不能省略。报告的标题要求对事由要高度概括和提炼。

(2) 正文的写作要点。下面分别对 5 类报告的写作要点进行说明。

① 工作报告的写作要点。正文内容一般包括基本情况、主要成绩、经验体会、存在问题、基本教训和今后意见等部分。工作报告内容繁杂、篇幅较长，应恰当安排其层次结构，可标出序数，分条分项陈述，也可列出小标题或分问题布局谋篇。

基本情况可简要交代时间、背景和工作条件；主要成绩应把工作的过程、措施、结果和成绩叙述清楚；经验体会主要写对工作实践的理性认识，要从实际工作中概括出规律性的内容，以便指导今后的工作；存在问题主要是指工作中的缺点与不足；基本教训是指工作失误的原因和值得吸取的教训；今后意见指改进工作的意见，或是提出今后开展工作的建议。不同类型的工作报告，可以有不同的侧重点。

② 情况报告的写作要点。情况报告常用于向上级汇报下列事项：严重的灾害、事

故、案情或敌情；重要的社情、民情，如社会生活中的新动态和上级某项攸关国计民生的新政策、新规定的贯彻执行情况及群众的反应等；督促办理或检查某项工作的情况，如财务、税收、物价、质量、安全、卫生等项工作的检查结果；举办重大活动、召开重要会议的基本情况，各级各类代表会议的选举结果等；对某项工作造成失误和问题的检讨与反思；其他重要的、特殊的、突出的新情况。

情况报告的写法不强求一律，但要力求做到：内容集中、单一，突出重点，抓住事物本质，实事求是地反映情况；将情况和问题讲清楚，将事情的经过、原委、结果、性质写明白；提出处理意见和建议，要写得具体、明确、简要，尤其要注意提出意见、建议的角度，不能在报告中夹带请示事项；用词准确，脉络清楚，层次分明。

情况报告的写作要及时传递，以便在媒体介入前让上级机关和有关领导尽快了解重大、特殊、突发的种种新情况，做出客观、理性、全面的判断，采取积极有效的应对措施。

③ 建议报告的写作要点。建议报告的内容一般比较集中，正文可分为情况分析和意见措施两部分。

情况分析部分或者介绍情况，分析问题；或者肯定成绩，指出不足，总结经验教训；或者说明提出意见、建议的目的、原因和依据。这部分一般写得比较简明扼要，其后常以"特提出如下建议""拟采取如下措施"等语领启下文。

意见措施部分是在前一部分的基础上切合实际地提出做好某项工作的意见、措施、建议，这是报告的重点部分，也是建议报告在写法上有别于工作报告和情况报告的地方。意见措施往往采用条文式的写法，要求脉络清晰、逻辑严谨、主次分明。

④ 答复报告的写作要点。答复报告的内容要体现针对性，有问必答，答其所问，以示负责。表述要明确、具体，语言要准确、得体，不得闪烁其词、模棱两可。答复报告正文包括答复依据和答复事项两部分内容。

答复依据指上级要求回答的问题，要写得十分简要，有时一两句话即可。

答复事项指针对所提问题答复的意见或处理的结果，既要写得周全，又不可画蛇添足、答非所问。

⑤ 报送报告的写作要点。报送报告的正文极为简单，把报送的物件、材料的名称、数量说明即可。

一般报告结尾都是用习惯用语，根据报告内容不同使用不同的习惯用语。除呈转性建议报告常以"如无不妥，请批转有关单位执行"的请求式用语作结外，其他各类报告常以"特此报告""专此报告""请审阅""请批示"等用语作结。

4. 写作要求

报告的写作要求是在全面掌握材料的基础上进行综合分析，提炼出正确的主题和新颖的观点，然后用简洁的语言来表述。

(1) 立意要新。提炼主题是指在大量材料的基础上进行分析研究，归纳出新颖的观点，从而提炼出能反映本质的、带有规律性的主题。

(2) 真实具体。报告的内容必须是真实的，尽管选材具有灵活性，但也要实事求是，全面客观，有喜报喜，有忧报忧，决不能弄虚作假、欺骗上级。撰写报告必须掌握第一手材料，然后分析归纳，去伪存真。材料要具体，既要有概括性的材料，也要有典型性的例证。

(3) 重点突出。内容要依据主题的要求来安排，分清主次轻重。重点的、主要的内容，安排在前面详写；非重点的、次要的内容，可略写；无关痛痒、可写可不写的内容坚决不写。同时要注意处理好点和面的关系，比如，既要有典型事例，又要有综合性的情况，做到点面结合，说服力强。

(4) 报告中不能夹带请示事项。对于报告，上级机关不用答复。将请示事项混在报告里，不但不便上级机关处理，甚至还会贻误工作。

对呈转性建议报告中所提的请求，上级机关批转有关单位执行的意见，属于下级机关提出的建议范畴，不应看作请示。上级机关也无须向报告机关批示表态。

【例文5-3】

东北大学"双一流"建设2018年度进展报告[1]

加快推进世界一流大学和一流学科建设，提升我国高等教育综合实力和国际竞争力，是党中央、国务院作出的重大战略决策，是实现"两个一百年"奋斗目标和中华民族伟大复兴的中国梦的重要支撑。2017年8月，东北大学一流大学建设方案通过教育部"双一流"专家委员会审核，2017年9月学校正式列入国家一流大学建设范围，为学校探索具有中国特色的世界一流大学建设之路，再创新的辉煌提供了重大历史机遇。

学校深入贯彻习近平新时代中国特色社会主义思想，落实习近平总书记系列重要讲话和全国教育大会精神，以"九个坚持"为根本遵循，牢固把握中国特色世界一流大学建设的基本方向，始终把培养德智体美劳全面发展的社会主义建设者和接班人作为根本任务，坚持与党和国家发展、民族振兴同向同行，在服务国家战略需求、支撑社会主义现代化建设、办好人民满意的教育过程中，努力实现"在中国新型工业化进程中起引领作用的'中国特色、世界一流'大学"办学目标。

一、总体情况

一流大学建设实施以来，学校坚持创新型、特色化、开放式的发展道路，以新气象新担当新作为，将建设方案逐步地做实；在推进各项体制机制改革中破解发展难题，在优化发展路径中提升综合办学水平，在服务东北振兴发展中推进一流大学建设，着力打造以水平和贡献为取向的"控制科学与工程"和"冶金工业流程"两大学科群，不断

---

[1] 资料来源：中国教育在线，http://gaokao.eol.cn/liao_ning/dongtai/201902/t20190226_1646350.html。原文1万多字，这里仅摘录首尾内容及标题。

提升服务经济社会发展能力，构建服务国家与区域经济社会发展的创新"生态圈"。学校队伍建设、人才培养、科学研究和社会服务、文化传承创新、国际合作交流等方面呈现出有序推进、蓬勃向上的良好态势，为建设成为中国特色世界一流大学奠定了坚实的基础。

围绕"绿色"与"智能"两大主题，着力构建以"控制科学与工程"学科群与"冶金工业流程"学科群为双轮，以两化融合为纽带，两个学科群协同联动的优势学科创新发展格局，建立了科学研究与人才培养深度融合的创新人才培养机制。控制科学与工程学科群，围绕流程工业高效化、智能化与绿色化的重大需求开展基础研究和应用基础研究，不断拓展学科前沿的新疆界。企业生产全流程的一体化智能控制系统，全面应用于流程工业的重大工程，在国内外取得了具有重大经济效益的应用示范；依托学科群建设的"流程工业综合自动化国家重点实验室"在国家重点实验室信息类评估中排名第一，IEEE控制系统协会主席Francesco Bullo教授对该学科群所取得的建设成就给予高度评价。冶金工业流程学科群建设取得突破性进展，构建了从矿山智能化、绿色化开采，高质化钢铁(金属)材料研究到冶金热能与化工工艺与装备技术的十大研究方向，在难选铁矿石悬浮磁化焙烧技术、连铸坯表面裂纹控制、超快冷热轧钢材组织调控技术等方面取得重大进展，全面创新了"大冶金学"的学科内涵，承担了全国90%以上大型钢企的技术攻关任务、70%以上氧化铝生产线的设计，在全球首次实现2Gpa超高强度钢关键技术突破并投入批量工业生产，港珠澳大桥等重大工程用钢、海洋平台用钢等均大量采用东大原创技术，初步建成了未来钢铁绿色智能制造变革性技术体系及其技术转移平台；本年度获省部级一等奖7项，培育了一批30-45岁的具有世界水平的青年才俊，为冶金工业流程学科群的未来突破奠定了坚实基础。两个学科群通过工业化与信息化的深度交叉融合，聚焦绿色智能制造，在"十三五"国家重点研发计划重点基础材料技术提升与产业化专项中，获批项目数量和经费总数均居全国第一，带动了学校工程学科整体实力和水平的快速提升，2018年7月，学校工程学学科进入国际ESI排名前千分之一。在上海软科发布的世界一流学科排名中，学校有13个学科上榜，其中冶金工程、矿业工程、仪器科学和控制科学与工程等4个学科进入世界前50；计算机科学和材料科学进入U.S.News学科排行榜世界前100。

学校党建工作取得新进展，学校获评"全国党建工作示范高校"；入选全国首批十所"三全育人"综合改革试点高校。

(一) 年度目标完成情况

1. 拔尖创新人才培养质量不断提升。……

2. 教师队伍建设水平稳步提高。……

3. 科学研究和社会服务能力日益增强。……

4. 传承创新优秀文化成果丰硕。……

5. 国际合作交流水平逐步提升。……

(二) 学科与基础设施建设情况

……………

二、各项工作开展情况

(一) 拔尖创新人才培养

……………

(二) 高素质教师队伍建设

……………

(三) 科学研究和社会服务

……………

(四) 传承创新优秀文化

……………

(五) 国际合作交流

……………

三、制度建设

(一) 组织领导

……………

(二) 考核评价机制

……………

四、存在问题与改进措施

2018年学校在国家和地方政府的关心支持下，经过全校师生的共同努力，一流大学建设取得了显著进展，但是在事业发展过程中仍然存在一些问题和不足，需进一步加以改进和完善。

(一) 存在问题

……………

(二) 下一步思路举措

1. 加强学校改革创新力度，强化学科顶层布局，进一步巩固优势学科的领先地位，促进工科、理科和文科等多学科交叉互动，积极培育和快速发展人工智能、生命科学等领域新的学科增长点，努力形成一流工科、有特色的理科和文科等相互支撑、以工为主的多学科协调发展的学科发展内生机制。

2. 加大高层次人才和中青年学术骨干的培育和支持力度，改进和创新人才评价、聘用方式，完善高水平优秀人才的资源配置保障机制，构建具有区域竞争力的引才育才机制。

3. 面向基础科学研究，建设高水平科研团队和科技基地，力争在"大团队、大项目、大平台、大成果"上取得重要突破。建立以鼓励重大标志性成果产出为导向的科研投入机制，全面提高科研产出水平和质量。

一流大学建设是一项长期而复杂的系统性工程，更是一项光荣而艰巨的历史性工程，东北大学将在党中央、国务院、教育部以及省市的正确领导下，矢志坚守发展目标与路径选择，努力克服发展瓶颈和前进阻力，全面落实立德树人根本任务，坚持面向国际发展前沿创新，牢牢扎根国家重大战略需求，传承弘扬爱国争先东大精神，致力服务经济社会发展，力争早日建设成为"在中国新型工业化进程中起引领作用的'中国特色、世界一流'大学"，为实现东北全面振兴、"两个一百年"奋斗目标和中华民族伟大复兴的中国梦做出更大的贡献。

练习与训练

1. 简述公文写作的基本要求。

2. 熟悉公文特定用语的含义及用法。

3. 试述报告的正文由哪些部分组成。

4. 试述请示和报告的区别。

5. 根据下面的材料，撰写一份请示。

酷暑将至，××区教育局欲改善办公环境，安装中央空调替代老化的电扇，所需要资金××万元，请你以××县教育局的身份向上级主管部门写一份请示，请求批准此事。

要求：①格式正确，理由充足；②字数在 400 字左右。

6. 根据下面的材料，撰写一份报告。

××县教育局所属幼儿园经校医确诊出现水痘流行病例，一个班级 30 名儿童，有 6 名儿童出现带状疱疹和发热现象，其中男孩 4 人；另一个班 28 名儿童，有 8 名儿童出现上述症状，其中女孩 5 人。其他 3 个班级 88 人，没有出现上述症状，上级要求报告此事。

要求：①格式正确，理由充足；②字数在 400 字左右。

第6章

演讲稿与学术报告

本章将演讲稿与学术报告两种文体放在一起来讨论，是因为它们的共同点是用书面语指导口语。演讲有演有讲，演讲稿有电影脚本的作用。学术报告的演示文稿(PPT)包含提示性的内容，如文字、图片、视频等，可以现场简单演示。

演讲又叫讲演或演说，是指在公众场合以有声语言为主要手段，以体态语言为辅助手段，针对某个具体问题，鲜明、完整地发表自己的见解和主张，阐明事理或抒发情感，进行宣传鼓动的一种语言交际活动。

学术报告是指掌握系统的、较专门的学问的人将创造性观点用口头的形式，借助新媒体手段向听众做正式的陈述。

多媒体时代的演讲又有了新的发展和变化。演讲者借助多媒体技术制作 PPT，通过背景文字、画面和音乐渲染气氛，达到声情并茂、身临其境的效果，以提升演讲的感染力。

【例文6-1】

(商汤，约公元前1670—公元前1587年)王曰："格尔众庶，悉听朕言。非台小子敢行称乱，有夏多罪，天命殛之！今尔有众，汝曰：'我后不恤我众，舍我穑事，而割正夏？'予惟闻汝众言，夏氏有罪，予畏上帝，不敢不正。今汝其曰：'夏罪其如台？'夏王率遏众力，率割夏邑。有众率怠弗协。曰：'时日曷丧？予及汝皆亡！'夏德若兹，今朕必往。"

"尔尚辅予一人，致天之罚，予其大赉汝！尔无不信，朕不食言。尔不从誓言，予则孥戮汝，罔有攸赦。" [1]

上述例文翻译成现代语：

王说："来吧，你们众位！都听我说。不是我小子敢于贸然发难！因为夏王犯下许多罪行，上天命令我去讨伐它。现在你们众人会说：'我们的君王不怜悯我们众人，让

---

[1]　顾迁译注. 尚书[M]. 北京：中华书局，2016：90-92.

我们荒废自己的农事，却去征伐夏国？'我虽然理解你们的话，但是夏桀有罪，我畏惧上天，不敢不去征伐啊！现在你们会问：'夏桀的罪行究竟怎么样呢？'夏桀耗尽民力，剥削夏国的人民。民众大多怠慢不恭，不予合作，他们说：'这个太阳什么时候才能消失呢？我们宁可同你一起灭亡。'夏桀的德行败坏到这种程度，现在我一定要去讨伐他。"

"你们只要辅佐我，行使上天对夏桀的惩罚，我将重重地赏赐你们！你们不要不相信，我决不会不守信用。如果你们不遵守誓言，我就会把你们降成奴隶，或者杀死你们，不会有所赦免。"

短短不足两百字的战争动员令，鼓动士兵和他一起去讨伐不得民心的夏桀，恩威并施。有设问，有回答；有奖励，有惩罚。其语言之简洁，讲话之气势，值得我们学习。

6.1 演讲稿概述

演讲稿也叫演说词，是在较为隆重的集会和会议上所发表的讲话文稿，是保证演讲质量、增强演讲效果的不可或缺的书面形式。

一个成功的演讲取决于十大要素：选择话题、分析听众、搜集材料、写作演讲稿、制作视觉辅助物、设计态势语言、修饰形象、编辑摘要、全面演练、熟悉环境。准备得越充分，演讲效果会越好。

6.1.1 演讲稿的特点

演讲稿具有很强的鼓动、宣传、教育和欣赏性，它不仅要将演说者的观点、主张、思想感情传达给听众，更要使听众在思想感情上产生共鸣，要求演讲稿包含渊博的知识、充分的材料、严谨的逻辑、准确的语言和清晰的结构。写作演讲稿要做到以下三个方面。

1. 针对性

演讲是一种社会性活动，它由演讲者、听众及沟通二者的媒介共同组成。演讲具有明确的目的性，或是说明一个问题，或是阐明某个观点，或是宣传一个道理，这就决定了演讲词必须具有鲜明的针对性。演讲稿的写作要针对演讲的具体场合，考虑到演说的时间、地点、环境等，只有这样才能最大限度地起到演讲的鼓动、宣传作用。例如，恩格斯的《在马克思墓前的讲话》这篇演讲，恩格斯紧紧围绕"马克思不仅是一个伟大的思想家，而且是一个伟大的革命家，他的英名永垂不朽！"这一主题，开头对马克思逝世的情景进行简要叙述，接着从理论建树、伟大的革命实践等几个方面展开论述，最后推出"他的英名和事业将永垂不朽"这一结论。这样的开篇观点鲜明，具有很强的针对性，能够把听众的注意力集中起来。

延伸阅读6
《在马克思
墓前的讲话》

2. 鼓动性

演讲的目的在于追求真理、捍卫正义,只有为真理而进行呼唤的演讲才具有真正的生命力,才能激起听众的共鸣。演讲者通过自己的情感塑造出一种特有的气势,鼓动听众接受演讲者的观点和主张。因此,一篇演讲稿既要有冷静的剖析,又要有热情的鼓动。另外,由于演讲本身具有临场性和直观性,演讲者感情的传达比一般作者更直接、更强烈、更具有感染力,因而演讲稿比一般文章更具有鼓动性。这种鼓动性往往能够起到催人泪下、发人深思、感人奋进的功效。

【例文6-2】

我们团要像野狼团,我们每个人都要是嗷嗷叫的野狼!吃鬼子的肉,还嚼碎鬼子的骨头。狼走千里吃肉,狗走千里吃屎,咱独立团啥时候吃肉,啥时候改善伙食啊?那就是碰到小鬼子的时候!

——电视剧《亮剑》中李云龙的台词

独立团团长李云龙这段话不仅唤起战士吃肉的欲望,更鼓舞了战士们抗日杀敌的斗志,具有很强的鼓动性。

马丁·路德·金的著名演讲《我有一个梦想》,也是鼓动性很强的关于成功的演讲范例。

延伸阅读7
《我有一个梦想》

3. 有声性

演讲是采取口语和态势语言相结合的形式向人们发号召、作动员、谈见解的一种特定的表情达意方式。演讲活动以"讲"为主,以"演"为辅,要面对听众发表意见,抒发情感,以理服人,以情动人,从而感召听众,因此撰写演讲稿时,必须以"好讲""好听""好懂""好记"为前提。舞台的光、影、声和态势语言都是为讲服务的,只有相辅相成才能达到最佳的效果,且不可以喧宾夺主。

演讲词与一般文章在语言方面具有共同的基本要求,即准确、简明、生动,但这两者之间又存在着不容忽视的区别。一般文章是让人看的,而演讲词是供人听的,通过口头表达,作用于人的听觉,从而产生宣传效果;一般文章可以供人们反复揣摩玩味,而演讲词、PPT画面同时间一起流逝,且人的听觉易于疲劳、分散,正如老舍先生所说的:"耳朵不像眼睛那么有耐性,听到一个不爱听的字或一句不易懂的话,马上就不耐烦。"

6.1.2 演讲稿的分类

演讲稿依据不同的划分标准有不同的分类。

(1) 按内容划分,演讲稿可分为政治、学术、教育、军事、商业、竞聘、就职、述职演讲稿等。

(2) 按照演讲方式划分，演讲稿可分为命题、即兴和论辩演讲稿等。

(3) 按照演讲技巧划分，演讲稿可分为叙事性、议论性和抒情性演讲稿等。

6.2　演讲稿写法

演讲稿一般包括标题、称呼和正文三大部分，下面对其分别展开介绍。

6.2.1　标题

演讲稿的标题往往涉及演讲的内容，关系到演讲的效果。一个新颖、生动、恰当而富有表现力的标题，不仅能在演讲前制造悬念，唤起听众的听讲意愿，而且能在演讲结束后给听众留下深刻而持久的记忆。下面对标题分类进行介绍。

1. 按标题的形式分类

(1) 文章式标题。文章式标题主要根据演讲的主要内容概括提炼而成。例如，《为人民服务》《将战斗到底》。

(2) 特殊式标题。有些演讲题目根据会议的名称或演讲发表的时间、地点确立。例如，《在马克思墓前的讲话》。

(3) 正副标题式。正副标题式是上面两种标题的结合，正标题用以揭示演讲的主题，副标题则要点明事由及文种。例如，《让新的亚洲诞生吧——1955 年 4 月 18 日在亚非会议开幕式上的演讲》《用发展的眼光看中国——在剑桥大学的演讲》。

2. 按标题的内容分类

(1) 提要式标题。提要式标题主要是概括演讲的核心内容，简明扼要地向听众展示演讲中心。例如，《人，总是要有点精神的》。

(2) 寓意式标题。寓意式标题主要是运用比喻、象征等修辞方法，将抽象的哲理或某种特殊意义形象地表达出来。例如，《扬起生命的风帆》。

(3) 警句式标题。警句式标题主要是利用名言警句来提醒、劝谏、鼓励听众，使之觉醒。例如，《天下兴亡，匹夫有责》。

(4) 设问式标题。设问式标题主要是通过设问来提示演讲涉及的内容，用演讲来回答标题的提问。例如，《人的正确思想是从哪里来的？》《怎样做一名合格的大学生？》。

6.2.2 称呼

称呼应根据会议性质及与会人员的情况而定。如果成员复杂，称呼宜粗不宜细，一般按身份、主次排列。

【例文6-3】

2008年北京奥运会开幕词

各位代表、各位来宾，同志们：

在全国人民以巨大的热情认真贯彻奥林匹克精神的大好形势下，一百多年的梦想终于实现。在世界各地体育事业专家、教授、学者沐浴春风、辛勤耕耘、踌躇满志地迈出新的步伐的时候，我们第29届中国北京奥运会开幕了。在此令13亿华夏儿女欢欣的美好时刻，我们向生活、工作、奋斗在世界各地的奥委会员和所有体育工作者，表示亲切的问候，向当选并出席本次奥运会的全体代表，表示热烈的祝贺，向光临奥运这一民族盛事的国家领导及各方贵宾表示热忱的欢迎和诚挚的感谢！

....

奥运会是由奥委会组织举办的，是由体育工作者协助推动的，他们是我们的朋友和贵宾，所以放在最前面表示问候。其次是对奥运会的全体代表表示祝贺，奥运会是运动员、教练员等各国代表的盛会。最后是向光临这一盛事的国际领导及各方贵宾表示欢迎和感谢。宾主有序，层次分明，值得借鉴。

6.2.3 正文

正文包括开头、主体和结尾三个部分。

1. 开头

演讲稿的开头又叫开场白，是演讲者登台后刚开始讲的几句简短的话，是演讲者和听众之间的第一座桥梁，是演讲能够取得成功的重要环节。俗话说"万事开头难"，演讲稿的开头要写好也很难。好的开头是成功的一半，任何形式的演讲开头总是很关键。好的演讲稿开头既能用简洁的语言迅速引起听众对演讲的注意和兴趣，有效控制听众的情绪，又能创造出良好的氛围，增强感染力，为进入正题做铺垫，以求得到不同凡响的演讲效果。

演讲的开场白具有双重作用：一是赢得听众的兴趣；二是把演讲引入主体。演讲稿的开头应根据演讲的时间、地点、听众、主题采用灵活多样的形式。常见的开头方式有以下3种。

(1) 落笔入题，开宗明义。这是一种提纲挈领、开门见山的方式，演讲者直接概括全文的主要内容或揭示演讲的主题，进而展开分析，使听众很快跟进演讲的内容，把握演讲的中心和要领。例如，英国前首相丘吉尔的《将战斗到底》的开头。

【例文6-4】

这次战役尽管我们失利了，但我们决不投降，决不屈服，我们将战斗到底。[1]

(2) 提出问题，发人深思。这是一种以设问句开头，引起听众关注的开头方式。开篇以一个或几个发人深省、引人入胜的问题引起听众的注意，从而促使听众与演讲者一起思考。

下面请看教育家陶行知先生的《学做一个人》的开头。

【例文6-5】

我要讲的题目是：《学做一个人》。要做一个整个的人，别做一个不完全的人、命分式的人。中国虽然有四万万人，试问有几个是整个的人？诸君试想一想："我自己是不是一个整个的人？"

(3) 故事开场，引出整体。意大利科学家伽利略·伽利雷的《我们的知识是有限的》演讲，就是以故事开头的。

【例文6-6】

基于长期的经验，我似乎发现，人们在认识事物时处于此种境地：知识愈浅薄的人，愈欲夸夸其谈；相反，学识丰富倒使人在判断某些新事物时，变得甚为优柔寡断。

从前有一个人，生在一个人迹罕至的地方，但他天资颖慧，生性好奇。他喂养了许多鸟雀，饶有兴味地欣赏其啁啾，聊以自娱。他极为惊异地发现，那些鸟儿运用巧妙之技，借助呼吸之气，能随心所欲地叫出各种声音，好听极了。

一日晚间，他在家听到附近传来一种声音，十分悠扬，遂臆断为一只小鸟，出去捕之。路上，遇见一位牧童，正在吹着一根木管，同时手指在上面按动着，忽而捂住某些孔眼，忽而放开，使木管发出了那种响声，宛如啮啮鸟语，不过发音方式迥然不同。他惊异不止，并在好奇心驱使下，送给牧童一头牛犊，换取了那支笛子。[2]

演讲稿的开头方式多种多样，我们不能将其模式化和概念化，写作时应该根据具体情况灵活安排。

2. 主体

主体是演讲稿的主干，其任务是运用大量的事实和理论依据，通过科学的推理和判

---

[1]《演讲艺术》编写组. 演讲艺术[M]. 南京：南京出版社，2019：84.
[2]《演讲艺术》编写组. 演讲艺术[M]. 南京：南京出版社，2019：93.

断，做到以理服人、以情动人，从而使听众在哲理的思辨中受到启迪，在美好的情感中受到感染。考虑到演讲内容的丰富性、演讲者对于内容把握的独特性和听众对象的复杂性，这部分结构的安排应灵活多变、风格迥异。

(1) 以道理说服人。演讲的目的是要通过摆事实、讲道理，以理说服听众，达到影响听众惩恶扬善、引领听众奋起追求真理等效果。要达到这样的目的，就必须用充分可靠的论据去论证演讲的主题。做到观点正确全面，事实充分有力，论证逻辑严密。为了使演讲以理服人，要从以下 4 个方面来努力。

① 围绕主题说理。演讲的主题是整篇演讲的中心思想，是灵魂，是核心。因此，在进入正文以后就要紧紧扣住主题，逐层展开，全面论述。在一篇演讲中，特别是短篇演讲，只能安排一个中心，不能有多中心，因为多中心即无中心。在演讲的正文中，要自始至终地围绕着一个中心选择素材，使主题鲜明突出，加强综合性阐述。想要透彻地说明某一个观点，单从一个角度出发去论证显然是不够的，演讲者应当从多方面综合加以分析。比如，要证明社会主义制度的优越性，应从内外、正反、纵横等各个方面去考察。就内外方面来说，内是指内容，外是指形式；从正反方面来看，正是肯定的一面，反是否定的一面；而纵横方面，纵是指历史的角度，横是说空间地理位置。如果你能在各个方面都有力地阐明了社会主义比以往其他社会都优越，那演讲就牢牢地抓住了中心。

② 观点正确全面。演讲要以理服人，如果想让别人信服、接受你的观点，你所持观点就必须是正确、全面的，而不能是片面肤浅、夸大失实的。要使观点自身站得住、站得稳脚跟，演讲才具有强大的说服力。

③ 事实充分有力。演讲者只能引导听众接受自己的观点，而不能强迫听众。演讲者要想使听众接受自己的观点，必须保证演讲内容本身精彩丰富，材料翔实有力。

【例文6-7】

我深知，就在昨天，我们的那些呼唤兄弟情谊的孩子们却受到消防水龙头的喷射、警犬的吠咬乃至死亡的打击。

我深知，就在昨天，那些争取选举权的年轻人却遭受虐待和杀害；就在昨天，仅仅在密西西比州就有四十多座黑人教堂被炸毁或焚烧。我深知，我的人民正在令人萎靡不振和痛苦不堪的贫困深渊里饱受折磨。

——马丁·路德·金在诺贝尔和平奖授奖仪式上的演说[1]

④ 论证逻辑性强。演讲是说理的艺术，演讲的文体属于论说文范畴，因此必须十分重视演讲的逻辑问题，具体地说就是怎样运用论据来证明论点。论点、论据和论证是论说文的三要素。论点是演讲的中心，是演讲者要说明的中心观点；论据是用来证明论点的材料和依据；论证是运用论据来证明论点的过程。论证要有力可信，需要依靠逻辑的力量，要借助分析、判断、推理、归纳、反证等逻辑手段进行论证。

[1]《演讲艺术》编写组. 演讲艺术[M]. 南京：南京出版社，2019：80.

【例文6-8】

夫完全人格，首在体育，体育最要之事为运动。凡吾人身体与精神，均含一种潜势力，随外围环境而发达。故欲发达至何地位，即能至何地位。若有障碍而阻其发达，则萎缩矣。旧俗每为女子缠足，不许擅自出门行走，终日幽居，不使运动，久之性质自变为懦弱。光阴日消磨于装饰中，且养成依赖性，凡事非依赖男子不可。苟无男子可依赖，虽小事儿望而生畏，倘不幸地有战争之事，敌兵尚未至，畏而自尽者比比矣，又安望其抵抗哉！是皆不运动不发达其身体之故，卒养成懦弱性质，以减杀其自卫能力与胆量也。……

—— 蔡元培《爱国要培养完全的人格》[1]

（2）以情感牵动人。演讲的"情"不是指一般的情，而是"激情"。因为激情是感人的催化剂，激情是烈火，激情是生命！激情能使演讲产生巨大的鼓动、鼓励和鼓舞作用。演讲的激情有以下5个特点。

① 情感的真挚。 演讲者的抒情是真情实感的自然表露，它能激起听众感情的巨澜，形成对理智的强大冲击；它能够渲染气氛，营造合适的环境，使听众和自己一起同爱同恨。情感的真挚包括两个方面：一是演讲者要有真情实感，这来自演讲者对内容的真切感受；二是对听众要有真情实感。只有这样，演讲者的语言、声音及形体动作才会真实自然，才能产生较大的感染力。戏剧里强调演员要进入角色，就是让演员体会出角色的思想和情感，这样表演起来才具有真实的艺术魅力，才能打动观众的心灵。演讲者同样要具有角色意识。如果演讲者没有真情实感和角色意识，而是做作地运用有声语言和态势语言来进行演讲，这不但不能引起听众的情感共鸣，反会使听众感到别扭，甚至反感和厌恶。

② 情感的内涵丰富。演讲者的情感，不仅要有深度，而且要有广度，即情感丰富多彩和富于变化。抒发情感时，要收放自如，控制适当，恰到好处。2000 多年前，中国的古人就已认识到人有七情。到了 17 世纪，法国哲学家笛卡尔也提出人有六种情感。到了近代，人们把喜、怒、哀、惧四种表现列为人类最基本、最主要的情感形式，认为这四种形式中的任何一种都可以由于具体体验程度的不同而呈现出不同的形式。

③ 情感的辩证变化。情感运动同一切事物的发展变化一样，有它的辩证规律。演讲内容若能将苦与悲、爱与恨、紧与松、强与弱等这些对立的情感组合在一起，便会产生特殊的艺术效果。

④ 情感的凝聚与升华。演讲者的情感应该由淡到浓、由弱到强，逐渐浓化和强化，并在演讲的核心或高潮部分形成情感的凝聚点和升华圈。从美学观点来看，就是有计划地调整和安排听众的审美情感的激动度，以求得审美情趣的最佳效应并最终进入升华圈。

⑤ 情感的相互交融。演讲者应该能以诚挚的情感引起听众热烈的反响，使台上台

---

[1]《演讲艺术》编写组. 演讲艺术[M]. 南京：南京出版社，2019：28.

下的情感相互交融。听众之所以能够动真情，就是因为演讲者已经将诚挚之情倾注在演讲辞中。

(3) 以数据教育人。在演讲中，数字往往是不可缺少的，运用和表示的方法也很多。数据遍布于历史、政治、经济、科学、教育、文化和整个日常生活中。真实、可靠的数据可使听众产生一种实在感、可信感，能够在听众的心灵上掀起感情的波澜。在演讲中，不可避免地要列举一些数字，而这些数字表现的量往往是抽象的、枯燥的，应该尽量让数字生动起来。

(4) 以兴趣振奋人。一个善于演讲的人，懂得如何根据听众的趣味，通过幽默的方式——轶事、故事、趣事、新奇事，把枯燥的或颇为严肃的演讲内容变得生动有趣，让听众在活泼愉快的气氛中自然而然地接受启迪和教育。

3. 结尾

俗话说："编筐编篓，重在收口；描龙画凤，难在点睛。"美国作家约翰·沃尔夫认为，"演讲最好在听众兴趣到高潮时果断收束，未尽时戛然而止"。因此，演讲稿往往在演讲达到高潮时果断"刹车"，以此强化听众的印象，从而收到"余音绕梁，回味无穷"的艺术效果。常见的结尾方式有以下4种。

(1) 要点总结。将演讲的要点总结，让听众余音绕梁，回味无穷。

【例文6-9】

余闻而愈悲。孔子曰："苛政猛于虎也。"吾尝疑乎是，今以蒋氏观之，犹信。呜呼！孰知赋敛之毒，有甚是蛇者乎！故为之说，以俟夫观人风者得焉。

——唐·柳宗元《捕蛇者说》[1]

(2) 前后照应。 前后照应是以前后内容遥相呼应的方法来进一步深化主旨。例如，茅盾先生的《白杨礼赞》，开头为"白杨树实在不是平凡的，我赞美白杨树！"，结尾为"让那些看不起民众，贱视民众，顽固的倒退的人们去赞美那贵族化的楠木(那也是直干秀颀的)，去鄙视这极常见，极易生长的白杨吧，但是我要高声赞美白杨树！"，这种写法完全可以应用在演讲稿上。

【例文6-10】

白杨礼赞[2]
茅盾

白杨树实在不是平凡的，我赞美白杨树！

---

[1] 欧阳修，柳宗元. 唐宋八大家散文大典[M]. 北京：北京出版社，2008：89.
[2] 庄钟庆. 中国现代作家选集·茅盾[M]. 北京：人民文学出版社，1983：178-180.

汽车在望不到边际的高原上奔驰，扑入你的视野的，是黄绿错综的一条大毯子；黄的，那是土，未开垦的处女土，几十万年前由伟大的自然力所堆积成功的黄土高原的外壳；绿的呢，是人类劳力战胜自然的成果，是麦田，和风吹送，翻起了一轮一轮的绿波——这时你会真心佩服昔人所造的两个字"麦浪"，若不是妙手偶得，便确是经过锤炼的语言的精华。黄与绿主宰着，无边无垠，坦荡如砥，这时如果不是宛若并肩的远山的连峰提醒了你(这些山峰凭你的肉眼来判断，就知道是在你脚底下的)，你会忘记了汽车是在高原上行驶，这时你涌起来的感想也许是"雄壮"，也许是"伟大"，诸如此类的形容词，然而同时你的眼睛也许觉得有点倦怠，你对当前的"雄壮"或"伟大"闭了眼，而另一种的味儿在你心头潜滋暗长了——"单调"！可不是？单调，有一点儿吧？

…………

白杨不是平凡的树。它在西北极普遍，不被人重视，就跟北方农民相似；它有极强的生命力，磨折不了，压迫不倒，也跟北方的农民相似。我赞美白杨树，就因为它不但象征了北方的农民，尤其象征了今天我们民族解放斗争中所不可缺的朴质，坚强，力求上进的精神。

让那些看不起民众，贱视民众，顽固的倒退的人们去赞美那贵族化的楠木(那也是直干秀颀的)，去鄙视这极常见，极易生长的白杨吧，但是我要高声赞美白杨树！

(3) 诗词警句作结。以正统的、改编的或自创的诗词警句来结尾，给演讲增加力度，使观众受到启迪和鼓舞。例如，公司领导在年终总结中的演讲："员工同志们，行百里者半九十，让我们戒骄戒躁，保持清醒的头脑和旺盛的斗志，完成第四季度的生产任务，为公司和家庭积累更多的财富！"

(4) 口号式。口号式结尾具有强烈的鼓动性，适用于各种庆典等场合。例如，"我们的目标要达到，我们的目标一定能够达到！"

6.2.4　演讲稿的写作要求

(1) 感情真挚，以情动人。演讲稿应有真情实感，才能打动人、感染人。演讲者不仅要注重自身思想感情的表达和倾诉，更要关心、尊重听众的情感，不能忽视与听众之间的互动和交流，不可孤芳自赏、自我抒情、自我沉醉。避免把与听众的感情互动和共鸣，变成演讲者个人的舞台表演。

(2) 叙议结合，以理服人。由于演讲是时间的艺术，具有稍纵即逝的特点，因此演讲稿的叙事要具体、形象、鲜明；同时演讲是为了启发他人思考，所以在具体可感的事实基础上，演讲应自然引发精辟的感概议论，从而引发听众思考，达到事理相依、情理相彰的目的。切不可无病呻吟、装腔作势，结果只感动了自己，却感动不了听众。

(3) 语言通俗，易懂达人。演讲词是以有声语言的方式呈现给听众。有声语言在表达思想、感情、情绪等方面比书面语言更为丰富。这要求我们写演讲稿时注意口语和书面语的区别。演讲稿语言应生动形象、通俗易懂，不可讲空话、大话、套话，也不可讲自作高深的抽象话。应适当使用成语、惯用语、歇后语和古诗词，恰当运用排比、比喻等修辞手法。这样可以在准确表达自己思想内容的同时充分表达自己的情感。

好的演讲稿或许可以由他人代笔，但好的演讲是他人无法替代的。演讲词都是在一次次失败的演讲中总结和感悟出来的。每个人的形象、气质、身体语言和知识储备都不尽相同，听众也千差万别。演讲者锲而不舍地阅读经典演讲稿固然重要，更重要的是不厌其烦地练习。

【例文6-11】

学做一个人[1]

陶行知

我要讲的题目是：《学做一个人》。要做一个整个的人，别做一个不完全、命分式的人。中国虽然有四万万人，试问有几个是整个的人？诸君试想一想："我自己是不是一个整个的人？"

《抱朴子》上有几句话："全生为上；亏生次之；死又次之；不生为下。"

但是何种人算不是整个的人呢？依我看来，约有五种：

(一) 残废的——他的身体有了缺欠，他当然不能算是整个的人。

(二) 依靠他人的——他的生活不是独立的；他的生活只能算是他人生活的一部分。

(三) 为他人当作工具用的——这种人的性命，为他人所支配，没有自己独立的人格。

(四) 被他人买卖的——被贩卖人口所贩卖的人，就是猪仔；或是受金钱的贿赂，卖身的议员就是代表者。

(五) 一身兼管数事的——人的一分精神只能专做一件事业，一个人兼了十几个差使，精神难以兼顾，他的事业即难以成功，结果是只拿钱不做事。

我希望诸君至少要做一个人；至多也只做一个人，一个整个的人。做一个整个的人，有三种要素：

(一) 要有健康的身体——身体好，我们可以在物质的环境里站个稳固。诸君，要做一个八十岁的青年，可以担负很重的责任，别做一个十八岁的老翁。

(二) 要有独立的思想——要能虚心，要思想透彻，有判断是非的能力。

(三) 要有独立的职业——要有独立的职业，为的是要生利。生利的人，自然可以得到社会的报酬。

我觉得中学生有一个大问题，即是"择业问题"。我以为择业时要根据个人的才干

---

[1] 本篇系陶行知1925年底在南开学校的演讲词。原载1926年2月28日《生活周刊》第1卷第19期。

和兴趣。做事要有快乐，所以我们要根据个人的兴趣来择业。但是我们若要做事成功，我们必要有那样的才干。

我曾作了一首白话诗，说人要有独立的职业：

滴自己汗；吃自己的饭。

自己的事，自己干。

靠人，靠天，靠祖先，都不算好汉。

现在我们专讲"学"和"做"二个字，要一面学，一面做。"学"和"做"要连起来。英语Learn by doing，也就是这个意思。我们要应用学理来指导生活，同时再以生活来印证学理。

将来诸君有的升学，有的就职业，但是为学的方法全要研究。学农的人要有科学的脑筋和农夫的手；学工的人，也要有科学的脑筋和工人的手。这样他才可以学得好。

我希望到会的个人，是四万万人中的一个人。诸君还要时常想：

中国有几个整个的人？

我是不是一个整个的人？

6.3　学术报告

要想了解学术报告，需要先看看什么是学术？什么是报告？

学术是指有系统的、较专门的学问。报告一词有两层含义：一是把事情或意见正式告诉上级或群众；二是以口头或书面的形式向上级或群众所作的正式陈述。学术报告是指掌握系统的、较专门的学问的人将创造性的观点用口头的形式，借助新媒体手段向听众做正式的陈述。

如果说演讲稿中"演"占有一定的比例，那么，学术报告则更偏重于讲。

学术报告是展现研究成果、开展学术交流、探讨学术问题的重要手段之一。通过学术报告达到交流学术、扩大影响、听取意见的目的，以利于开展后续的科研工作。通过学术报告还能推销自己的学术观点，以获得同行或领导相应的评价及认可，甚至获得经济上的利益。

6.3.1　学术报告的特点

(1) 学术性。首先，学术报告讨论的问题是科学性的，而不是社会性的；其次，学术报告是对某一领域中的现象或问题做系统地剖析和阐述，能够解释事物的本质及发展的客观规律。

(2) 创造性。学术报告要对科学问题有独特的发现和见解，要在总结前人的研究的基础上有所前进，而不是原地踏步。因此，学术报告不能泛泛地讲一般的知识，而要有自己的新材料、新方法、新见解。

(3) 针对性。学术报告具有很强的专业性，涉及许多复杂抽象的科学道理和不易被非专业听众所理解的专业术语，若不做简化或是定义，听众很难理解其中的内容。另外，学术报告是口头传播方式，传播的信息稍纵即逝，为此，写学术报告演讲稿时，应该对某些专业知识做必要的注解，把抽象的科学道理表达得深入浅出、通俗易懂。

如果是针对专业人士，那么学术报告不要过多地阐述专业基础知识，而应该把重心放在已做工作和取得的成果上。

6.3.2　学术报告的写作要求

学术报告的主要汇报对象是专业受众。本节对非专业受众和科普报告不作介绍。

(1) 主题明确。学术报告首先必须具有学术性。例如，报告的主题是"铁为什么会生锈？"，那么首先要说清楚铁在什么情况下会生锈，人们普遍认为铁锈是什么物质，有哪些新的发现，等。不能在网上下载一段资料，配上图片，照本宣科，讲一些人尽皆知的东西。学术报告主题明确的目的是有自己的创新性。

(2) 语言简洁。学术报告属于演讲的范畴。不能将论文全部搬到报告 PPT 上，连篇累牍，然后照本宣科地朗读。学术报告中使用的语言要简洁，尽量使用短语、省略语或者直接写提纲。

(3) 图表清晰。科技报告使用图表来表述，更显得直观。强调多图少表，所选用的图表要求清晰，且与表达的主题相吻合。

(4) 结构严谨。按照科技论文的结构，依照研究背景、实验方法和手段、结果与讨论、结论的顺序，按部就班地写好每一部分。同时也要遵守写文章的规则，即"凤头猪肚豹尾"：开头要精彩，主体要厚重，结尾要有力。

(5) 与时俱进。随着信息时代新媒体技术的发展，一定要借助新媒体技术，可以利用声光电的一切展示手段，通过幻灯片、视频播放的形式辅助作学术报告。当然，新媒体是工具，作报告的主体是人，不可以喧宾夺主。

6.3.3　论文答辩

论文答辩是最初级的学术报告。论文答辩是由审定小组围绕论文，对论文作者公开审查、检验和考核的一种方式。

1. 论文答辩的目的

(1) 考查学生是否具备从事专业工作的初级能力，决定是否授予学士学位。

(2) 考查论文写作的真实性及论文的学术价值。

(3) 帮助学生修改和完善论文。

2. 论文答辩的一般要求

(1) 内容正确、清晰。自述要体现逻辑性、科学性、理论性；答问要求有针对性，避免问官答花。要做到这一点，必须要做好资料准备和心理准备。

(2) 语言流畅自然。在自述和答问时，做到语调自然，发音清楚，言语富有节奏感，手势、表情自然大方。

(3) 态度诚恳、谦虚。要认识到答辩是一次难得的演讲机会，要有诚恳的态度。

(4) 控制好时间。自述时间要控制在规定的范围内，误差不应超过半分钟。时间太短论文内容表述不清楚，时间太长又显得啰唆。回答问题前，要注意倾听提问者的提问重点，做到有的放矢。如果没弄清楚问题的内容，可以请老师再说一遍。回答诘问应尽量简洁，以节省时间。

3. 论文答辩的程序

论文答辩前一周，提交论文资料给答辩老师审阅，以便发现问题，有针对性地诘问。在提交论文后的一周里，学生们要准备好答辩时的 PPT。

(1) 自述。答辩开始时，先由学生作自述。本科毕业论文答辩者一般做 10~12 分钟类似于学术报告的简要说明，讲清课题研究的背景、选用的研究方法，以及论文的中心论点、分论点、小论点与论文选用的主要材料、全文结构的基本特点、研究课题的发展方向和前景、论文存在的不足等。毕业设计的自述时间一般为 5~7 分钟，主要讲解设计的背景、采用的标准、方案对比、主要参数和尺寸、典型结构及发展方向等。此环节要求学生使用 PPT 辅助讲解。

(2) 问答。答辩者就答辩老师提出的问题一一作答。一般是一问一答，学生可以充分表述自己的学术见解，介绍研究成果及其价值，以方便老师确认论文的真实性和价值。同时，学生在与老师交流的过程中，要记录未能准确回答的问题和老师的建议，为修改论文提供借鉴。

毕业设计的问答环节除设计说明书外，还要针对设计者提供的图纸、资料或样品提出诘问，给出修改(改制)意见。

(3) 答辩结果。论文成绩由导师评阅、审定小组阅卷和答辩成绩三部分组成。具体所占比例，由学校自行确定。答辩成绩有一票否决权。

答辩结果一般按优、良、中、及格、不及格标准来评定。可以现场公布，也可以会后公布。答辩结束后，获得及格及以上成绩予以通过的学生，按审定小组的意见修改论文，经导师确认，报审定小组组长审阅，答辩成绩生效。不及格未获通过，或虽通过但未按审定小组意见修订论文的学生在导师的指导下，结合审定小组意见重新修改论文，准备第二次答辩。如果第二次答辩还未通过，那么只能延期毕业或延期授予学位。

【例文6-12】

《多头双向螺旋面的加工工艺及工装设计》答辩PPT摘录。

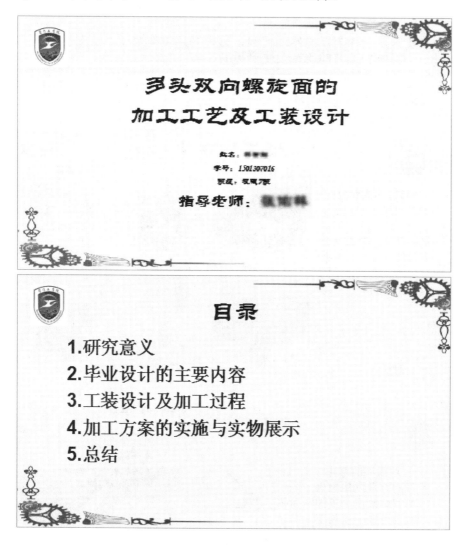

研究意义

1. 传统谐波齿轮传动机构的缺陷：
   - （1）传递功率小；由于柔轮壁薄，模数小。
   - （2）柔轮的疲劳断裂；传动过程中柔轮尺寸的变化使齿根部应力集中，传动时处于高度循环的交变应力状态中。
2. 活齿端面谐波齿轮利用活齿代替柔轮，利用非定常升力面理论来实现，从根本上克服传统谐波齿轮的柔轮变形与其承载力的矛盾。
3. 这是一种全新的传动机构，国内外还没有关于多头双向螺旋面加工工艺的研究及生产设备。

2.2 工作概要

研究多头双向螺旋面的加工工艺及工装设计，生产出活齿端面谐波齿轮减速器中的传动部件——波发生器、滑块、端面齿轮和活齿。

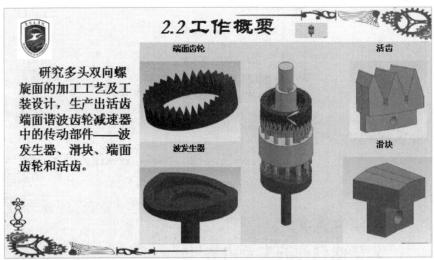

3.1 工装设计

对齿底的修形目的就是利用电火花线切割机加工的时候可以一次加工两件，提高生产效率。

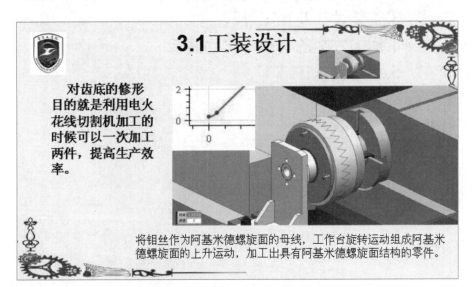

将钼丝作为阿基米德螺旋面的母线，工作台旋转运动组成阿基米德螺旋面的上升运动，加工出具有阿基米德螺旋面结构的零件。

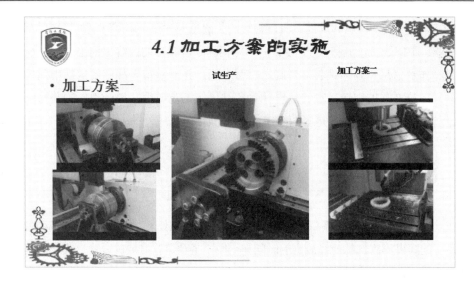

完成的任务

（1）制定两种加工多头双向螺旋面的方案。
（2）设计并绘制专用夹具的图纸。
（3）针对齿面修形进行了编程计算。
（4）三维建模，制作运动仿真动画。
（5）编制工艺卡片，指导生产26个零件。
（6）为活齿端面谐波齿轮减速器的生产积累了工艺资料。

感谢导师张佑林教授在选题、工艺
编制过程中给予的指导和审核！

请老师们就"多头双向螺旋面的
加工工艺及工装设计"进行质询。

THANK YOU

PPT 只是答辩的提示和辅助工具，答辩的关键是讲解和正确回答老师提出的问题。不同专业、不同题目，其答辩的 PPT 也不尽相同，但涵盖的内容大同小异。封面是论文题目、作者信息和导师姓名；封底是感谢导师，并请答辩老师们质询；中间的部分略有差异。论文强调创新，设计注重计算和结果。工艺或程序设计类，则要写清楚是否经过验证。PPT 一般要求是多图少字，避免抄录论文。

6.4　演讲技巧*

成功的演讲，除了要准备好合适的演讲稿之外，还要练习肢体语言，学习穿着打扮，塑造良好的演讲形象，掌控好演讲的时间和空间，甚至进行必要的发声、形体等基本训练。要想做好演讲，先要学习一些演讲技巧。

6.4.1　演讲者的形象

1. 对形象的理解

每个人都想有更好的形象，若想提升自己的形象，需要充分了解以下内容。

(1) 形象不是由自己决定的，而是由观众来决定的。

(2) 形象必须匹配环境和当时的角色。

(3) 观众在 6 秒内决定了你的形象，后来的时间只是在寻找证据来证明他的决定是对的。

(4) 每个人都想靠近有力量的人，只是这份力量必须没有威胁感。良好的力量有 5 个级别，由易到难是亲和力、可信度、感染力、推动力、感召力。

(5) 形象的构成元素是说话内容的意义、语言文字的选择、声调、身体语言和行为。其中最低的一项便是演讲者的形象得分。

2. 身体语言

演讲者会结合身体语言表达自己，下面对眼神、头部姿势和面部表情、手部动作和肢体动作等身体语言进行介绍。

(1) 眼神。眼神是演讲者与观众产生联系的媒介。

① 眼神接触。眼神接触的技巧是把眼神放在一个观众上，完整地说完一个意思或一个词组，然后转向另一个观众。这样能使观众觉得你注意到了他们全体。

② 注意力集中。不要注意观众之外的任何事物。注意外部事物会引导观众跟着你的眼神脱离演讲的情景。

③ 眼神要坚定。如果眼神闪烁不定，观众会觉得你内心不安，也会引起他们的不安。

④ 柔和而亲切。如果眼神有挑衅的意味，观众会感觉不舒服。

⑤ 略微仰视。眼神不可低于观众的眼睛，更不可将眼神停留在观众的 V 领部分。尤其是男性演讲者，眼神停留在女性的 V 领或胸部，会让人感觉不舒服。

(2) 头部姿势面部表情。

① 头部姿势。保持平视或微微上扬。头部向下给人的感觉是缺乏自信。头部不应有摆动，头是控制中心，即使是手舞足蹈，头部仍应保持稳重，表现出对大局的控制和掌握。

② 基本表情。基本表情应该是轻松愉悦的，随和而略带笑容。面部表情僵化给人的感觉是怯场、紧张和不投入。

③ 微笑。微笑是无声的亲和。对大局控制好的人都会面带笑容。尤其是观众发问时，你的笑容使他感觉到你是成竹在胸的，听众更容易接受你的观点。

(3) 手部动作。手在演讲中扮演重要的角色。手足无措是慌张和没有办法应对的体现。

① 双手摆放的位置。许多人练习演讲时，常常不知道应如何放置双手。可以尝试把手肘曲起，双手放置在左右胸骨最低的地方。每次做完手势都把它带回这个位置，蓄势待发。直垂双手、叉腰、背手和袖手都不适合初学演讲的人。

② 手心向上。最好的手势是手心向上。手心向上表示真诚和公开。这个手势延伸，则是把手离开身体朝上前方拉远，是一个表示欢迎的姿势，相比较而言，更显得积极向上、有活力、进取或热情。

③ 手心向下。手心向下是否定性的手势，尤其是手心斜向观众，是让对方不要喧哗的姿势。当观众提问，因紧张而表述不清时，演讲者可以右手向下缓慢振动，有安慰和提醒自己慢下来的作用。

④ 手势的尺度。手势的尺度没有统一的标准。双手向外拉开，以配合文字方面的需要。演讲时，有时是下意识的动作，不要刻意去拉开和收缩。拉开和收缩的频率因人而异，不可强求。

(4) 肢体动作。

① 站立的姿势。直立，头微向上倾斜(10° 以内)，轻松而灵活，显得积极向上、信心十足。

② 身体动作。不要出现不必要的动作，也不能死板僵硬，保持自然的姿态。不建议用同一个姿势站立或者站在同一个位置，应该自由、轻松地做一些走动，与观众沟通接触。如果环境许可的话，尽量趋前接近提出问题或回答问题的观众。

3. 衣着

演讲者应选择一些匹配自身形象的服装。男士穿着的衣服，越纯色越佳，一般来说深色比浅色更能产生庄重的感觉。女士应选择庄重、颜色不太鲜艳的款式。

服装不要过于花哨，款式不要过于新潮，否则观众会过分注意你的打扮。若场地有录像，不要穿纯白的衣服，这会使你的面貌因反光而变得朦胧不清。

演讲的地域和服装的选取要匹配。穿着讲究入乡随俗。穿西装更显得正式，给人以权威的感觉。在社交礼仪中，穿西装应系领带，长度以到皮带扣处为宜，如果穿马甲或毛衣时，领带应放在它们后面，领带夹一般夹在衬衫的第四、五个纽扣之间。

领带颜色不易过于鲜明，颜色太鲜明会使观众分心。是否需要西装革履，视演讲内容而定。如果讲传统文化或与中华优秀文化有关的题目，着中式装或休闲装效果更好。

华丽的首饰或手表一两件即可，不要过多。女士着装不宜花枝招展、环佩铿锵，以免分散观众对演讲本身的关注。

女士的化妆应以淡雅为主。演讲者如果要用香水，应选用清淡的，观众对浓郁的香水会反感。组织者对演讲者有着装要求的，一定要客随主便，严格执行。组织者对服装没有要求时，穿着也应正式。

所有的革命家都是演说家，列宁就是一位杰出的演说家。如图 6-1 列宁在演说所示，男士的着装以深颜色正装为宜；头部稍微向上倾斜 10°左右；手势坚定有力。

图 6-1　列宁在演说

【例文6-13】

在马克思恩格斯纪念碑揭幕典礼上的讲话[1]

列宁

(1918年11月7日)

今天，我们为世界工人革命的领袖马克思恩格斯的纪念碑举行揭幕典礼。

多少世纪以来，人类都是在一小撮踩躏千百万劳动人民的剥削者的压迫下受尽苦难。旧时代的剥削者地主压榨和掠夺的是分散、愚昧的农奴，而新时代的剥削者资本家所碰到的是被压迫群众的先进部队，即城市工人，工厂工人，产业工人。工厂把工人联

[1] 中共中央马克思恩格斯列宁斯大林著作编译局. 列宁专题文集：论马克思主义[M]. 北京：人民出版社，2009：81-82.

合起来了，城市生活启发开导了他们，共同的罢工斗争和革命行动锻炼了他们。

马克思和恩格斯的具有世界历史意义的伟大功绩，在于他们用科学的分析证明了，资本主义必然崩溃，资本主义必然过渡到不再有人剥削人现象的共产主义。

马克思和恩格斯的具有世界历史意义的伟大功绩，在于他们向各国无产者指出了无产者的作用、任务和使命就是率先起来同资本进行革命斗争，并在这场斗争中把一切被剥削的劳动者团结在自己的周围。

我们处在一个幸福的时代，处在两位伟大社会主义者的这个预见开始实现的时代。我们大家都看到，在许多国家已经显露出国际无产阶级社会主义革命的曙光。各民族间的帝国主义大厮杀所造成的不堪言状的惨祸，无论在哪里都激起被压迫群众英勇精神的高涨，大大加强他们争取解放的斗争力量。

愿一个个马克思恩格斯纪念碑都来提醒千百万工人和农民：我们在斗争中不是孤立的。更先进的国家的工人正挺身奋起同我们并肩奋斗。在我们和他们的面前还有艰苦的战斗。通过共同的斗争中，我们一定会粉碎资本的压迫，最终赢得社会主义！

6.4.2 过程管理

1. 对时间的控制

(1) 演讲者有责任在主持人或组织者规定的时间内完成演说，即使主持人或组织者临时更改时长也应有所准备。

(2) 被主持人告知演讲的时间需要延长的情况也时有发生。因此在开讲前要准备增加延长时间 1.5 倍的内容，避免因紧张造成语速过快而提前结束，无语冷场；若是演讲的时间缩短，也要及时调整内容，在维持原有精华内容的基础上，删减一些内容。

(3) 若现场演讲时间失控，已无法维持原有内容，则应选择舍弃一些内容。

(4) 若现场同台演讲者发生状况未及时接续，原有的内容已无法满足时，可以增加问答环节；或者让观众提问，演讲者现场回答。一定要保持镇静，切不可说消极的话，诿过于主办方或合作者。

(5) 若你需要看着手表来控制时间，应该把表盘朝向面部。这样不经意地看手时也能查看时间。

2. 对场地的认识

(1) 尽量在演讲前一天或数小时前检查场地，查看是否存在你觉得必须改变的地方，并且说出你的要求，让组织者有时间做出调整。如果你的演讲与场地有不协调之处，场地又来不及调整，你要做出改变以适应场地。

(2) 站在场地的最后位置，想象你正在看着演讲者在对观众演讲，然后决定场地应如何布置才能发挥出最好的效果，尽量和观众有最直接的接触。

(3) 提前进入会场，默默熟悉环境，注意台阶，避免上讲台跌倒、趔趄等尴尬情况的发生。

3. 多媒体的采用

演讲也需要与时俱进，和现代科技有机地结合在一起。在使用活动储存器等携带演讲辅助资料时，要在演讲前将资料复制给组织者。一定要事先预演，避免播放软件或演示材料打不开、音像资料放不出来，或者放出的音像资料与演讲内容不同步等情况的发生。

4. 突发情况处理

成功的演讲者都是从无数次狼狈的演讲中成长起来的。当你正在演讲时，很有可能突然被意外的情况打断。这些意外的情况可能是突然断电、下课的铃声、喝倒彩，但无论发生什么情况，保持镇定是最重要的。面对突发情况时，我们可以尝试以下处理方式。

(1) 使用正面的词语。因为抱怨和否定于事无补，暗示自己"要镇定""要冷静""要自信"，能够帮助自己走出目前不利的局面。

美国前总统克林顿经常要去许多地方演讲。一天，他在一个地方演讲时，有人扔上了一个纸条。克林顿打开了纸条，只见上面写着两个字：白痴。你们猜猜，他会怎么说？如果是我的话，我也许会讲："谁把这个纸条扔上来了？"可出乎意料的是，只见克林顿满脸微笑，说："我以前接到过许多侮辱我的信，他们大都是写上一句话和自己的署名。但是这位不同，他只写了他自己的名字。"观众听了以后，纷纷捧腹大笑……

(2) 深呼吸。深深地吸气，再慢慢地呼出。呼气的速度比吸气慢一倍。呼气的时候把注意力放在肩上，重复呼气时会感到放松。直到身体感到平稳再接着演讲。

(3) 如果意外情况不是由自己造成，尽量减少对意外情况的关注，做到若无其事。同时，可以略提高演讲的音量，把听众的注意力吸引过来。

【例文6-14】

相声演员杨少华看着蔫乎乎的，其实脑子很快，机智幽默。有一次他在成都演出单口相声，一上台，观众席中喝起倒彩。杨少华扭头朝后台走，等观众的掌声停了，杨少华再登台，观众又是喝倒彩起哄。杨少华又往回走。反复三次后，剧场里出奇地安静。杨少华说了句话："都累了吧？"观众席上爆发出响亮的笑声和掌声。事后杨少华说："观众对你还不熟悉时，他们不可能喜欢你，这时候就要靠你的功力和经验了。"时至今日，"老爷子"仍然时不时说句冷笑话，抖个小包袱，这也是他越老越有人缘的原因。

6.4.3 演讲的基本训练

演讲能力是可以通过训练培养和提高的。许多人误以为成功的演讲者都是天生的。事实上并非如此，成功的演讲者大都是从许许多多失败中走出来的。

西赛罗是古罗马最著名的演讲家，但他也曾在一次演讲后说："演讲一开始，我就感觉到自己面色苍白，四肢和整个心灵都在颤抖。"美国著名讽刺小说家、演讲家马克·吐温刚开始练演讲时，一上讲台，两只膝盖碰得咯咯响，嗓子里像塞了棉花团。美国总统林肯更是闻名于世的演讲家，据他的法律顾问说，林肯刚开始演讲时，声音嘶哑刺耳，听了让人感到极不舒服，他的举止、态度和他暗黄色的布满皱纹的紧绷着的脸，还有他古怪的姿势、异常的动作，一切东西都好像与他自己作对。可见，成功的演讲能力是训练出来的，不是天生的。对于年轻人而言，关键是找到正确的入门的方法，并进行有针对性的练习，进而不断总结经验，努力成为一个成功的演讲者。经验的获得要靠实践的积累。

成功不会降临在一个没有准备的人身上，演讲才能也照样不会降临在一个仅仅只会事先准备的人身上。我们应该通过学习训练自己的演讲能力。"台上几分钟，台下十年功。"演讲能力更是如此。演讲是综合素质的体现，是演讲者魅力高浓度的凝缩。持续地增强自身的素质，最合理地组织自己的语言，最巧妙地安排语言结构，最有风度地表现个人魅力，最具机智地掌握现场氛围与听众互动，你才能在演讲上取得最佳效果，这也是演讲者的基本功。在进行演讲训练时可注意以下方面。

(1) 训练发声。失声是最严重的演讲事故。一位网红演讲者受现场热情感染，在开始演讲时音量过大，几句话后声音沙哑，继而失声，演讲活动不得不中止。

最好的办法是演讲前适当饮水，深深地吸气，边呼气边演讲。呼出气体中的水蒸气可以润滑声带，消除紧张，避免失声。

经常练习诗朗诵。准备几首熟悉的诗，每天在空旷的室外，练习诗朗诵，日积月累，声带会得到锻炼，已经习惯大声说话，轻易便不会失声。

(2) 训练形体。对着穿衣镜，站在一张 A4 纸上，练习站立、眼神、面部表情、手势和微笑。腰部以下要稳，不要随意摇动。

(3) 演练。静音播放朗诵或演讲视频，自己来配音。如条件允许，把自己的配音录下来，与原声进行比对改进。

条件允许的话，搭建模拟舞台，着正装进行三分钟演讲，由同伴全程拍成视频，最好远景和近景都拍到。然后回放视频，找出不足，写出改进措施，对严重不足之处有针对性地改进。两个人一组，反复演练，逐步改进。

(4) 实战。珍惜每一次讲话的机会。只有你自己能够准确说出自己独一无二的想法。每一次讲完话之后，都要反思回味，认为讲得好的地方予以保持；讲得不得体的地方，则予以改进。长此以往，必有长足的进步。

练习与训练

1. 简述演讲稿的特点。

2. 针对大学应该精英教育还是普及教育写一篇 800 字的演讲稿。具体要求如下：

(1) 感情真挚，以情动人。

(2) 叙议结合，以理服人。

(3) 语言通俗，易懂达人。

3. 简述学术报告和学术论文的区别。

4. 训练：朗读徐志摩的诗《再别康桥》或张若虚的《春江花月夜》。具体要求如下：

(1) 录制视频。

(2) 选择合适的背景音乐。

(3) 适度使用身体语言。

(4) 使用普通话，发音准确率在 90% 以上。

(5) 正妆出镜，淡妆打扮。

5. 训练：题目自定，每位学生正妆演讲三分钟，集中放映，评定成绩。具体要求如下：

(1) 录制视频。

(2) 适度使用身体语言。

(3) 使用普通话，发音准确率在 90% 以上。

(4) 正妆出镜，淡妆打扮。

6. 展示毕业设计答辩 PPT。

第7章

实验报告与实习报告

古人学问无遗力，少壮工夫老始成。

纸上得来终觉浅，绝知此事要躬行。

——宋·陆游《冬夜读书示子聿》[1]

实验是获得知识和发现新现象最直接的手段，也是一切科学研究的前提。实习是获得技能最直接的手段，也是理工科大学生不可或缺的学习方法之一。

没有实验就没有科学；没有实习，就无法检验理论知识的实用性和获得相应的技能。

7.1　实验与实验报告

实验是每个理工科大学生必须完成的课程。实验报告是对实验过程和结果的客观记录与分析。学生通过实验能够验证理论和发现新的现象。实验报告是完成实验不可或缺的记录，也是老师评定实验成绩的重要依据。

7.1.1　实验

1. 实验的定义

实验也称科学实验，是指根据一定目的，运用一定的仪器、设备等物质手段，在人工控制的条件下，观察、研究自然现象及其规律性的实践形式。

实验是获取经验事实和检验科学假说、理论真理性的重要途径。它不仅包括仪器、设备、实验的物质对象，还包括背景知识、理论假设、数据分析、科学解释，以及实验者之间的协商、交流和资金的获取等相关社会因素。其性质不只是物质性的，还有文化和社会性的。在实验活动中，隔离、介入、追迹、仪器操作，对象形态改造，实验条件

---

[1] 陆游诗词选[M]. 邹志方，选注. 北京：中华书局，2009：151.

控制以及资源利用等，都表明实验者是自然和社会的参与者。实验的范围和深度随着科学技术的发展和社会的进步而不断扩大和深化。

2. 实验的特点

(1) 纯化观察对象。在科学实验中，利用各种实验手段，对研究对象进行各种人工变革和控制，使其摆脱偶然因素的干扰，这样被研究对象的特性就能以纯粹的本来面目暴露出来，人们就能获得在自然状态下难以被观察到的特性。

【例文7-1】

肉汤腐败是较常见的现象。究竟是什么原因引起的？路易斯·巴斯德[1]认为煮沸的肉汤后来又变质，这是由于空气中的微生物进入肉汤造成的结果。但是，在自然的条件下，肉汤总要接触空气，而空气中又必然会有无数尘埃，其上携带着微生物。所以在自然条件下，要使空气中的微生物不进入肉汤里是不可能的。巴斯德设计了一种曲颈瓶，把肉汤注入瓶内并加热杀菌。由于瓶子是曲颈的，它使外界空气中的尘埃不能进入瓶内与肉汤接触，结果肉汤并不腐败。

通过设计曲颈瓶排除了空气中的微生物对肉汤的作用，就是纯化观察对象。在科学实验中，人们可以利用各种实验手段，创造出在地球表面的自然状态下无法或几乎无法出现的特殊条件，如超高温、超高压、超低温、超真空等。在这种强化了的特殊条件下，人们遇到了许多前所未知的在自然状态中不能或不易遇到的新现象，发现了许多具有重大意义的新事实。

(2) 可重复性。在自然条件下发生的现象，往往稍纵即逝，因此无法对其反复观察。在科学实验中，通过一定实验手段使被观察对象重复出现，既有利于人们长期进行观察研究，又有利于人们进行反复比较观察，对以往的实验结果加以核对。

【例文7-2】

英国化学家普利斯特列在1774年用聚光镜加热汞的氧化物而分解出一种气体，它比空气的助燃性要强好多倍。当普利斯特列把这个消息告诉法国科学家拉瓦锡后，拉瓦锡马上动手重复了这个实验，终于发现加热氧化汞而分解出来的能助燃的气体是氧气。

无论谁使用巴斯德的曲颈瓶装肉汤，都会观察到"肉汤不腐败"现象。任何人加热氧化汞，都会获得氧气。不可重复的、观察到的偶发现象，不能作为科学实验的结论。

3. 实验的步骤

下面以铁生锈条件探究的实验为例，探讨一下实验的步骤。

---

[1] 路易斯·巴斯德(1822—1895)，法国著名的微生物学家、爱国化学家。

【例文7-3】

铁生锈的实验研究

1. 发现并提出问题

铁为什么会生锈？为什么储存在厂房里干燥的钢板不会生锈，而沾水的会生锈？

铁生锈的条件是与水、空气同时接触。这已经由实验证明了，无可厚非。但是，武断地认为是空气中的氧气发生了作用，却值得商榷。

2. 收集与问题相关的信息

如表1铁生锈的原因探究所示，实验结论是"铁生锈的条件是与水、空气(或氧气)同时接触。"

表1 铁生锈的原因探究[1]

实验装置	
实验现象	几天后观察 A 试管中铁钉生锈，在水面附近锈蚀严重，B、C 试管中的铁钉没有生锈
实验分析	A 试管中的铁钉同时跟水、空气(或氧气)接触而生锈； B 试管中的铁钉只与水接触不生锈； C 试管中的铁钉只与干燥的空气(或氧气)接触不生锈
实验结论	铁生锈的条件是与水、空气(或氧气)同时接触

3. 作出假设

空气是指地球大气层中的气体混合，空气属于混合物，主要由氮气、氧气、稀有(惰性)气体、二氧化碳以及其他物质组合而成。其中氮气的体积分数约为78%，氧气的体积分数约为21%，稀有气体的体积分数约为0.934%，二氧化碳的体积分数约为0.04%，其他物质的体积分数约为0.002%。空气的成分不是固定的，随着海拔高度的改变、气压的改变，空气的组成比例也会改变。

---

[1] 资料来源：http://www.mofangge.com/html/qDetail/05/c0/201310/mugoc005147971.html.

钢瓶可以储存15MPa的氧气，但钢瓶并没有被氧气腐蚀而报废。如果致使铁生锈的不仅仅是水和氧气，那么，致使铁生锈的条件又是什么呢？

4. 设计实验方案

将铁置于水和燃尽氧气的环境下，铁会不会生锈？

首先，准备好工具：罐头瓶、铁钉、生日蜡烛和一个圆形的软塑料盘。

(1) 将固定铁钉和蜡烛的软塑料盘置于罐头瓶内。

(2) 在罐头瓶内加注纯净水，水位低于铁钉和蜡烛。

(3) 点燃蜡烛，并拧紧罐头瓶盖。

(4) 蜡烛燃尽罐头瓶内的氧气时，铁钉则置于水和无氧的气体中。

5. 实施实验并记录

如图1铁与水、低氧空气接触实验所示，将铁钉和点燃的蜡烛置于装有水的玻璃瓶中，铁钉高出水面，拧紧玻璃瓶盖，蜡烛将玻璃瓶中的氧气燃尽，形成低氧环境，实验情况记录如下。

(1) 按实验方案有条不紊地进行。

(2) 待蜡烛熄灭后拍照(见图1图片一)，并将罐头瓶移至阴凉干燥处。

(3) 一周后，拍照记录(见图1图片二)。

(4) 取出塑料盘拍照(见图1图片三)。

(5) 发现瓶盖处，密封薄膜有烧损，拍照(见图1图片四)。

 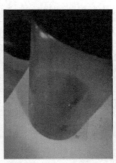  

2019.02.14.09.09 图片一　　2019.02.21.08.32 图片二　　2019.02.21.08.34 图片三　　2019.02.21.08.36 图片四

图1　铁与水、低氧空气接触实验

6. 分析实验现象

(1) 图片二显示铁钉生锈了。

(2) 蜡烛燃烧生成$CO_2 + H_2O$;

乙烯若含有氯：$CH_2\text{-}CHCln + 5n/2\ O_2 = 2n\ CO_2 + n\ H_2O + n\ HCl$;

不含有氯，则生成$CO_2 + H_2O$。

(3) 二氧化碳和水与铁发生化学反应，生成碳酸铁和氢气。

(4) 盐酸和铁发生反应，生成氯化铁和氢气。

(5) 铁变成铁离子，便是铁生锈。铁的碱或盐与水(结晶水)的混合物便是铁锈。

7. 得出结论

在低氧气浓度的情况下，气体和水与铁接触，也能使铁生锈。

8. 表达与交流

(1) 未尽事宜：

① 密封薄膜烧损，对此次实验的影响。

② 铁钉置于水和氮气、氧气的单一环境中是否也能生锈？

(2) 收获：此实验中，铁在低氧的环境下也能生锈，铁锈的成分为铁的盐。网络所云："铁锈是铁置于空气中氧化后生成的红褐色锈衣"是不全面的。

4. 实验观察

科学实验离不开观察。把客观现象如实地记录下来，要求观察者具有敏锐的观察力。善观察者可以见常人之所未见；不善观察者，虽入宝山，也将空手而归。实验观察具有以下特征。

(1) 客观性。如实记录观察到的现象，不可因自己的好恶而进行取舍。假如实验过程中因蜡烛燃烧致使瓶盖处的乙烯垫纸被烧，这虽然是实验者不想看到的意外，但仍需如实记录。

(2) 全面性。客观事物是复杂的，存在很多假象。为了保证观察的全面性就要尽可能地从各方面去观察事物，把与其有关的各种因素联系起来，通过逻辑思维找到事物的本质。

我们不能仅凭观察到铁钉和空气接触生锈，就断定是氧气发生了反应。空气中并不只有氧气可以和铁发生反应，妄下结论，就显得不全面。

(3) 系统性。完整地观察所发生现象的全过程，注意细节，切不可随意间断。

(4) 辩证性。实验过程中应坚持观察的辩证性。

① 注意观察的条件，如时间、温度、湿度、受力状态等。

② 注意观察对象的典型性。

③ 注意观察对象的偶然性。

【例文7-4】

在1928年，生化学家亚历山大·弗莱明[1]在伦敦大学讲解细菌学，无意中发现霉菌

---

[1] 亚历山大·弗莱明(1881—1955)，英国细菌学家、生物化学家、微生物学家，于1923年发现溶菌酶，1928年首先发现了青霉素。

有杀菌作用，这种霉菌在显微镜观察形似刷子，所以弗莱明便叫它为"盘尼西林"（Penicillin，原意是有细毛的)(中文名：青霉素)。从这时开始，弗莱明便对盘尼西林进行系统的研究，到了1938年，盘尼西林正式在病人身上使用。在第二次世界大战期间，盘尼西林救活了无数人的生命。亚历山大•弗莱明因发现盘尼西林的药用价值，而获得1945年度诺贝尔生理学和医学奖。

(5) 设备的完好性。实验设备是取得实验结果的重要工具，实验前和试验后均要检验设备的完好性，尤其是输出数字的实验设备，检验其测量值是否失真。一旦发现设备显示的数值有误，要立即终止实验，待设备能够正常工作后，再重新实验。

【例如7-5】

某实验室测量减速机效率的实验设备，出现输出功率1.5kW，输入功率0.5kW，效率达到300%的现象。这种现象说明了实验设备有问题。

7.1.2　实验报告

实验报告是指把实验过程经过整理而写成的有关实验目的、方法、步骤、结果的书面材料。

1. 实验报告的写法

实验报告一般由标题、前言、正文和结论四部分组成。本科的实验报告有时需要加上问题与讨论。

(1) 标题。标题即为实验的名称。标题下面写时间、地点、实验人(组)、指导教师。

(2) 前言。前言简要概括实验的范围和目的，要求概括准确，语言精练。

(3) 正文。正文主要写实验内容，要求详细记录实验的过程、实验器材和装置、实验方法、实验步骤、实验数据的记录和处理、实验的发现和得出的结论等项内容。一般按操作顺序分段分层叙述，做到条理清晰、层次分明，而且要抓住要点、详略得当、叙述清楚、数据准确、真实可信，能够重复再现。

(4) 结论。结论主要是实验者对整个实验的评价或体会，对观察到的现象和测得的结果加以分析，得出结论。结论要求概括全面、语言简洁。

(5) 问题与讨论。问题与讨论部分主要写在实验中的新发现，或是对改进实验的建议等。也可以留下思考题，供其他实验者延展思路，扩大知识面。

【例文7-6】

测定固体密度的实验报告

实验时间：2020.03.02

实验人：张××

指导教师：王××

实验目的：用天平和量筒测定固体的密度。

实验器材：天平一架(称量200克)、砝码一套、量筒一个(精度为1毫升)、固体块两个、清水一杯等。

实验步骤：

1. 调节天平。

2. 取出一块黄色金属，放在天平上，称出质量为26.7g，填入实验数据表内。

3. 在量筒内放入40cm³水，填入数据表内。

4. 用细线捆住金属块，轻轻放入量筒内，没入水中。液面到达刻度值为43cm³，分别填入表内。

5. 根据测得的数据计算所测金属的密度为8.9g/cm³。

6. 用银白色金属块重复以上的实验，将结果填入表格内。实验数据如表1所示。

7. 实验结束，擦干净金属块，刷洗玻璃杯、量筒，整理天平等仪器。

表1 实验数据

实验步骤	实验内容	第一次实验结果	第二次实验结果
1	金属块的质量	26.7g	8.1g
2	量筒内水的体积	40cm³	40cm³
3	放入金属块后水面的刻度	43cm³	43cm³
4	金属块的体积	3cm³	3cm³
5	所测金属的密度	8.9	2.7
结论	可能的金属	铜	铝

适用范围：适用于实心的固体，固体的密度大于水的密度，该固体不和水发生反应。

可以举例说明该实验方法的适用范围如下：

① 汞(水银)倒入水中会沉底，不方便分离，该实验适用于固体；

② 乒乓球放在水中会浮起，无法准确测出它的体积，该实验适用于实心固体；

③ 木块也会漂浮在水中，测量物体密度应大于水的密度；

④ 冰糖放在水中，会被溶解，无法测量体积，被测物体不溶于水；

⑤ 电石放在水中会发生反应：$CaC_2+2H_2O==Ca(OH)_2+C_2H_2\uparrow$，也无法准确测出体积。

7.2 实习与实习报告

一粥一饭，当思来处不易；半丝半缕，恒念物力维艰。

——清·朱柏庐《治家格言》

机械专业的学生会在金工实习时通过车、铣、磨、钳工等工序，亲手做出小锤子。尽管小锤子制工粗糙，但他们还是敝帚自珍，爱不释手。因为这小小的锤子，凝聚了自己的汗水。为锉成理想的形状和使表面光洁，不知有多少人的手磨出了水泡却乐此不疲。

实习就是把学到的理论知识拿到实际工作中去应用和检验，以锻炼工作能力。理工科是实践性强的专业，每位大学生从走进校园到取得学士学位顺利毕业，需要完成学校规定的实习任务。工科一般的实习有大一的认识实习、大二的生产实习、大三的专业实习、大四的毕业实习等。不同专业和不同类别的实习，其目的也不尽相同，但有以下 4 点是一致的：首先，了解本专业的基本生产知识，印证和巩固已学过的专业知识；其次，引导和培养学生理论联系实际，运用学到的知识，培训解决实际问题的能力；再次，通过自己劳动，深知成果来之不易，从而尊重和珍惜劳动成果；最后，通过独立和分工合作，锻炼独立意识，培养沟通和协作的能力。

实习报告是实习的总结和记录，是完成实习任务的证据和勋章。每次实习都要完成实习报告，才能录入成绩，计算学分。

7.2.1 实习

1. 实习的种类

下面主要介绍认识实习、生产实习、专业实习和毕业实习。

(1) 认识实习。理工科大学生入学后，需要到工厂或医院等实验单位，了解所学专业涉及的生产情况和工作环境，从而形成对于专业的初步认识，知道未来的工作需要具备哪些知识，以便在后续的学习过程中努力掌握相关知识。

(2) 生产实习。在实习老师的指导下，学习实际操作设备进行生产活动。机械类专业需要进行金工实习，在师傅的指导下，进行金属加工相关的操作，从毛坯的获得——铸造、焊接、锻造，到金属加工——车、铣、刨、磨，甚至材料的热处理——淬火、调质、退火、回火等操作，都要亲自动手。

(3) 专业实习。到了大三，学完专业课后需要安排专业实习。例如，学完现代机床的知识，有了相应的理论基础，在机床厂钳工师傅的指导下，亲自装配和调试一台机床，理论联系实际，对掌握机床的结构知识和设计规范会有很大的帮助。

(4) 毕业实习。到了大四的下学期，无论是写毕业论文还是作毕业设计，都需要到与毕业论文题目有关的实验室或工厂去实习，了解毕业论文的研究方向和需要做的准备工作，形成思路，撰写实习报告，申请毕业论文开题，按部就班地完成毕业论文。只有这样才能避免纸上谈兵、闭门造车。

2. 实习的准备

(1) 了解实习场所的背景资料，做好生活上的准备。如果实习工厂不在本埠，需安排好交通、住宿事项，避免因准备不周而影响行程。此外，还需带一些防暑、防寒、防感冒、防痢疾等应急药品。

(2) 配备必备的劳动防护用品。

(3) 详细阅读实习指导文件。如若没有实习指导书，需自己提前写好实习大纲，避免盲目实习。

(4) 携带记录设备，必要时，可以携带录音笔、照相机，方便整理实习资料和撰写实习报告。

3. 实习注意事项

(1) 服从实习单位安排，安全培训合格后，才可进入实习现场。

(2) 认识工厂安全标识，不得在危险源附近逗留，更不得随意查看和挪动安全设施，制造新的安全隐患。

(3) 查看安全通道，以便遇到特殊情况或演习，能够及时撤离。

(4) 熟读设备安全操作规程，按不同的工作内容配备相应的劳保设施。

【例文7-7】

工厂普遍规定在两米以上高处操作要固定安全带；有强电的工作现场要穿绝缘鞋；在转动设备和工件的现场操作不允许戴手套；有细屑的场合必须佩戴眼镜等。

(5) 随时记录实习中的各种参数，避免撰写报告时资料不足。

7.2.2　实习报告

实习报告是学生接受专业教育过程中，到实习单位进行实践锻炼，对专业实习情况、收获体会和有关专业问题进行分析总结而向学校提交的书面文书。

通过撰写实习报告，学生可以理性地检视自己专业学习的水准。学校也可以通过实习报告了解专业设置和建设的相关情况。

1. 实习报告的特点

(1) 专业性。实习报告反映了学生在专业领域实习的实际情况，是对所学的专业知识的运用。

(2) 检视性。实习报告必须对实习情况进行全面总结检视，梳理收获，找出不足。

2. 实习报告的类型

实习报告按实习内容划分，有认识实习报告、生产实习报告、课程实习报告和毕业实习报告等。

(1) 认识实习报告。大学生在入学初期，到相关单位参观学习，对未来所从事的专业形成初步的客观印象，形成认识实习报告。

(2) 生产实习报告。大学生学完基础课后，在实习老师的指导和监控下，到相关单位实际操作工具或设备，对零件进行加工，形成生产实习报告。

(3) 课程实习报告。大学生学完某一门专业课程，到相关单位进行针对本门课程的实习，形成课程实习报告。

(4) 毕业实习报告。大学生在毕业设计过程中，针对毕业论文的选题到相关单位进行调研和学习，形成毕业实习报告。

3. 实习报告的写法

实习报告一般由标题和正文两部分组成。印制成报告书，往往由封面、封一、封二、报告部分和封底等组成。封面包含实习报告的标题；封一一般包含成绩考核与评分标准；封二是目录，例如，一次金工实习包括车、铣、刨、磨、焊、铸、钳等工种，要分列出条目；然后是报告部分；封底一般印有实习成绩表。在此只探讨标题、报告正文和结尾的写法。

(1) 标题。实习报告的标题一般有以下 3 种写法。

① 由实习地点和文种构成，如《洛阳第一拖拉机厂实习报告》。

② 开门见山直接写，如《金工实习报告》《毕业实习报告》。

③ 正副标题式，正标题概括实习报告的主题，副标题标明实习的单位和文种。如《CA6140 车床的装配——沈阳第一机床厂课程实习报告》。

(2) 正文。因实习的内容和过程的不同，实习报告正文的写法会有些差异，但基本内容结构和写法都包括以下几个方面。

① 前言。前言介绍实习的缘由、实习单位和时间、背景及实习目的，也可以介绍实习生本人的情况。

② 主体。主体部分包括以下内容。

a. 实习内容和过程。实习内容要求写得具体而明确，它既是整个实习报告的重要组成部分，又是产生实习收获和体会的基础。实习过程可做简单的说明即可。

b. 实习收获。实习收获主要介绍完成了哪些实习任务、实习结果如何、取得的成绩、专业知识与技能是否能与实习内容相结合、是否能够适应实习生活等。

c. 实习体会。实习体会主要总结自己的专业技能存在的问题、今后的努力方向、对实习和专业的看法与建议等。

(3) 结尾。结尾一般是对实习指导老师和实习单位的鸣谢。常怀感恩之心，对那些掌握实际操作技能的蓝领师傅给予的指导和教诲，要发自内心地表示出敬意与感激。

4. 注意事项

(1) 写作实习报告，必须在实习过程中收集有关的资料，涉及实习单位的地点、生产规模、专业和行业的基本情况(校内实习除外)。

(2) 注重专业知识和技能在实习中的运用情况。

(3) 实习报告是写实性文书，要注重对材料的概括总结，体现综合性和真实性，文章内容必须依托自己的实习经历，切忌凭空杜撰和网上下载。

7.2.3　实习报告实例

车工实习是金工实习的重要组成部分，也是工科常见的实习工种之一，下面结合车工实习实例进行介绍。在实习之前，学生要详细阅读实习的背景资料。

1. 实习指导书

实习之前，指导教师应该将详细的实习指导文件发给学生学习。如果是外埠实习，关于交通、集合的详细时间、地点、住宿等安排均需整理成文档，作为实习指导书的附件一同发放给实习生，以免耽误实习行程和进度。建议建立实习 QQ 或微信群，方便适时沟通联络和发放通知。

【例文7-8】

车工实习指导书[1]

1. 车工操作指导

1.1　车工基础知识

1.1.1　车床的主要组成部分

车工实习所用的车床为CDE6150A型卧式车床，其外形及主要组成部分如图1.1所示。

---

[1] 摘自厦门工学院实习教材，只做参考，不做范本。

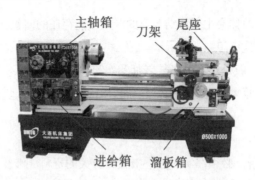

图 1.1　CDE6150A 型卧式车床的外形及主要组成部分

车床的型号 CDE6150A 中，C 表示车床，D 表示大连机床厂，E 表示该厂内部的型号编制(其他厂家的同类产品无 D、E)，6 表示卧式车床，1 表示车床组别代号，50 表示最大工件旋转直径为 500mm，A 表示第一次改进型(B 表示第二次改进型，C……，依次类推)。

卧式车床一般由以下几个主要部分组成。

(1) 主轴箱(床头箱)。主轴箱安装在床身的左上端，内装有一根空心主轴及部分变速机构，变速箱传来的六种转速通过变速机构变为主轴的十二种不同的转速。主轴通过另一些齿轮，又将运动传入进给箱。

(2) 进给箱。进给箱内装有变速齿轮。主轴的运动通过齿轮传入进给箱，经过变速机构带动光杠或丝杠以不同的转速转动，最终通过溜板箱带动刀具实现直线的进给运动。

(3) 溜板箱。溜板箱与大刀架连在一起，可将光杠传来的旋转运动转变为车刀纵向或横向的直线移动，可将丝杠传来的旋转运动通过"开合螺母"直接转变为车刀的纵向(左右)移动，用以车削螺纹。

(4) 刀架。刀架是用来装夹刀具的，它可带动刀具做纵向、横向(前后)或斜向的进给运动。现使用的是方刀架。

(5) 尾座。尾座安装在床身的右侧导轨上，可沿导轨移至所需的位置。可安装顶尖以支承较长的轴类工件，也可安装钻夹头或钻头、绞刀等刀具。

1.1.2　车刀的类型

车刀按其用途的不同，可分为外圆车刀、端面车刀、切断刀、内孔车刀、螺纹车刀和成形车刀等类型，如图 1.2 所示。

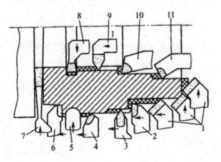

1—45°端面车刀；2—90°外圆车刀；

3—外螺纹车刀；4—75°外圆车刀；

5—成形车刀；6—90°左切外圆车刀；

7—切断刀、切槽刀；8—内孔车槽车刀；

9—内螺纹车刀；10—95°内孔车刀；

11—75°内孔车刀

图 1.2　车刀的类型

1.2　车削加工的理论知识

1.2.1　车削的基本概念

在车削加工过程中,为了切除多余的金属,必须使工件与刀具作相对的工作运动,才能加工工件的表面,工作运动按其作用可分为主运动和进给运动两种, 如图1.3所示。

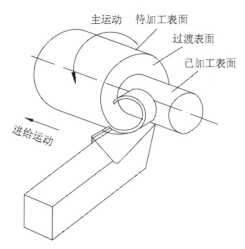

图 1.3　车削的工作运动和工件上的表面

1.2.2　车工概述

车工(车削加工)是机械加工中最常见的工种,车床占各类机床总数的一半左右。无论是成批大生产, 还是单件小批生产或在机械维修方面,车削加工都占有重要的地位。

车削加工的范围较广,在车床上可以加工的工件表面主要包括内外圆柱面、内外圆锥面、内外螺纹、成型面、端面、沟槽以及滚花等,如图1.4所示。

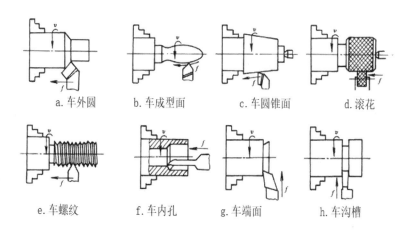

图1.4　车削可以加工的工件表面

1.3 实习项目

1.3.1 实习任务

车工实习的任务是加工如图1.5所示的零件。

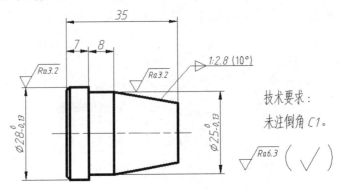

图1.5 车工实习加工的零件图

图1.5中，$\phi 28$、$\phi 25$表示零件的直径为28 mm、25 mm，$\sqrt{}^{Ra6.3}$是表面粗糙度的代号，表示零件表面光滑的程度，$\triangleright^{1:2.8\ (10°)}$表示锥度为1:2.8，角度为10°。

1.3.2 实习器材

车工实习所用的器材：CDE6150A车床；游标卡尺(0~200mm)、外径千分尺、深度尺；$\phi 32$棒料一根(长度不少于50mm)；90°外圆车刀、切槽车刀。

1.3.3 操作步骤

(1) 将$\phi 32$棒料装夹在卡盘上，伸出至少50mm。注意三个爪都得夹紧，装夹完毕后要将卡盘扳手归回原位。

(2) 装90°外圆车刀(刀尖不得低于棒料中心)。

(3) 调整主轴所需的转速和进给速度。

(4) 开启机床(不得反转，不得用手靠近旋转的棒料)。

(5) 车端面，将端面车平，调整刻度盘(调为零或整数)。

(6) 车外圆$\phi 28$、长度大于35(先手摇进给，再用机动进给)。

(7) 零件检测，粗车用游标卡尺，精车用外径千分尺测量外圆直径，用深度尺测量长度(需按下急停再测量)。

(8) 车外圆$\phi 25$、长度28。

(9) 加工圆锥，用活动扳手调整刀架角度，调至10°(需按下急停再调角度)，用小拖板手动进给加工。

(10) 用角度尺测量锥度(需按下急停再测量)。

(11) 装切槽刀，将棒料切下(不得用手接零件)。

(12) 将工件调头装夹，车端面，车至尺寸(需按下急停再安装工件)。

(13) 拆卸工件、刀具(需按下急停再拆卸)。

(14) 将各手柄扳回原来的位置，停机断电。

(15) 打扫卫生。给机床加润滑油。

1.4　车工安全操作规程

(1) 开动车床前，要检查车床的防护、保险、信号装置、电器部分和机械传动部分，各手柄的位置是否正确，并按润滑表加注润滑油。

(2) 工件、夹具和刀具必须装夹牢固。车床卡盘夹紧后必须立即取下扳手。

(3) 车床开动后，要站在安全位置上，严禁将身体正对工件旋转方向和铁屑飞溅的方向。

(4) 车床运转时，不得将手、肘放在车床上，也不得隔着机床传递物件，更不得用手触摸车床的旋转部分。停止车床时严禁用反转减速，更不得用手制止卡盘旋转。

(5) 调整车床转速、行程、装夹工件和刀具以及测量工件、擦拭车床时，要等车床停稳并退出刀架后才能进行。

(6) 进刀前，要拧紧刀架顶尖、中心架、跟刀架等各部位的定位螺丝。

(7) 不得用手直接清除铁屑，要用专门的工具清扫。

(8) 车床导轨上严禁放置工具、量具及其他物品。

(9) 使用纱布抛光时，不得将纱布缠在工件上用手握紧进行抛光，必须把纱布卡于适当木板或锉刀上才可抛光。

(10) 车床运转时若出现异常现象，应立刻停机、切断电源，及时报告实习指导教师。

(11) 不得在车床运转时离开岗位，确因需要离岗时，必须停车，切断电源。

2. 报告的封面和正文

如图 7-1 金工实习报告封面所示，在封面上印有实习报告的标题和学生的个人信息，以方便成绩录入。现以校内实习为例，探讨实习报告正文的写法。

图 7-1　金工实习报告封面

【例文7-9】

金工实习报告(车工部分)

1. 前言

时间: 2020年3月1日　　地点: ××××学院工程坊车工实训场
工种: 车工　　　　　　　性质: 认识实习

2. 主体

(1) 实习内容和过程

① 集中学习

聆听和观摩鲁班师傅讲解及操作CDE6150A型卧式车床,了解工件夹紧、主轴转速选取、进给量选取、车刀装夹、外圆加工和测量、圆台加工和测量以及切断等车工基本操作。

② 分组加工

切削用量的选择: 主轴转速280rpm; 进给量0.153mm; 切削深度≤3mm。

材料选择: φ32mm聚酰胺工程塑料棒(尼龙)。

测量工具: 300mm钢板尺,200mm游标卡尺,25~50螺旋千分尺。

加工过程描述如下:

- 取下卡盘扳手,将φ32尼龙棒插入主轴孔内,伸出60mm左右,用钢板尺测一下,大于55mm,不到60°,夹紧,旋转120°,再次夹紧,确认工件在正确的位置夹紧后,将扳手放到行程开关处,开启机床,查看工件的跳动情况,如跳动大于1mm,重新装夹。装夹完成后,按下急停开关。

- 取出90°外圆车刀,将刀尖靠近尾座;将顶尖装在尾座孔内;调整车刀下的垫片,使刀尖和顶尖中心保持水平。

- 开启机床,车削端面。待端面车平后,调整溜板箱刻度盘为零或整数。

- 对刀,手动进刀3mm,先机动进给35mm,再手动进给4mm,机动换向将溜板箱退回工件以外50mm;用游标卡尺测量外圆尺寸为φ29.2,进刀深度1.2mm,手动进给5mm试切,退溜板箱,用螺旋千分尺测量,测得尺寸为φ28.05;进刀0.1mm,试切5mm,再次测量,尺寸为φ27.96;机动进给35mm,手动进给4mm,退溜板箱测量外圆,尺寸为φ27.98,在公差范围内。

- 车φ25尺寸,保证长度(28)及公差。(方法同上)

- 加工圆锥,用活动扳手调整刀架角度,调至10°。计算得圆锥小端直径φ17.9,调整溜板位置,并且不再移动。对刀,进刀深度3.5mm,手动小刀架进给,车削圆锥。测量小端直径φ22.1mm,进刀3mm,车圆锥,测得小端直径φ18.4mm。

进刀0.5mm，精车圆锥，测得小端直径ϕ17.9mm， ϕ25mm处的长度为7.8mm，合格。

- 切断，装夹切断刀，确保刀尖和尾座顶尖水平。对刀，端面与工件接触；退刀，溜板箱向床头箱方向移动38.5mm(切断刀宽3mm)，用钢板尺测量工件的总长度，调整为35.5mm，即ϕ28mm外圆剩余0.5mm左右，确认无误后，启动机床，切断。
- 调头装夹，平端面，用游标卡尺测量长度，保证35mm尺寸。
- 将切断刀向左旋转45°，手动对刀，纵向进给长度约1mm，接通电源，抬起离合器手柄，倒角，完成全部加工操作。
- 停车，断电。卸下工件，在工件上写组号，交师傅评分。
- 清理现场切屑，机床各部件归位，结束现场实习全过程。

(2) 实习收获和体会

① 实习收获

通过一天的实习，基本掌握了普通车床的开机、急停和关机；能够正确装夹圆柱形毛坯；了解车刀刀尖与尾座顶尖水平对齐的方法；能够完成实习指导书中图1.5工件的加工，经指导老师检验，测量尺寸和斜角均满足图纸要求，表面粗糙度略差，局部有刀痕。

② 实习体会

看花容易，绣花难。车床在师傅手里操作的得心应手，毛坯不到3分钟就加工成合格的工件。加工的工件，既快又好。本组操作加工，居然用了28分钟。看似简单的钢板尺测量长度，线里线外都出现了误差；游标卡尺测量的力以及钳口与工件的接触位置都把握不准；就连螺旋千分尺的测量，也与工件的真值有微小的误差。在今后的实习过程中，要勤于动手，因为熟能生巧。通过这次实习，我们了解了定位的知识，为学习机械加工工艺，提供了感性认识。由于安排的时间只有短短的一天，没有车内孔、打中心孔、加工螺纹等操作的示范和演练，有些没有尽兴。

鲁师傅从头到尾，一直强调安全操作。在实际过程中，由于第一次接触车床，还有将退刀误操作进给的情况发生。幸亏同组的同学及时发现，按了急停。否则，真的会发生安全事故，造成工件报废。

3. 结尾

感谢鲁班老师的示范，同时感谢他在我使用卡尺测量圆锥端面的过程中给予的指导。

结尾中的致谢辞，与论文中的致谢辞要求一致，下一章会详细讲解，在此不予赘述。

一次实习形成一份报告。以金工实习为例，整个实习包括车、铣、刨、磨、钳、铸、焊等工种，实习的内容和过程要分工种或工序详写；前言、结尾、收获和体会可简写，形成一个完整的报告。报告的优劣，以内容的完整、准确与否来评定，而不以字数多寡为评分标准。

如果是校外实习，报告中可以加入实习单位的详细地址、生产规模、专业和行业的基本情况，为后续校企合作积累资料。

练习与训练

1. 简述实验和实习的区别。
2. 实验的步骤有哪些？
3. 结合专业学习，设计一个实验，并写出实验报告。
4. 训练：详细阅读《钳工操作指导书》，草拟一份 1200～1500 字的钳工实习报告。

钳工操作指导书[1]

钳工是以手工工具进行手工操作为主的一个工种。随着生产技术的发展，机械加工逐步从用各种手工工具制造发展到机械化制造，但在机械制造发展的过程中，钳工至今仍是广泛应用的基本工种之一。

按照工作性质钳工可分为普通钳工、工具钳工、划线钳工、模具钳工、装配钳工和机修钳工等。无论是哪一种钳工，要想完成好本职工作，首先应掌握钳工的基本操作技能。钳工的基本操作技能包括划线、锉削、錾削、锯削、钻孔、扩孔、锪孔、铰孔、攻螺纹、套螺纹、刮削、研磨以及装配等。

…………

3.1 钳工基本知识

3.1.1 钳工的概念

钳工是手持工具对金属进行切削加工的一种方法。钳工工作主要是手工作业，所以作业的质量在很大程度上依赖于操作者的技艺、熟练程度和敬业精神。

3.1.2 钳工的特点

(1) 加工灵活、方便，能够加工形状复杂、质量要求较高的零件。

(2) 工具简单，制造刃磨方便，材料来源充足，成本低。

(3) 劳动强度大，生产率低，对工人技术水平要求较高。

3.1.3 钳工的应用范围

(1) 机械加工前的准备工作，如清理毛坯，在工件上划线等。

(2) 加工精密零件，如锉样板、刮削或研磨机器、量具的配合表面等。

(3) 零件装配成机器时互相配合零件的调整，整台机器的组装、试车、调试等。

(4) 机器设备的保养维修。

3.1.4 钳工常用的设备

---

[1] 摘自厦门工学院实习教材，只做练习，不做范本。

(1) 钳台

钳台是钳工工作的主要设备，也称钳桌，如图3.1所示，用于安装虎钳，进行钳工操作。有单人使用和多人使用两种，用硬质木材或钢材做成。上面安装台虎钳，可放工具、量具等，钳台的高度约为800~900mm。工作时，应将工具和量具分开放置，工具摆放在常用和方便拿取处，量具则摆放在离工具较远处，避免工、量具混放而影响量具的精度。

台虎钳是钳工最常用的一种夹持工具，用螺栓固定在钳台上。錾切、锯割、锉削以及许多其他钳工操作都是在台虎钳上进行的。台虎钳的规格以钳口的宽度表示(有100mm、125mm、150mm等)。台虎钳有固定式和回转式两种，回转式台虎钳(如图3.2所示)可以满足不同方位的加工需要，使用方便，应用广泛。

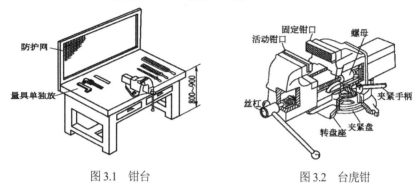

图 3.1　钳台　　　　　　　　图 3.2　台虎钳

3.2　划线

3.2.1　划线概述

划线是根据图纸及文件的技术要求，在毛坯或半成品上用划线工具划出待加工部分的轮廓线(或称加工界线)或划出作为基准线的点、线的一种操作方法。划线的主要作用为以下4点。

(1) 通过划线可以剔除和检查不合格的毛坯。

(2) 合理分配各表面的加工余量。

(3) 确定零件加工表面的加工余量和位置。

(4) 可以划出找正线。处理不合格的毛坯，避免造成损失，而在毛坯误差不太大时，又可以依靠划线的借料法予以补救，使零件的各加工表面仍然符合要求。

划线主要可分为平面划线和立体划线两种。

(1) 平面划线。只需要在工件的一个表面上划线，即能明确加工界线的称为平面划线，如图3.3(a)所示。

(2) 立体划线。需要在工件几个互成不同角度(一般互相垂直)的表面上划线，才能明确表示加工界线的称为立体划线，如图3.3(b)所示。

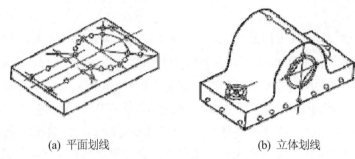

(a) 平面划线   (b) 立体划线

图 3.3 划线的种类

3.2.2 划线的工具

(1) 划线平台。划线平台是划线的基本工具，一般由铸铁制成，工作表面经过精刨后再刮削加工而成，如图3.4所示。

(2) 高度游标尺。高度游标尺是高度尺与划针盘的组合，其划线量爪前镶有硬质合金，读数精度一般为0.02毫米，用于已加工表面的划线，如图3.5所示。

图 3.4 划线平台   图 3.5 高度游标尺

(3) 划规。划规与几何作图中的圆规相似，如图3.6所示。在划线中主要用于划圆或圆弧、等分线、角度等，也可用于量取尺寸。

(4) 划线盘。划线盘是用于立体划线和校正工件位置的工具，如图3.7所示。

(5) 划针。划线时用于在工件上划线条，划针通常用工具钢或弹簧钢丝制成，其长度约为200~300 mm，直径为φ3~φ6 mm，尖端磨成约20°~25°的角，并经淬火处理，其形状及使用方法如图3.8所示。

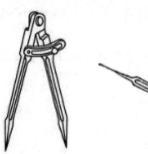

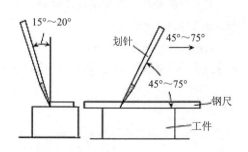

图 3.6 划规   图 3.7 划线盘   图 3.8 划针的形状及使用方法

(6) 角尺。角尺是钳工常用的工具，划垂直线或平行线时用作导向工具，同时也可用来校正工件在平台上的垂直度和表面的平行度。

(7) 样冲。样冲是在划好的线上冲眼所用的工具，冲眼的目的是使划出来的线条具有永久性的标记。此外，用划规划圆定中心时也需要打上样冲眼作为圆心的定位点。

3.2.3 划线的操作方法

1. 划线基准的选择

在划线时要选择工件上的某个点、线、面作为依据，用它来确定工件各部分的尺寸、几何形状及工件上各要素的相对位置，此依据称为划线基准。划线基准的种类有以下3种。

(1) 以两个互相垂直的平面(或直线)为基准。

(2) 以两条互相垂直的中心线为基准。

(3) 以一个平面和一条中心线为基准。

2. 划线的步骤及方法

(1) 分析图样。详细了解工件上需要划线的部位和相关要求，确定划线基准。

(2) 工件清理。清理工件的毛刺等。

(3) 工件涂色。在钢板上涂上涂料。

(4) 准备工具。准备好划线操作所需要的划线工具。

(5) 划线一般可按以下步骤进行：首先划基准线(基准线中应先划水平线，后划垂直线，再划角度线)；其次划加工线(加工线中应先划水平线，后划垂直线，再划角度线，最后划圆周线和圆弧线等)；划线结束后要进行全面检查，确认无误后再打上样冲眼。

3.3 锯削

锯削是用手锯锯断金属材料或在工件上锯出沟槽的操作。

3.3.1 锯削工具

1. 手锯

手锯由锯弓和锯条组成，如图3.9所示。

(1) 锯弓。锯弓是用来张紧锯条的，锯弓分为固定式和可调式两种(见图3.9)。

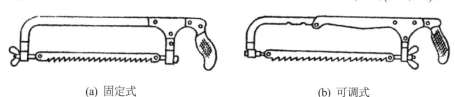

(a) 固定式　　　　　　　　　　　(b) 可调式

图3.9　手锯

(2) 锯条。锯条是用于锯削材料或工件的工具，一般由渗碳钢冷轧制成，也有用碳素工具钢或合金钢制造的。锯条的长度以两端装夹孔的中心距来表示，手锯常用锯条的长度为300mm、宽为12mm、厚为0.8mm。

3.3.2 锯削方法

(1) 安装锯条。锯削时向前推为锯切，所以安装锯条时，锯齿尖应朝前。锯条张紧的程度应松紧适宜，过紧容易使锯条崩断，过松则锯出的锯缝容易歪斜，一般用两个手指的力量能把调整螺母旋紧即可。

(2) 工件安装。工件伸出钳口不能过长，以免锯削时产生振动。锯割线应与钳口边缘平行，并夹在台虎钳左边以便于操作。工件应夹紧，但要防止变形和夹坏已加工表面。

(3) 起锯。起锯时锯条应与零件表面稍倾斜一个角度 α(约$10°$ ~ $15°$)，不宜太大，以防崩齿。另外，起锯时为防止锯条横向滑动，可以用左手拇指抵住锯条的一侧，快速往复推锯，当锯出一个小的锯缝时，左手离开锯条，轻轻按住锯弓前端进行锯削。为了起锯平稳准确，可用拇指挡住锯条，使锯条保持在正确的位置，如图3.10所示。

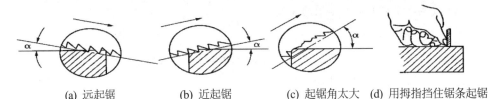

(a) 远起锯　　　(b) 近起锯　　　(c) 起锯角太大　(d) 用拇指挡住锯条起锯

图3.10　起锯方法

(4) 锯削时的施力。锯削时，应使锯弓作直线往复运动，不应出现摇摆现象，以防锯条断裂。向前推锯时，两手要均匀施加压力，加强锯削作用；返回时，锯条要轻轻滑过加工表面，两手不要施加压力。锯削时的直线往复运动不宜过快，大约每分钟40~50次，并应使锯条全长的2/3部分参与锯切工作，以防锯条局部磨损，损坏锯条。另外，在锯削时，为了润滑和散热，可适当加些润滑剂(如钢件用机油、铝件用水等)。

(5) 锯削操作的姿势如图3.11所示。

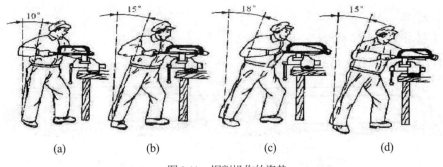

(a)　　　　　(b)　　　　　(c)　　　　　(d)

图3.11　锯削操作的姿势

3.4　锉削

用锉刀将零件锉去一层很薄的金属，使零件的几何形状、尺寸、表面粗糙度符合图纸要求的操作称为锉削。锉削可以加工零件的内外表面、沟槽、曲面及各种复杂的表面。

3.4.1 锉削工具

1. 锉刀的构造

锉刀由锉面、锉边、锉柄(装手柄)组成。钳工锉的规格以工作部分的长度表示，分为100mm、150mm、200mm、250mm、300mm、350mm、400mm等七种。

2. 锉刀的种类

普通锉刀按锉刀的断面形状可分为平锉、半圆锉、圆锉、三角锉、方锉。按齿纹的粗细可分为粗齿锉、中齿锉、细齿锉、油光锉。方锉刀的规格以其长度来表示，而圆锉刀的规格则以其直径来表示，如图3.12所示。

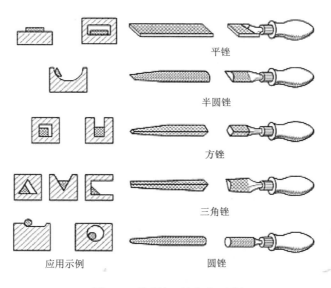

平锉

半圆锉

方锉

三角锉

应用示例　　　　　　圆锉

图3.12　普通锉刀的种类及用途

3.4.2 锉削平面的方法

(1) 顺向锉法。锉刀顺着同一个方向对工件进行锉削，是锉削中最基本的方法，能得到正直的锉纹，比较整齐美观，适用于不大的平面最后锉光滑的场合，如图3.13所示。

(2) 交叉锉法。锉刀与工件接触面积大，锉刀容易掌握平稳，而且从交叉的锉纹上可判断出锉刀的凹凸情况，如图3.14所示。当锉削余量较大时，一般可在锉削的前阶段用交叉锉法，当锉削余量不多时，再改用顺向锉法，使锉纹方向一致，得到较光滑的表面。

(3) 推锉法。锉削余量较小时使用，或用于修光。尤其适用于加工较窄的表面，或者用顺向锉法时锉刀前进受到阻碍的场合，如图3.15所示。

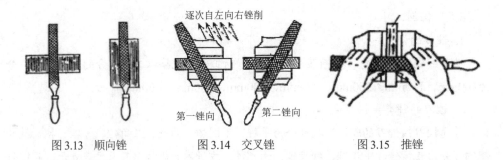

图 3.13 顺向锉　　　　图 3.14 交叉锉　　　　图 3.15 推锉

3.5 实习项目

3.5.1 实习任务

钳工实习的任务是制作M10六角螺母，如图3.16所示。

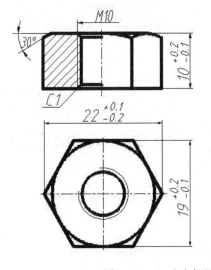

技术要求:
1. 锐边倒钝。
2. 未注倒角C0.5。

图 3.16　M10 六角螺母

3.5.2 实习器材

Q235圆棒料(直径25mm)；手锯、锉刀、划线圆规、划针、样冲及手锤；φ8.5钻头、M10丝锥；游标卡尺、钢板尺、高度游标尺；V型铁、涂料。

3.5.3 操作步骤

(1) 将φ25圆钢棒料去毛刺后，竖直夹持在台虎钳上，伸出钳口5mm左右，锉削基准面。

(2) 以基准面为基准，划线并锯出φ25×10mm的坯料，留1～2mm的锉削余量，基准面涂白，并用圆规划线确定端面圆心，用样冲打出中心点。

(3) 使用圆规求得圆周六等分点，划圆内接六边形，用样冲打出点、线。

(4) 台虎钳装夹，锉削加工正六边形及另一端面，使其达到图纸要求。

(5) 平口钳装夹螺母坯料。

(6) 钻孔φ8.5(M10螺纹的螺距为1.5 mm)。

(7) 台虎钳夹紧螺母坯料，M10丝锥蘸润滑液，按正确的操作方法加工M10内螺纹。

3.6　钳工安全操作规程

(1) 检查指定工位所用的台虎钳及工具箱是否有损坏或安全隐患。

(2) 量具、刀具和其他工具应同时放在工作台上的适当位置，不得叠放一堆，更不能伸到工作台以外。用毕应收拾好放回工作台抽屉里。抽屉不要拉出太多，以免坠落伤人。

(3) 使用台虎钳夹紧工件时，只允许徒手扳动手柄，不能用管子作为加力杠杆或用闷劲夹紧工件。在进行强力作业时，应尽量使力量朝向台虎钳的固定钳身。

(4) 不可使用没有手柄或手柄松动的工具(如锉刀、手锤等)，发现手柄松动时必须加以紧固。严禁在车间挥舞锉刀、手锤，以防飞出伤人。

(5) 用手锯锯割工件时，不可用力重压或扭转锯条，工件将要锯断时，应轻轻锯割。

(6) 用砂轮机磨削工件时必须戴好防护眼镜(无色平镜)；操作者应站在砂轮机的侧面，严禁正对高速旋转的砂轮。

(7) 使用钻床钻孔时，工件必须压平夹紧，孔将钻通时，要减小进给力，避免钻头折断。严禁戴手套操作钻床，钻薄板时绝对不得用手固定工件。

(8) 在钻床上装卸工件、钻头或钻夹头，进行主轴变速或测量工件尺寸时，都必须在钻床停稳后进行。

(9) 清除切屑时要用毛刷，不可直接用手或用口吹，以避免伤及手或眼睛。

第8章
科技文体写作

为了传播知识、总结科研成果、获得知识产权保护；为了通过工作考核、申请学位或晋升职称，每个科技工作者都要学会撰写科技论文。撰写论文没有捷径可走，必须在科研成果的基础上，不断阅读前人的论文，不停练习撰写和修改，才能提交合适的论文。

8.1 科技论文

科技论文又称为原始论文或一次文献，它是科学技术人员或其他研究人员在科学实验的基础上，对自然科学、工程技术科学及人文艺术研究领域的现象进行科学分析、综合研究和阐述，或是对已有现象和问题做进一步的探究，得出新的结果和结论，并按照科技期刊或出版社的要求进行电子和书面形式的表达。

对于一项科学研究来说，选题是关键，研究是基础，写作是提炼，三者缺一不可。若想论文写得好，三个环节都要狠下功夫。

8.1.1 目的与要求

1. 目的

撰写学位论文的目的是证明自己具有获取相关学位的学术能力。撰写杂志论文的目的大体可以归纳为以下几条。

(1) 传播。传播是为科技杂志写论文的主要目的。人类自古以来就有把新发现、新发明记录下来留与后人的习惯。这一习惯使人类的科学文化知识得以积累，逐步从蒙昧到文明，一直发展延续到今天。传播新发现、新发明的形式有许多种，如语言、形象、实物和文字等。相比之下，用文字表达的流传更为久远。"言而无文，其行不远"说的就是这个意思。优秀的科技论文，横向可以传遍五大洲，在世界范围内进行交流，推动世界科学技术的进步；纵向可以传于子孙后代，为人类造福，发挥其历史文献的作用。

(2) 总结。撰写论文是科技工作者在研究工作中的一个重要环节，是对研究工作的系统总结，可以使认识进一步深化，也可以发现研究中存在的问题，吸取经验教训，得到新的启发。

(3) 优先。科技论文是科研成果的记录。在互联网时代，科学技术发展和传播非常快，科技工作者处于激烈的竞争状态之中，同一个课题可能有许多人在废寝忘食地研究。谁最先研究成功，并公之于世，并为世人所承认，谁就占有先机，获得优先权。科学成果有很强的时效性，研究成果虽好，但没有公开发表，或者没有申报发明、申请专利，别人也研究出同样的成果，并公开发表或获得发明权、专利权，前者的研究成果也就一文不值，失去了存在的价值。

【例文8-1】

罗莎琳德·埃尔西·富兰克林(1920—1958)是一位英国物理化学家与晶体学家。她所做的研究专注于DNA、病毒、煤炭与石墨等物质的结构。其中她所拍摄的DNA晶体衍射图片"照片51号"，以及关于此物质的相关数据，是詹姆斯·沃森与佛朗西斯·克里克解出DNA结构的关键线索。富兰克林与葛斯林发现了DNA的其中两种形态，在潮湿状态下，DNA的纤维会变得较长较细，称为A型；而干燥的时候则变得较短较粗，称为B型。后来A型由富兰克林进行研究，B型则交给威尔金斯。《自然》(Nature)期刊于1953年4月25日同时发表三篇论文，顺序是以沃森与克里克为先，再来是威尔金斯等人，最后是富兰克林。其中富兰克林的论文是与葛斯林共同发表，论文名称是《胸腺核酸的分子结构》，沃森与克里克在论文中提及他们是受到威尔金斯与富兰克林等人的启发，但并未详细说明，也没有致谢。而威尔金斯与富兰克林则是在论文中表示自己的数据与沃森和克里克的模型相符。

1963年，沃森、克里克和威尔金斯荣获诺贝尔生物学或医学奖。而富兰克林女士与之无缘，就是因为她的论文没有领先发表。

(4) 评价。目前，高级职称的评聘均有科技论文的考核要求。人们通常通过在权威杂志上发表专业论文，证明研究的专业领先性和独创性。论文是科技工作者考核、晋升所需要的必备条件。此外，从发表的科技论文中也可以发现专业人才。

2. 基本要求

(1) 独创性。没有独创性，没有新发现、新发明，就没有必要写论文。衡量"发现""发明"的标准是：在科学技术成就中认识客观世界的属于发现；改造客观世界的属于发明。"新"是指前人没有的。凡是公知、公用的知识或内容，都是前人已研究过的。我们常说哥伦布发现新大陆，蔡伦发明造纸术，是因为：美洲大陆一直在地球上存在，只是被意大利航海家哥伦布首先看到并标识了；而成熟的造纸术地球上本来是没有的，蔡伦等人研究出制造优质纸张的方法。

(2) 正确性。实验数据必须准确、客观、可靠,不是主观臆造,不是单凭个人好恶任意取舍的,论点应经得起推敲。

(3) 再现性。读者用论文中介绍的实验方法、实验条件、实验设备进行实验,得到的结果应与论文中介绍的相一致。一些带有专利性的或是应该保密的内容,不要写进论文。

(4) 可读性。文字要通顺,概念要准确,至少让专业人士能读得懂。可读性差的文字无法交流和被认可。科技论文应力求简短、鲜明,以节省读者的阅读时间,也方便知识的传播。

(5) 可被采用。符合刊物编辑部的投稿要求。刊物是论文的载体,只有符合刊物要求,才能进入编辑的视野,才能发表出来。

8.1.2 撰写过程

在研究的基础上写成论文,绝不是实验数据的简单堆砌,而是从感性到理性认识的飞跃。作者要对大量数据和错综复杂的现象加以综合概括,运用逻辑思维去粗取精、去伪存真、由此及彼、由表及里,总结出规律性的东西,形成概念和理论体系,全面准确地反映客观事物的内在本质和规律。撰写自然科学论文,一般要经历以下几个步骤。

(1) 整理资料。整理实验数据,依据前人在此论题上的结果和结论性的公式,进行必要的推导和运算。将与之有关的文献资料收集整理好,并作出引用标识。着重将自己新的发现或发明的支撑性资料整理出来,且经得起推敲和再现。

(2) 拟定写作提纲。初次写论文时,需拟定写作提纲,把各部分要写的内容一一列明,梳理写作思路。

(3) 草拟初稿。可以根据自己的习惯或参照论文格式的要求,从前至后,按顺序写;也可以先将自己的发现或发明等核心内容写作完成,然后再写其他章节,形成初稿。

(4) 修改初稿。论文写好后,如不是时效性很强的题目,可以放置几天,然后再修改。经验告诉我们,人的大脑长期思考一个问题,会形成思维定式,把思想给束缚住,不太容易突破。过一段时间以后,头脑得到了适当的休息,可能会从不同的角度看出问题,产生新的观点,得到新的突破。对于时效性很强的内容,可以先申请专利或写成消息予以公布,以获得相应的权利,得到知识产权的保护,然后再从容不迫地撰写论文。论文的修改方法参照第 3 章第 2 节"科技论文的修改"。

8.1.3 写法格式

自然科学论文有其独特的文体和表达格式。由于学科不同,写作格式也不是一成不变的。一般来说，科学技术论文常由标题、摘要、引言、实验方法和论证、结果与讨论、结论、参考文献和谢辞等组成。

此外，如果论文特别长，可在摘要后加一个目录；如果符号特别多，可在引言之前或结论之后加一个符号说明表；如果有些图、表、资料等支撑性材料放在正文里显得累赘，删掉又容易引起论证不足，可作为附录放在结论之后；如有英文摘要，放在全文最后；谢辞一般放在结论之后，也可以合并在前言的结尾处。

1. 标题

标题是论文的名称，也是文章的"眼睛"，因此，标题也被称作题目。标题是论文内容的高度概括，使用最少的文字告诉读者文章要阐述的道理，使读者一目了然。拟定标题要考虑到以下三个方面。

(1) 准确。能准确表达论文的内容，恰如其分地反映研究的范围和达到的深度。

(2) 简洁。用词精炼，以利于文献的编排、记录、整理、引用和记忆。有的标题过长，如果删掉一些字后，内容又表达不清，可分作主标题与副标题两部分处理。美国数学学会要求论文标题不超过 12 个英文单词，并要求用词质朴、明确、实事求是，避免用广告式冗赘夸大的字眼。拟定标题时，更不可别出心裁，造出佶屈聱牙的新词来做标题。

(3) 科学。标题的拟定应便于引证、分类。这个问题常被忽略，必须予以重视。有的论文标题很笼统、模糊，读者分不清它的学科范畴，也会给资料员做索引分类和阅读查找带来很大困难，甚至会影响论文的流传和推广。

2. 摘要

一般较长的论文都会有摘要。摘要，顾名思义就是将论文中的要点摘录出来，使读者能够了解论文的概貌，决定是否阅读全文。它虽然置于论文的最前面，但往往是最后写成的。有时为了便于交流，需要将摘要译成英文，英文摘要可以写得比中文更详细些，甚至可以包括主要公式、实验方法和结论。

3. 引言

引言又称为序言、绪言、前言等，写在正文之前，用以说明写作的目的、研究的经过和成果的意义。读者可从引言中看出作者研究水平的高低。引言通常包括以下 3 个方面的内容。

(1) 研究的背景和动机。引言通常会指出前人做了哪些工作，哪些尚未解决，现在进展到何种程度；说明自己研究问题的目的。如果是撰写学位论文，引言部分可以写得更详细一些，甚至可以独立成章，叫做历史回顾。

(2) 简单介绍实验方法和手段，方便同行们验证和再现。科学实验只有通过验证，结论才算是科学的，才能够被广泛地认可。

(3) 概述成果和意义。引言应避免自我评价，切忌自吹自擂、抬高自己贬低别人；不要自封为"世界首创""水平很高"。

【例文8-2】

蓟县独乐寺观音阁山门考[1]

绪言

近代学者治学之道，首重证据，以实物为理论之后盾，俗谚所谓"百闻不如一见"，适合科学方法。艺术之鉴赏，就造型美术言，尤须重"见"。读跋千篇，不如得原画一瞥，义固至显。秉斯旨以研究建筑，始庶几得其门径。

我国古代建筑，征之文献，所见颇多，《周礼考工》，《阿房宫赋》，《两都》、《两京》，以至《洛阳伽蓝记》等等，固记载详尽，然吾侪所得，则隐约之印象，及美丽之辞藻，调谐之音节耳。明清学者，虽有较专门之著述，如萧氏《元故宫遗录》，及类书中宫室建置之辑录，然亦不过无数殿宇名称，修广尺寸，及"东西南北"等字，以标示其位置，盖皆"闻"之属也。读者虽读破万卷，于建筑物之真正印象，绝不能有所得，犹熟诵《史记》"隆准而龙颜，美须髯；左股有七十二黑子"，遇刘邦于途，而不识之也。

造型美术之研究，尤重斯旨，故研究古建筑，非作遗物之实地调查测绘不可。我国建筑，向以木料为主要材料。其法以木为构架。辅以墙壁，如人身之有骨节，而附皮肉。其全部结构，逐成一种有机的结合。然木之为物，易朽易焚，于建筑材料中，归于"非永久材料"之列，较之铁石，其寿殊短；用为构架，一日焚朽，则全部建筑，将一无所存，此古木建筑之所以罕而贵也。然若环境适宜，保护得法，则千余年寿命，固未尝为不可能。去岁西北科学考察团自新疆归来，得汉代木简无数，率皆两千年物，墨迹斑斓，纹质如新。固因沙漠干燥，得以保存至今；然亦足以证明木寿之长也。

至于木建筑遗例，最古者当推日本奈良法隆寺飞鸟期诸堂塔，盖建于我隋代，距今已千三百载。然日本气候温润，并非特宜于木建筑之保存，其所以保存至今日者，实因日本内战较少，即使有之，其破坏亦不甚烈，且其历来当道，对于古物尤知爱护，故保存亦较多。至于我国，历朝更迭，变乱频仍，项羽入关而"咸阳宫室火三月不灭"，二千年来革命元勋，莫不效法项王，以逞威风，破坏殊甚。在此种情形之下，古建筑之得幸免者，能有几何？故近来中外学者所发现诸遗物中，其最古者寿亦不过八百九十余岁未尽木寿之长也。

蓟县独乐寺观音阁及山门，皆辽圣宗统和二年重建，去今(民国二十一年)已九百四十八年，盖我国木建筑中已发现之最古者。以时代论，则上承唐代遗风，下启宋式营造，实研究我国建筑蜕变上重要资料，罕有之宝物也。

---

[1] 梁思成. 建筑文萃[M]. 北京：生活·读书·新知三联书店，2006：56-57. 本文原载于1932年《中国营造学社汇刊》第3卷第2期。

翻阅方志，常见辽宋金元建造之记载；适又传闻阁之存在，且偶得见其照片，一望而知其为宋元以前物。平蓟间长途汽车每日通行，交通尚称便利。廿年秋，遂有赴蓟计划。行装甫竣，津变爆发，遂作罢。至二十一年四月，始克成行。实地研究，登檐攀顶，逐部测量，速写摄影，以纪各部特征。

归来整理，为寺史之考证，结构之分析、及制度之鉴别。后二者之研究方法，在现状图之绘制；与唐、宋(《营造法式》)、明、清(《工程做法则例》)制度之比较；及原状图之臆造(至于所用名辞，因清名之不合用，故概用宋名，而将清名附注其下)。计得五章，首为总论，将寺阁主要特征，先提纲领。次为寺史及现状。最后将观音阁山门作结构及制度之分析。

除观音阁山门外，更得观音寺辽塔一座，附刊于后。

此次旅行，蒙清华大学工程系教授施嘉炀先生惠借仪器多种，蓟县王子明先生及蓟县乡村师范学校校长刘博泉，教员王慕如，梁伯融，工会杨雅园诸先生多方赞助，与以种种便利。而社员邵力工、舍弟梁思达同行，不惟沿途受尽艰苦，且攀梁登顶，不辞危险，尤为难能。归来研究，得内子林徽因在考证及分析上，不辞劳，不惮烦，予以协作；又蒙清华大学工程系教授蔡方荫先生在比较计算上予以指示，始得此结果。而此次调查旅行之可能，厥为社长朱先生之鼓励及指导是赖，微先生之力不及此，尤思成所至感者也。

——梁思成《建筑文萃》

梁思成先生将考证蓟县独乐寺观音阁山门的缘由、木结构容易毁于战火的特点、考察做了哪些工作，乃至考察过程中给予支持协助的人都如实地写出来。从上文中我们不仅可以学到古建筑的考察方法，更能体会到严谨的工作态度。时过八十余载，阅读起来仍能给浮躁的科技工作者以沉淀下来潜心研究学问的启示。

4. 实验方法或论证手段

这一部分主要介绍取得成果所用的实验方法或论证手段，是作者从事研究工作的思想方法和技术路线的具体反映。如果研究目的是通过实验达到，则应包括以下几个方面的内容。

(1) 实验所需的原辅材料，以及其制备方法、化学成分、物理性能等。

(2) 实验所用的设备、装置、仪器等。如是通用设备，只注明型号、规格即可；如是自制特殊设备，需给出构造示意图，需要说明测试、计量所用仪器的精度，使人知道实验结果的可靠性和准确性。

(3) 实验方法及过程。此部分内容说明实验采用的是什么方法，过程如何进行，操作应注意哪些问题。要突出重点，只写关键性的步骤。如果是采用别人的方法，注明一下即可；如果是自己设计的新方法，则应详细说明。

5. 结果与讨论

实验结果就是在实验过程中所测出的数据和所观察到的现象。研究人员需要对实验结果进一步整理，从中选取最能反映事物本质的数据或现象，制成便于分析和讨论的表或图，有的还要拍成照片。讨论就是从理论上对实验所得结果进行分析和解释，阐明自己新的发现和见解。

结果和讨论可以合在一起，如内容较多时也可以分开写，各成一节。结果和讨论部分是论文的重点，是结论赖以产生的基础。写作时应注意以下几个问题。

(1) 数据选取必须实事求是。数据一要准确，二要具有代表性。选取数据要从必要性和充分性两个方面来考虑，使读者能够根据数据得出支持或相信作者的判断。对于异常数据，不要轻易删掉，要反复验证，阐明其是因工作差错造成的还是事情本来如此。

(2) 描述现象要分清主次，抓住本质。

(3) 表和图要精心设计与制作，使人一目了然，看出规律。表格设计要合理、明了、美观。图像一般以自变量为横坐标，应变量为纵坐标。纵横坐标比例要恰当，既利于表现发展趋势，又使版面紧凑。图比表更直观、更明显，所以凡是可以用图说明的，不建议使用表格。照片应轮廓清晰，层次分明。如是金相或岩相照片，可集中排版，但必须与文内标识标号相一致。为便于国际交流，必要时图与表要加相应的英文说明。

(4) 分析问题必须遵循辩证唯物论的认识论，以事实为基础，以理论为依据，不能主观臆断，更不能想当然。所得结论必须经得起同等条件下的多次实验的验证。当得出结果与别人相左时更应该慎重对待，要反复验证和深入分析，如有错误则应排除；如确凿无误，则可能是新的发现。讨论必须一丝不苟，公式推导要严密，数字运算要准确，分析问题要切中要害。对于基础理论不需赘述，对于中间运算步骤可省略。讨论是为下一步做结论打基础，但不要在此阶段写结论。

6. 结论

结论是以结果和讨论为前提，经过严密的逻辑推理所做出的最后判断。结论是整个研究过程的结晶，是整篇论文的精髓。写好这一部分至关重要，读者可依此看出作者研究成果的大小。写作时应注意以下几个问题。

(1) 要抓住本质，揭示事物发展的客观规律和内在联系。

(2) 推理要严密，概念要确切。不得用"大概""可能"之类的词。不能得出明确结论的，要说明有待进一步探讨。

(3) 要重点突出，观点鲜明。

(4) 要恰如其分，不要言过其实。

(5) 文字要凝练，不要重复前面的结果和讨论。

(6) 不要轻易否定别人的观点。若要否定，必须论据充分，推理可靠。肯定或否定必须完全以事实为依据，不得使用批判性语言。

7. 参考文献

参考文献一般均附于篇后。参考文献有以下 3 个作用。

(1) 反映作者的科学态度和求实精神，表示作者对他人成果的尊重、继承和推广。文中凡是引用他人成果处，必须注明，以使读者能够区别哪些是作者的成果，哪些是前人的成果。

(2) 便于读者和编辑了解该领域的研究情况，可根据所列的文献索引去查找原文，进行核实或深入的研究。

(3) 文献数量也能反映作者对本课题的历史和现状研究的程度，便于读者评价论文的水平和结论的可信度。

参考文献只择主要者列入，未公开发表的资料不要引用。教科书上的基础理论和基本公式不算作文献。参考文献必须是作者直接阅读并引用的，不得滥竽充数，把所看文献后面所列的文献也写进参考文献。文献编排执行 GB/T 7714-2015《信息与文献　参考文献著录规则》。

延伸阅读 8
《信息与文献　参考文献著录规则》文献著录格式

8. 谢辞

谢辞是礼仪文书，可以参照感谢信的写法。谢辞的内容主要是感谢导师的具体指导及不辜负导师授业之决心。

(1) 谢辞的特点。

① 确指性。即被感谢者是特定的单位和个人，单位是实习单位和学校，个人是在论文写作、毕业实习、设计和答辩过程中给予具体指导的老师。

② 事实性。感谢的缘由为已成事实，其时间、地点和事件都是真实的。

③ 感激性。谢辞中包含敬重对方的感激之情。

(2) 注意事项。

① 叙事要简洁，内容要真实，有关人物、事件、时间、地点、原因等要交代清楚。

【例文8-3】

我交出所抄的讲义去，他收下了，第二三天便还我，并且说，此后每一星期要送给他看一回。我拿下来打开看时，很吃了一惊，同时也感到一种不安和感激。原来我的讲义已经从头到末，都用红笔添改过了，不但增加了许多脱漏的地方，连文法的错误，也都一一订正。这样一直继续到教完了他所担任的功课：骨学、血管学、神经学。

可惜我那时太不用功，有时也很任性。还记得有一回藤野先生将我叫到他的研究室里去，翻出我那讲义上的一个图来，是下臂的血管，指着，向我和蔼的说道："你看，你将这条血管移了一点位置了。——自然，这样一移，的确比较的好看些，然而解剖图不是美术，实物是那么样的，我们没法改换它。现在我给你改好了，以后你要全照着黑板上那样的画。"

——鲁迅《藤野先生》[1]

② 评价和颂扬对方良好的行为及品德，既要有一定的高度，又要注意适度。

【例文8-4】

但不知怎地，我总还时时记起他，在我所认为我师的之中，他是最使我感激，给我鼓励的一个。有时我常常想：他的对于我的热心的希望，不倦的教诲，小而言之，是为中国，就是希望中国有新的医学；大而言之，是为学术，就是希望新的医学能传到中国去。他的性格，在我的眼里和心里是伟大的，虽然他的姓名并不为许多人所知道。

——鲁迅《藤野先生》

③ 情感要真挚，文字要精炼。篇幅 400～500 字为宜。

8.2 科技文献及综述

科技文献是指记录有科学技术知识或信息的一切载体。我们的祖先创造了中华五千年的科技文明，由于文字出现得较晚，并没有被全部及时地记录下来，使得很多科学技术已经失传。目前，还能够见到的最早、最完整的科技文献是 7000 余字的《考工记》。

《考工记》是中国春秋战国时期记述官营手工业各工种规范和制造工艺的文献，在中国科技史、工艺美术史和文化史上都占有重要地位。《考工记》记述了齐国关于手工业各个工种的设计规范和制造工艺，书中保留先秦大量的手工业生产技术、工艺美术资料，记载了一系列的生产管理和营建制度，一定程度上反映了当时的思想观念。《考工记》十分重视生产工具的制造和改进，体现了它重视发展生产力的思想。其历史文献价值是弥足珍贵的。

8.2.1 科技文献简介

此前有个报道：美国有一位化学家向图书馆的工作人员介绍自己花费上万美元完成的一项实验，解决了困扰他三年的问题。工作人员告诉他，一份德国人的学术报告早于他得出相同的结论，得到该项报告只需支付一美元的费用。

日本科学技术厅调查过科技工作者对文献的利用情况，得知因不了解已经发表成果

---

[1] 曾彦修. 鲁迅选集[M]. 成都：四川人民出版社，1983：203.

又做重复研究的人将近50%。我国的专利申请通过授权的只占28%左右，没有通过的主要原因是文献中已有记载，缺少独创性，属于重复劳动。

查阅科技文献，了解已有研究，对科技工作者的研究工作是至关重要的。

【例文8-5】

新华社北京(2019年)1月10日电(记者　张泉)国家知识产权局10日集中发布专利、商标、地理标志、集成电路布图设计2018年度统计数据。国家知识产权局办公室主任胡文辉在发布会上表示，2018年，我国主要知识产权指标稳中有进，知识产权综合实力再上新台阶。

2018年，我国发明专利申请量为154.2万件，共授权发明专利43.2万件，其中国内发明专利授权34.6万件；商标注册申请量为737.1万件，商标注册量500.7万件，其中国内商标注册479.7万件；批准保护地理标志产品67个，注册地理标志商标961件，核准使用地理标志产品专用标志企业223家；集成电路布图设计发证3815件，同比增长42.9%。

截至2018年底，我国国内(不含港澳台)发明专利拥有量共计160.2万件，每万人口发明专利拥有量达到11.5件；国内有效商标注册量(不含国外在华注册和马德里注册)达到1804.9万件，每万户市场主体商标拥有量达到1724件；累计批准地理标志产品2380个，累计注册地理标志商标4867件，核准专用标志使用企业8179家。

知识产权质量呈现稳中向好态势。以发明专利为例，2018年，国内发明专利授权平均权利要求项数为8.3项，较2017年提高0.3项；截至2018年底，国内有效发明专利平均维持年限为6.4年，较2017年增长0.2年，国内发明专利质量稳中有进。

与此同时，知识产权运用效益快速增长。国家知识产权局运用促进司副司长赵梅生表示，近年来，我国有效推动平台、机构、资本、产业"四位一体"的知识产权运营服务体系建设，对强化知识产权运用，促进知识产权转移转化发挥了重要支撑作用。

2018年，我国知识产权使用费进出口总额超过350亿美元。专利、商标质押融资总额达到1224亿元，同比增长12.3%。其中，专利质押融资金额达885亿元，同比增长23%，质押项目5408项，同比增长29%。

1. 科技文献的概念

人类社会几千年来的发展，积累了丰富的科学文化知识。特别是信息时代，科学技术发展日新月异，新学科、新技术层出不穷。为了集成和传播这些知识，人们用文字、图形、符号、声频、视频等手段将其记录下来，这些对人类文明的记录都称为文献。记录科技知识的文献就是科技文献。

科技文献是人们从事生产活动和科学实验的记录，是人类精神财富的重要组成部分。它是千百万科技工作者劳动创造的结晶。它记录了有关人与自然的大量事实、数据、理论、定义、定理和技术，记载着科技的实践和构思及假说，记载着浩如烟海的知识，有成功的经验，也有失败的教训。它反映着人类社会各个不同时期科学技术的进展与水平。科技文献是科技存在的最好证明。

2. 科技文献的作用

科技创新是吐故纳新、破茧成蝶的过程。没有对原有技术深入的了解，不知道该领域的发展现状，不熟悉本学科的基础理论，科技创新就无从谈起。离开文献的发明或发现科技创新就是无源之水，难以为继。文献的主要作用如下。

(1) 累积知识。文献是汇集和保存下来的精神财富，是供全人类分享利用的知识宝库。

(2) 传递信息。文献是记录和传播科技信息的主要手段。

(3) 学术评价。文献是衡量某一学科领域、某一个人、某一个集体以至一个国家的学术水平和成就的重要标志。文献是了解本学科发展水平的重要途径，也是科技创新的依据和评价标准。

(4) 教育启迪。文献是帮助人们认识客观事物、启发思路、开阔眼界、丰富知识的重要工具。

3. 科技文献的类型

科技文献根据其载体的不同，可分为印刷型、缩微型、机读型和声像型四种。其中以印刷型文献最为广泛，大致可分为 10 种。

(1) 科技图书。科技图书是对科学研究成果、生产技术知识和经验的概括与总结。从时间效益看，虽报道的资料滞后，但内容系统全面。要想对陌生的问题得到初步的了解，而对熟悉的问题求得系统而全面的回顾，阅读有关图书是最有效的方法。

(2) 科技期刊。科技期刊是指具有统一名称、定期或不定期出版的连续性刊物。与图书比较，科技期刊具有出版周期短、报道文献快、数量大、内容新等特点。科技期刊可反映出国内外的科技水平，因此是科技文献的重要来源和主要类型。按报道的内容和范围，可分为综合性与专业性期刊；而从内容角度看，又可分为学术性、技术性、通讯性、消息性、检索性、资料性期刊等。

(3) 科技报告。科技报告是指科技工作者围绕某一科技专题进行正式的科研成果报告，或者是对某项课题研究进展的实际记录。科技报告报道的内容比期刊还要快，也比较专业、深入，代表了一个国家和专业的科研水平，科技工作者可直接借鉴引用。

(4) 会议文献。会议文献是指在学术会议上宣读的论文和书面报告，学术性强，往往是某一学科和专业领域的最新成就和最新研究课题，反映了国内外科学技术发展的水平和趋势。会议文献是了解各国科技水平、动态和发展趋势的重要科技文献。

(5) 专利文献。专利文献主要指专利说明书，是专利申请人向政府呈报的发明创造的书面文件。专利文献论述了发明的特点、研究的目的、实验过程及结论，内容详细具体，对科技工作者是一种富有启发性的参考资料，也是技术情报的重要来源之一。

(6) 技术标准。技术标准是对产品和零部件的质量、规格、生产过程及检验方法等所作的技术规定，是从事生产和营销活动需要共同遵守的依据。一个国家的技术标准资料反映该国的科技政策、生产、加工工艺、标准化水平以及资源情况等内容，是全面了解该国的科技发展情况的重要资料。按适用范围，可分为国际标准、区域标准、国家标准、专业(行业)标准和企业标准五类。

(7) 产品样本。产品样本是对定型产品的性能、原理、用途、使用方法、操作规程、产品规格等所作的具体说明。产品样品是企业为推销产品而印发的宣传性资料，常常附有产品的性能规格、外观图片、结构简图等，技术上比较成熟，数据可靠，是科研人员分析各国产品技术发展情况和产品技术水平的重要材料，对科技人员的产品选型和设计工作都有参考价值。

(8) 学位论文。学位论文是指高等院校或科研单位研究生在攻读硕士、博士学位时提交的论文，质量虽参差不齐，行文也显稚嫩，一般都具有一定的独创性，所探讨的问题比较专业，对问题的来龙去脉阐述较为系统和详尽。学位论文对研究工作有一定的参考价值，也是文献资料的组成部分。

(9) 政府出版物。各国政府部门及下属专门机构所发表的有关文件，科技部分占30%~40%，这对了解某一国家的科学技术、经济政策及其演变等情况具有一定的参考价值。

(10) 科技档案。科技档案是指具体工程建设及技术活动中形成的技术文件、图纸、照片、原始记录，如任务书、协议书、技术指标、审批文件、研究计划、方案、大纲和技术措施及有关技术调查材料、质量档案等。它是生产施工和科技研究工作中用于积累经验、吸取教训，用以保证和证实工程质量的重要文献，具有很高的使用价值。这类文献多属于保密或内部使用，往往不易获得。

此外，如报纸、新闻稿、工业产品目录和说明书等也都是文献的来源，从中可以获得一些重要的信息和线索。

8.2.2　科技文献的使用

在任何专业领域从事劳动的科技工作者，都必须随时了解、掌握本专业的国内外发展水平及动向，不断进行新的探索。为此他们需要经常翻阅与所从事专业有关的各类科技文献，特别是书报杂志。在做课题研究、工程设计时，更应该专门查找有关的文献资料。

1. 阅读

读书已成为科技工作者的日常工作，是创造性劳动的一部分。每个人都会读书，但究竟怎样有效地阅读，却是值得研究的问题。"吾生也有涯，而知也无涯。以有涯随无涯，殆已；已而为知者，殆而已矣。"[1] 生命是有限的，知识是学不完的。在知识爆炸的时代，面对浩如烟海的图书资料，我们应该如何有效地阅读呢？

(1) 按文献标题和摘要，先读主要文献，次要文献、与主要文献内容重复或无新内容的文献可以放弃不读。

(2) 读文献时，先看两头，即摘要和结论，然后选取正文的关键内容及感兴趣的部分详细阅读。重要的文献要全文阅读和反复深读。

(3) 把认为有用的部分内容加以摘录，将认为值得商榷的地方加以标注。

(4) 阅读外文文献，可把重要的段落译出。

(5) 思考读过的材料，找到可以延伸研究的突破口，或是可以完善旧有结论的新的发现，乃至找到推翻旧有结论的证明材料。

2. 积累

对所阅读文献要注意积累，有了系统积累的材料，才能进行综述和评述，才能看清专业发展的趋向，从而确定自己的写作重心。为了积累文献，首先要做到经常查阅文献，在阅读过程中及时摘录有用的材料。传统的积累方法有以下几种。

(1) 计入文摘卡片。将文献题目、作者、出处详细记录下来，必要时做出摘要。这种方法便于分类保存，易于以后查找使用，但不易于外出携带。

(2) 计入活页笔记。使用卡片，摘录的文字不受限制，且方便携带。

(3) 计入笔记本。优点是记录内容可多可少，不易散失，携带方便，缺点是不易分类，查找使用不便。

(4) 剪贴。该方法可节省摘录时间，内容绝对无误。剪下的资料可贴在卡片上，也可贴在专门的本子上。对剪下的资料必须注明出处，如剪报刊，要写清报刊名及版次日期等。

现在收集文献多借助电子文档，要注意编目和备份。

3. 整理使用

经过一段时间后，对积累的材料要进行整理，必要时做出综述和述评。整理过程中，对不明确的地方或重要问题，必要时应该重新查找阅读原始文献。

有专业分工的教学、科研单位，应当定期或不定期在一定范围内做本专业的国内外动态报告，适时调整和改进专业研究进度和方向。

合理使用文献，或许能够获得革命性突破。若使用未经证实或是错误文献，也会使研究者功败垂成。

---

[1] 庄周著，何顺主编. 庄子：养生主[M]. 广州：广州出版社，2009：33.

【例文8-6】

20个世纪60年代，疟原虫对奎宁类药物已经产生了抗药性，严重影响到治疗效果。青蒿素及其衍生物能迅速消灭人体内疟原虫，对恶性疟疾有很好的治疗效果。屠呦呦受中国典籍《肘后备急方》启发，成功提取出的青蒿素，被誉为"拯救2亿人口"的发现。

2015年10月，屠呦呦获得诺贝尔生理学或医学奖，理由是她发现了青蒿素，这种药品可以有效降低疟疾患者的死亡率。她成为首获科学类诺贝尔奖的中国本土科学家。

治疟病方。鼠妇、豆豉二七枚，合捣令相和。未发时服二丸，欲发时服一丸。又方：青蒿一握。以水二升渍，绞取汁。尽服之。(东晋·葛洪《肘后备急方》)

8.2.3 文献综述

1. 文献综述的概念

文献综述，顾名思义就是对已有文献的综合叙述。它既是总结某一科技领域在一定时期内进展情况的文献资料，又是在一定程度上反映作者见识的科技报告。文献综述的作用在于理出已有研究成果的脉络，为后续研究提供必要的资料和依据。

博览专业领域的文献是写作综述的基础。没有对某一领域的全面地了解就不具备写作综述的充要条件。纵横比较是写作综述的基本方法。纵就是该项技术在国内的发展历史；横就是该项技术国内与国外发展情况的对比。通过比较才能对全部资料加以分析、鉴别、扬弃和归纳，从而找出发展的规律并预测今后的方向。

2. 文献综述的选题

科技论文综述选题以较具体为宜，范围宜窄不宜宽。

(1) 选题要符合科技发展的方针政策。选题最好是当下热点的科技问题，例如"5nm芯片雕刻工艺的进展"等。

(2) 在科研或生产实践中产生，需要深入研究的问题，例如"深海探测器外壳材料的研究综述"等。

(3) 对世界上出现的新技术、新方法予以综述评价，探讨结合我国具体条件应用的可能性。

(4) 对某一经济体在某一专业领域中的进展进行综述，例如"瑞士钟表业的发展"等。

(5) 专对一个历史阶段某一技术领域的发展变化状况进行综述，具有历史经验总结的性质，例如"中国航天技术四十年"等。

(6) 编年史式的对某些关键学科定期进行评述。

(7) 探讨多学科交叉的新概念、技术或方法的形成及国内应用的综述，例如"公路的智能养护系统研究"等。

3. 文献综述的内容

(1) 问题的提出。此部分介绍写此综述的理由，即必要性；或所提问题具有一定程度的普遍性，往往以引言或绪论的方式加以描述。对于细小但关键性的技术，已有文献未涉及或未详尽阐述，而少数文献却观点不一时，综述时更应该阐明此技术的重要性，如果能够量化说明效果会更好。

(2) 历史发展。按时间顺序简要地说明各个阶段的发展状况和特点，通过历史研究对比来表明目前达到的水平。若是综述的题材是由多学科杂糅而逐渐发展起来的，还需要分析各学科间的相互关系随着历史的沿革都发生了哪些变化。要特别交代清楚的是：已经解决了什么？采用了什么方法解决？还遗留下什么问题亟待解决？可以对我国在问题上的历史变化单独说明。对历史发展的溯源追踪，目的是找到发展的脉络和规律性。

(3) 现状分析。如果说历史发展是纵向的对比，则现状分析是横向的对比。横向的对比要实事求是。现状分析不但要表明目前国内与其他国家(地区)间的差异，更要分析产生的原因和背景，明确地指出我国现实存在的问题，从而在以后的发展过程中扬长避短。

(4) 预测与改进。在纵横比较的基础上，客观地总结出综述选题的主流及发展规律。对某一技术或某一领域的综述，预测发展趋势或提出改进措施是重要部分。

【例文8-7】

20世纪末，传呼机是通信的主要工具之一。广东某大学提交传呼机专业发展综述，并得到上级部门批准，顺势开设了传呼机通讯专业进行本科招生工作，当时考生趋之若鹜。但是，事情的发展却是本科生还没有写完毕业论文，传呼机就被手机替代了，这些学生不得不转专业。因预测不准确造成这样的局面，不仅误人子弟，也浪费国家的教育资源。趋向预测应力求客观准确，结合实际，才可能为新的研究工作提供依据，以打破研究瓶颈，找到新的突破口。

趋向预测与改进建议往往同时提出，也可以分开写。趋向预测是改进建议的客观依据。改进建议应更加具体，甚至可以简要地提出新的方案或设想。

(5) 参考文献。综述的特点是所附的参考文献特别多。所有文献务必摘录齐全无误，这对于综述文章十分重要。研究者可以根据综述的指引去查对原文，进一步深入研究。参考文献应按先后出现的顺序编号，在正文中相应处的右上角标明。参考文献必须是作者第一手阅读的，不允许使用二次文献。如果确有必要引用二次文献的内容，那么需要找到原文献详细阅读，使之变成一次文献。

养成记笔记和摘要的习惯是科技工作者做综述所必备的技能之一。

4. 注意事项

(1) 勿将综述与自己某一具体工作混为一谈。综述的重点是比较和评价，将自己的工作放在综述中自我评价有失公允，是不适宜的。

(2) 勿做第二手综述文章。所谓第二手综述，是指只读几篇别人的综述文章，再加一点自己的见解，将"冷饭炒热"。

(3) 没有相当的实际专业经验，不能深入理解和辨析参考文献，不能形成自己的论断，莫做综述工作。

(4) 坚持材料与观点的统一。避免介绍材料过多，而无实质性的评论；避免材料不足却妄发空洞的议论。

(5) 译述国外情况面向国内，应以最新成果为主。

(6) 理论联系实际，确保理论与实践经验的统一。

(7) 科技领域不同于基础科学，要注重现实国家发展需求和经济利益。

(8) 提纲挈领，突出重点。关键处要说透，一般细节要简略。能用数表处，建议不用文字。

延伸阅读9
《隐伏矿体预测研究综述》

【例文8-8】

隐伏矿体预测研究综述[1]

摘要: 隐伏矿体预测是一项系统工程，包括科学的预测理论和技术方法。预测理论主要有相似类比理论、矿床模式和模型理论、地质异常理论以及成矿系列和成矿系统理论等。科学的预测方法有地球化学方法(如地气法、活动态偏提取技术)，地球物理方法(如γ能谱法、CSAMT和TEM法、地震方法、井中物探等)，以及遥感、GIS、综合信息矿产预测等。在阐述隐伏矿体预测研究现状的基础上，拓展找矿思路、多学科合作、应用新技术新方法是未来隐伏矿体预测的发展趋势。

关键词: 隐伏 预测 理论 方法 展望

随着对矿产资源需求的日益增长和勘查程度的提高，找矿的难度越来越大。当前，找矿的主体对象已经由地表矿、浅部矿转变为隐伏矿、深部矿。隐伏矿体预测理论与方法已经成为当前成矿学和矿产勘查学研究的热点。苏联及欧美等一些国家从20世纪50年代起就开展了对隐伏矿体预测工作的研究，找到了数目众多的大型、超大型矿床。中国对这方面的系统研究则始于20世纪80年代。对隐伏矿体预测理论与方法的研究被列为"七五"攻关的重大项目。1985年以后，召开了多次有关寻找隐伏矿体的学术会议[1]。在预测成果方面也取得了令人满意的效果。

目前国外对隐伏矿体预测的研究，主要表现为两个方向：一是以美、加等国为代表，

---

[1] 该论文为吉林大学教授吴国学博士友情提供。该论文中出现的上标[1]、[2]、[3]……为本论文参考文献的顺序编码。

在深入研究成矿地质环境和成矿机制的基础上,建立不同层次的矿床勘查模型来指导找矿靶区优选和隐伏矿体预测;二是以俄罗斯为代表,强调综合应用地质和物化探方法,建立与"阶段—目标—方法"相匹配的"预测普查组合"来指导不同层次的隐伏矿体预测和评价。

1. 隐伏矿体预测的定义及特点

目前,国内外对隐伏矿床(体)尚无统一的定义和分类方案。池三川将隐伏矿床(体)定义为"埋藏于基岩中受到或未受到现代切割作用,受到或未受到沉积物覆盖的所有矿床(体)"[1]。隐伏矿体预测的工作面积一般为几到几十 km^2,核心任务是在一定的成矿预测理论指导下,运用有效的预测方法和技术,预测工业矿化地段或矿体赋存的空间位置、矿体形态以及矿化强度等特征,为勘查工程验证提供依据[2]。其具有大比例、小尺度、高精度的特点,属于大比例尺成矿预测[3]。

隐伏矿体预测缺乏直接的找矿标志,可利用的矿化信息少,而预测的结果有具有小尺度、高精度的要求,因此其具有探索性强、风险性大的特点[4]。据国外初步统计,发现一个隐伏的贱金属矿床的投资,比发现一个出露、浅表的贵金属矿床高10倍以上。为避免高风险带来的巨大的损失,当前找矿投资的重点,已经由原先的工作量、工程量转向对找矿思路的科学性、投入方法和工作量的合理性、多学科综合研究的实效性,以及布钻验证的目的性等重大技术环节的把握[5]。

2. 隐伏矿体预测的基本理论

2.1 相似类比理论(略)

2.2 矿床模式和模型理论(略)

2.3 地质异常理论(略)

2.4 成矿系列和成矿系统理论(略)

3. 隐伏矿体预测的技术方法

3.1 经验类比法(略)

3.2 地球化学方法(略)

3.3 地球物理方法(略)

3.4 遥感技术(略)

3.5 GIS空间数据平台技术(略)

3.6 综合信息矿产预测方法(略)

4. 前景展望

(1) 众所周知,隐伏矿体预测一般在研究程度较高的已知成矿区(带)内进行。在这些研究程度较高的地区,要想取得新的找矿突破,就必须探索和运用新的观念和理论,采用新的技术和方法,取得新的信息和认识,形成新的思路和途径。

(2) 当前国内在成矿预测研究方面,存在着理论研究和找矿实践彼此脱节的现象,成矿预测研究的理论进展明显领先于方法进展。由于缺乏与预测理论相匹配的预测方法,导致了预测成果验证成功率低、风险大，而被大量束之高阁[54]。因此，如何将理论研究与找矿实践有机结合，是今后隐伏矿体预测工作的关键。

(3) 超大型矿床研究持续升温，研究思路趋向多元化。占世界已发现矿床7%的大型、超大型矿床，拥有全世界65%的储量这一事实，使科学家们把目光迅速转移到了超大型矿床的研究上。目前，许多地质学家开始将与之伴生的大、中、小型矿床作为一个整体，并把其与深部地质作用、大规模流体活动等有机联系在一起进行研究，拓展了研究思路[9, 55]。

(4) 各种物、化探方法均具有多解性，正是这种多解性给找矿带来了极大的风险。这些信息只有在不同学科的交流、互补、印证中，才能去粗取精、去伪存真，最大限度地克服多解性，获得唯一性。所以说建立多学科互补、合作的机制，是一条通向成功的找矿之路[5]。

综上所述，笔者认为今后国内隐伏矿体预测工作的发展趋势主要有：①模型找矿仍是今后隐伏矿体预测的主流，正朝着多元信息综合找矿模型推进；②成矿新理论与找矿实践的密切结合是今后隐伏矿体预测的必然要求；③"找盲攻深"，加大深部找矿力度是寻找超大型矿床的重要途径，是增加储量的主要手段；④各种新技术，新方法的应用，使更多的成矿信息不断地被挖掘出来，促进了矿体预测的飞速发展；⑤"3S"等技术的引用将导致隐伏矿体预测向着系统化、自动化的方向发展。

参考文献(略)

本综述作者通过大量的文献阅读，总结出隐伏矿体预测研究领域的历史、现状及未来的发展方向。作者撰写仅仅6000字的综述，所阅读文献就达55种，合计约600000余字。每处引用文献均详细注释，方便读者追溯和扩大阅读。可见写好一篇综述绝对不是一件轻而易举的事，作者需要付出不懈的努力和汗水。治学需严谨，索引需详尽，薄发需厚积。

普通的科技工作者，建议先从撰写文献摘要做起。

8.3 摘要

摘要又称概要、内容提要，意思是摘录要点或摘录下来的要点。摘要是以提供文献内容梗概为目的，不加评论和补充解释，简明、确切地记述文献重要内容的短文。其基本要素包括研究目的、方法、结果和结论，具体地讲就是研究工作的主要对象和范围、采用的手段和方法、得出的结果和重要的结论，有时也包括具有情报价值的其他信息。除部分医学论文采用结构式摘要[1]外，科技论文的摘要通常在一段内完成。

---

[1] 部分医学杂志要求摘要中的目的、方法、结果、结论各占一段，习惯称为结构式摘要。

8.3.1　摘要的产生及发展

世界上第一本科技文摘杂志是 1830 年在德国问世的《化学总览》，已有近二百年的历史；1934 年，中国化学学会编印的化学杂志就辟有"中国化学摘要"专栏。目前，世界科技文献数量呈爆炸式增长，仅凭个人的力量逐篇阅读这些文献，欲从中找出有用的资料无疑是大海捞针。若将各种文献主要内容用汉语做成摘要，并分门别类加以编辑，定期出版，对于科技工作者将是十分有益的，不仅能够逾越语言障碍，还能够摆脱大海捞针的困境。摘要的应用越来越广泛，每个科技工作者都应熟练掌握这种文体的写作。

8.3.2　摘要的作用和特点

1. 摘要的作用

摘要的作用主要是报道和检索。

报道作用是指通过摘要能够把科学研究的新发现和新成果及时、全面、系统地公布出来。一本文摘性刊物，每期会报道几千条摘要。这些报道内容单一、针对性强，为科技工作者了解动态、借鉴经验、制订计划和开展工作提供了极大的方便。尤其是在数字化的今天，建立国家级的权威摘要数据库更是当务之急。

检索作用是指从摘要中找到所需文献的线索，在浩如烟海的文献中发现和捕捉到目标，从而节省大量的时间和精力，也可以避免重复性劳动。

2. 摘要的特点

(1) 短。短就是指字数要少，字数多了就不能称其为摘要。学位论文摘要通常以 300～400 字为宜。科技论文的摘要，有时字数会少到百字以内。

(2) 精。精是指把论文的主要内容准确地概括出来。具体包括：从事这项工作的缘起及其重要性，做了哪些研究工作，取得的成果，这些成果的适用范围和意义。

(3) 全。摘要是一篇短文，要求要完整。同时，要求结构严谨、逻辑性强。有人认为，"科技论文的作者，如能把一篇 10～12 页的论文用四行的篇幅概括出来而不失其基本概念，那么，他大体上算懂得如何有效地表达自己的思想了。"

学士论文、硕士论文和博士论文等学位论文或设计说明书都需要写摘要。摘要写作已经成为科技人员日常研究工作的重要组成部分。

8.3.3　关键词

关键词应另起一行，排在摘要的左下方。关键词的数量一般为 3～8 个。关键词不可与关键句子混淆，关键句子又叫主旨句。关键词是为了文献标引，便于其从论文中被选取出来，用以表示全文主题内容信息款目(条目)的单词或术语。其排序通常应按研究的对象、性质和采取的手段排序。关键词与关键词之间应留出一个汉字的空间，不加任何标点符号。

【例文8-9】

作者自云：因曾历过一番梦幻之后，故将真事隐去，而借"通灵"之说，撰此《石头记》一书也。故曰"甄士隐"云云。但书中所记何事何人？自又云："今风尘碌碌，一事无成，忽念及当日所有之女子，一一细考较去，觉其行止见识，皆出于我之上。何我堂堂须眉，诚不若彼裙钗哉？实愧则有馀，悔又无益之大无可如何之日也！当此，则自欲将已往所赖天恩祖德，锦衣纨绔之时，饫甘餍肥之日，背父兄教育之恩，负师友规训之德，以致今日一技无成、半生潦倒之罪，编述一集，以告天下人：我之罪固不免，然闺阁中本自历历有人，万不可因我之不肖，自护己短，一并使其泯灭也。虽今日之茅椽蓬牖，瓦灶绳床，其晨夕风露，阶柳庭花，亦未有妨我之襟怀笔墨者。虽我未学，下笔无文，又何妨用假语村言，敷演出一段故事来，亦可使闺阁昭传，复可悦世之目，破人愁闷，不亦宜乎？"故曰"贾雨村"云云。

此回中凡用"梦"用"幻"等字，是提醒阅者眼目，亦是此书立意本旨。

——清·曹雪芹《红楼梦》[1]

上面这段文字可以看作《红楼梦》的摘要。一个百万字的代表汉语古典文学最高成就的小说，关键词仅有两个字"梦"和"幻"。细细品读，《红楼梦》写了28个梦；以"幻"为回目的有第1、5回。如果觉得关键词有点少，不妨再加上一个"情"字。

8.3.4 摘要的形式及体裁

由于研究内容、文章性质和报道目的不同，摘要的形式和体裁也有所不同，一般分为报道性摘要、指示性摘要、资料性摘要等。按摘要的作者不同，可分为著者摘要和第三者摘要。

1. 报道性摘要

为向读者报道文章的论点，以及研究过程和实验结果而写的摘要，称为报道性摘要，简称文摘。这种摘要的内容比较详细，主要包括以下几个方面。

(1) 研究工作的目的和范围，如果标题已经点明，摘要中可以省略。

(2) 研究工作的主要内容、对象，实验方法与装置，实验过程与结果。重要的数据

---

[1] 曹雪芹，高鹗. 红楼梦[M]. 北京：人民文学出版社，1982：1.

与现象不能遗漏，新的实验方法与装置应交代其要点。

(3) 主要结论及其价值和意义。这是摘要的核心内容，必须写清楚明白。

如图 8-1 黑洞照片所示，在照片下方简单写明照片的特征，在新闻报道中连同图片一起播出，让非专业读者有一个感性认识。图片下面的文字，即可视为报道性摘要。

（2019 年）4 月 10 日报道，历史性一刻！这就是第一张（合成）黑洞照片！该黑洞距离地球 5500 万光年，质量为太阳的 65 亿倍。

图 8-1　黑洞照片[1]

由于报道性摘要内容比较完整，所以它可以部分代替原文独立使用。读者即使不看原文，也能了解论文的主要内容，得出明确的概念，从中得到启示。如专业人士特别需要某个方面的详细情况时，可查阅原文。

【例文8-10】

黑洞形成及其存在的证据[2]
摘　要

像宇宙万物一样，恒星也会衰老死亡。一些大质量恒星在核聚变反应燃料耗尽时，内核会急剧塌缩，所有物质快速地向着一个点坍缩，最终坍缩成一颗黄豆大小的奇点，并形成一个强大的力场漩涡，扭曲周围时空，成为黑洞。中国科学院上海天文台研究员沈志强(认为)："(黑洞存在)主要有三类代表性证据。一是恒星、气体的运动透漏了黑洞的踪迹，黑洞有强引力，对周围的恒星、气体会产生影响，于是我们可以通过观测这种影响来确认黑洞的存在；二是根据黑洞吸积物质，也就是吃东西时发出的光来判断黑洞的存在；第三则是通过观察黑洞成长的过程'看'见黑洞。"

2. 指示性摘要

仅指文章论述了什么，而一般不涉及研究方法、结果和讨论，这样的摘要称为指示性摘要。由于它是文章要点的简要介绍，所以又被称为简介。指示性摘要可以说是标题的补充说明，进一步说明研究的目的和范围。如果只对标题作简要解释，只有 20 字左右，又叫题释性摘要，简称释题。如果标题写得很详细，指示性摘要可以不

---

[1]　"(2019 年)"为编者所加。
[2]　文中括号内文字为编者所加。

写。指示性摘要缺乏实质性内容，主要用于检索。一般中文50字以内，英文30个单词以内。

3. 资料性摘要

资料性摘要是报道性摘要的一种特殊类型，以提供资料、数据为主要目的，也可以涉及一些结果和讨论。

【例文8-11】

据统计，2018年中国高科技产品的进出口总额约为14187.65亿美元，约为同期中国进出口总额的30.7%。高科技产品出口占比也约为30%，约为同期中国贸易顺差的21.9%。其中高科技产品出口总额高达7479亿美元，而进口总金额约为6708亿美元，全年盈余约771亿美元。

4. 著者摘要

论文作者自己编写的摘要，也常被称作提要或概要。它多与论文同在一次文献中刊出，有时也被二次文献性刊物直接采用，或只进行一些简单的加工就采用，这样既可以提高二次文献的出刊速度，使研究者及时了解到最近科技发展动态，且节省费用。

著者摘要一般放在标题之下，正文之前，位置比较醒目，其目的是引起读者注意。通常，读者在读文献时，首先看标题，题目符合自己的需要或是引起兴趣再看摘要。摘要的重要性仅次于题目，它很大程度上决定科技论文的传播效果。摘要写得精当，引人入胜，读者会对文章爱不释手，论文的可信度和影响力也会提升。摘要写得冗长、杂乱、含混不清，读者读起来索然无味。

【例文8-12】

延伸阅读10
《黑洞理论的
回顾与置疑》

黑洞理论的回顾与置疑[1]
钱凤仪

摘要：介绍牛顿理论基础上提出的黑洞概念，阐述建立在广义相对论和弯曲空间时量子场论基础上的黑洞及恒星演化理论，并对大质量恒星演化成黑洞的观点提出了置疑。
关键词：黑洞　视界　史瓦西德半径

著者摘要常见的缺陷：形式和内容不匹配；把报道性摘要写成指示性内容；过高地估计自己的成果，言过其实；原封不动地搬来结论代替摘要；表述过于冗长；遗漏重要的信息。针对上述问题，撰写著者摘要应注意以下几点内容。

---

[1] 此文为吉林省儒家协会会长、吉林大学教授物理学家钱凤仪先生友情提供。

(1) 依据文章性质、内容选择恰当的摘要形式。

(2) 要保持客观性，实事求是地介绍，不自吹自擂。

(3) 正确概括全文内容，突出重点，抓住关键。

(4) 当需要外文摘要时，应当正确译出。国内有些刊物考虑到国外读者的需要，在投稿规定中要求外文比中文摘要详细些，著者投稿时应注意到这一点，以免返工费时，耽误论文的发表。倘若涉及军事和知识产权利益，要根据国家和企事业单位保密等级通过适当处理和审批后方可发表。

5. 第三者摘要

编者摘要和读者摘要均称为第三者摘要。读者摘要是读者根据自己的理解并参照著者摘要写成的。文摘杂志上发表的大多是第三者摘要。编者一般由某一领域的行家或科技人员担任，受文摘编辑部的聘请，根据编辑部要求，定期、按时、连续地提供摘要稿件。第三著者摘要和著者摘要是互为补充的。著者摘要常有缺失客观性的问题，著者从自己的愿望出发写作摘要，往往照顾不到读者的需要；而第三者摘要是站在读者的立场上编写的，所以比较客观。

第三者摘要撰写过程中易出现以下问题：摘录者没有全面、深刻理解原文内容就动手撰写，往往会遗漏重要信息；有的只摘序言和结论，忽略中间的实验过程和结果；有的翻译错误，曲解原意；有的不熟悉论文的研究领域，对应该摘录的内容看不懂就避而不摘；有的用词模棱两可，令人费解；有的不按杂志要求编写摘要，随心所欲。编写第三者摘要应注意以下 4 点。

(1) 要通读原文，全面、正确地理解其内容，在此基础上确定恰当的摘要形式，然后动手编写，摘出真正的要点。既不要遗漏重要信息，也不要摘出一般性基础知识。

(2) 翻译必须准确无误。原著如个别词不当，仍能通过上下文分析出来，但摘要各句之间无因果关系，无法进行分析和判断。第三者摘要比著者摘要要求高。著者摘要和论文一起刊出，读者不清楚之处尚可翻阅原文，进行查对，而第三者摘要独立刊出，要查阅原文比较费时费力。当遇到新词汇而字典上查不到时，可根据内容推断译出，同时在后面用括号附上原文。

(3) 一律采用第三人称，不得夹杂摘者意见或改动作者本意。原文如有错误，可以注释。

(4) 满足杂志在选题、格式、字数、交稿日期等方面的要求。

8.3.5　摘要的用语和文面要求

(1) 简练准确。摘要篇幅短，信息密度大，因此必须字斟句酌，既简练又准确。简练就是要达到多一词则显累赘，少一字则嫌不足。凡可省略的字尽可能地省去，如"本文作者叙述了"直接用"叙述了"即可。准确就是要正确表达原意，不能产生歧义。画蛇添足固然不对，削足适履亦不可取。

将中文翻译成外文，必须考虑外国语言习惯，不能用汉语式的外语；将外文翻译成中文，同样要考虑中文的语言习惯，也不能用外语式的汉语。

(2) 采用术语。语言是人类共有的财富，是交流思想的工具，所以在科学的术语使用上尽量避免使用比较狭窄的同行之间才能使用的词汇和自己生造的词汇、符号，要让更多的人看得懂。遇到现有的词汇不能准确表达思想时，也要尽量在已有的词汇基础上补充一个新的定义再使用。尽量不使用尚没有约定俗成的网络语言。

(3) 倍数的表示法。中文和外文对倍数的表示法有所不同。如中文增加 4 倍，实际是原有的 5 倍；外文增加 5 倍，是指增加至 5 倍。而有关倍数的减少的表述，中文用分数表示。如外文减少 5 倍，中文则译作减(少)至 1/5，或减少了 4/5。

(4) 规范字母和符号。字母录入，大小写要分清，例如，CO(一氧化碳)不可写成 Co(元素钴)；化合物用同一文种，不可中西文混用，例如，CO_2(二氧化碳)不能录成二氧化 C，也不能写成二 O 化碳或者二 O 化 C。

(5) 计量单位省略。%可省略，如20%—30%可写成20—30%，百分含量 Cu3%、Zn4%、Al5%可写成含量(%)Cu3、Zn4、Al5。℃可省略，如500℃—600℃可写成500—600℃。其他计量单位，如长度、面积、质量、热量、电阻、功电流、电压、浓度等，均可采用以上方式省略。

8.3.6 英文摘要*

撰写英文摘要时需注意以下几点基本要求。

(1) 相对完整和独立，力求准确翔实，且符合英语的语法要求。

(2) 缩语在首次出现时要以括号表明其全称，以免引起误解。

(3) 用无人称、被动时态撰写，掌握动词时态、介词和冠词的用法。

(4) 在弄清投稿须知的基础上，选择合适的摘要类型，熟悉科技英语的常识。

(5) 考虑中文和英文的文化差异，熟悉中文与英文格式上的区别，注意英语标点符号的用法。

(6) 篇幅不超过 250 个单词。

【例文8-13】

THE LIST OF SOME PUBLISHED SCIENTIFIC PAPERS[1]

1. Control of carrier transport in organic semiconductors by aluminum doping

---

[1] 英文摘要为物理学博士王子君先生友情提供。

published in 2006 (Applied Physics Letters, 88, 222112).

Abstract: Control of carrier transport in organic semiconductors by aluminum doping is realized in organic light-emitting devices(OLEDs) for which electroluminescence can sensitively reflect the status of carrier transport. It is found that an Al-doped layer with proper thickness (1–10 nm) may block hole transport completely and enhance electron transport to some extent regardless of its location in the organic carrier transport layers. Improvement in the efficiency of OLEDs with an aluminum cathode is achieved upon the introduction of a very thin (3 nm) Al-doped region near the light-emitting area. The current efficiency obtained with such Al-doped devices is about 30% higher than that with undoped devices.

2. Light pulse propagation in disordered thin films and mode selection for random lasers published in 2006 (Applied Physics Letters, 88, 111103).

Abstract: When a wide-gap semiconductor polycrystalline film is pumped by a pulsed laser, a special light pulse can be generated. During the propagation of this pulse, strong multiple scattering not only traps coherent and localized modes inside the sample, but also leaks noncoherent extensive modes outside. As the gain of the external laser pulse approaches a critical threshold value, the leaked energy, which is caused by noncoherent extensive modes, can be counteracted to drive the photons into a localized mode. Once the external gain surpasses the critical value, the localized mode serves as a laser mode to emit coherent radiation.

3. Collective behavior and disorder-induced resonator of random lasers published in 2005 (Applied Physics Letters, 86, 171109).

Abstract: The localization caused by multiple scattering of lightwaves provides a mode for random laser action. It is shown that once the gain surpasses a certain threshold, photons are driven to localized modes, which greatly suppresses the energy loss and leads to laser emission. Concurrent with the localization of the random laser, unique collective behaviors of the localized modes appear, as distinguished from the other modes, which reveals the "invisible" microcavities of random lasers.

4. **Electron blocking and hole injection: The role of N,N8-Bis(naphthalen-1-yl)-N,N8-bis(phenyl) benzidine in organic light-emitting devices** published in 2004 (Applied Physics Letters, 84, 2916).

Abstract: The current density-luminance-voltage characteristics of organic light-emitting devices(OLEDs) with N, N8-Bis(naphthalen -1-yl)-N, N8-bis(phenyl) benzidine (NPB) of various thicknesses as the hole transport layer have been investigated. It is found that for conventional structures of indium– tin–oxide/NPB/tris(8-hydroxyquinoline) aluminum (Alq3) (60 nm)/LiF (0.5 nm)/Al the optimal hole injection and luminescence efficiencies appear at

NPB thicknesses of 5 and 20 nm, respectively. The large difference between the two optimal thicknesses suggests that the effective block of the NPB layer against electrons from across the Alq3 /NPB interface is essential for high-efficiency operation of the OLEDs. The electron blocking effect of NPB is further confirmed by the electroluminescence (EL) behavior of devices with the structure of ITO/NPB(5nm)/Alq3:4-(dicyanomethylene)-2-methyl-6-(p–dimethylamino styryl)-4H-pyran (DCM) (30 nm)/NPB/ Alq3(60 nm)/LiF(0.5 nm)/Al. The proportion of DCM EL to the whole EL decreases with increasing NPB thickness. This suggests that the NPB layer blocks electron transport to the Alq3 :DCM layer. The Förster energy transfer from the 60 nm Alq3 layer to the DCM molecules is ruled out by the EL behavior observed after quenching excitons in the Alq3 layer. The origin of the difference in the optimal N,N8-Bis(3-methylphenyl)-N,N8-bis(phenyl)benzidine(TPD) thicknesses reported by other two different groups is also discussed.

5. **Dual role of LiF as a hole-injection buffer in organic light-emitting diodes** published in 2004 (Applied Physics Letters, 84, 2913).

Abstract: It is demonstrated experimentally that the effect of a LiF buffer layer inserted at the ITO\N,N8-bis(1-naphthyl)-N,N8-diphenyl-1,18 biphenyl 4,48-dimaine (NPB) interface on the hole injection is greatly dependent on the initial barrier height ~IBH! existing at the interface. Only for a large IBH, will the introduction of the LiF show improvement effect. For small one, it will weaken the hole injection. These phenomena are explained in terms of tunneling model and calculations based on this model show a good agreement with the experimental results. This further confirms that the energy level realignment and the change in carrier tunneling probability are mainly responsible for the variation of current injection induced by the insulating buffers in organic light-emitting diodes.

8.4　科技新闻*

在科学技术飞跃发展的时代，科学知识已深入人们生活的各个领域。科技新闻成了新闻报道的重要内容之一，为交流科学信息、推动工农业生产、向人们普及科学知识提供了机会。

与政治、经济、社会、文教新闻相比，科技新闻主要是向社会传播、普及科学技术知识。科技新闻的内容可以做到"雅俗共赏"，使不同文化水平的人都有所知、有所得。科技新闻的写作特点，可归纳为思想性、知识性和趣味性。

【例文8-14】

天文专家解析：元宵节"超级月亮"和平时满月有啥差别[1]

(2019.02.18)明天是元宵节，当天晚上如天气晴好，人们会看到"超级月亮"，即视直径达到或接近最大的满月。中科院上海天文台科学传播室高级主管汤海明、上海天文馆(上海科技馆分馆)建设指挥部展示教育主管施韡(wěi)表示，"超级月亮"并不算什么天象，只是媒体和民间颇为热衷的一种景观。"超级月亮"和平时的满月没有显著差别，因为肉眼很难分辨满月视直径的微小差距，更何况夜空中没有直观的参照物。

据施韡介绍，"超级月亮"源于月球公转的轨道特征。月球绕地球公转的轨道呈椭圆形，距地球时远时近，最近时约35万公里，最远时40多万公里，平均距离为38万公里。从地球上望去，就有了"大月亮"和"小月亮"之分，两者的视直径相差八分之一左右。月球经过近地点前后，如果恰好达到满月状态，就会出现"超级月亮"。

今年，月球将12次经过近地点，由于每次轨道周期并不十分稳定，这些近地点的距离是不同的。2月19日17时03分，月球将到达全年最近的近地点，距离地球356872公里。2月19日是农历正月十五，23时54分的月相为"望"(最圆)，所以元宵节夜晚可看到"超级月亮"。此外，根据计算，今年"最小满月"将出现在9月14日。

汤海明告诉记者，离地球最近时的月球视直径为33.84角分，这相当于一个人举起自己的手臂，伸直后，他手指的宽度。"也就是说，当你举起手臂并伸直后，你的手指刚好能把'超级月亮'完全遮住。"月球的平均视直径约为31角分，这2.84角分的大小差异，用肉眼是很难分辨出来的。更何况，天上并没有另外一个相对较小的月亮作参照物。因此，"超级月亮"和平时的满月没有很大差别，不具有特殊的观赏价值。

俗话说"十五的月亮十六圆"，而今年元宵节是"十五的月亮十五圆"，这又是什么原因？施韡解释说，这也源于月球公转的轨道特征。因为每次轨道周期并不十分稳定，一个朔望月的平均周期为29.5天，最短不到29.3天，最长可达到29.8天，所以满月发生在农历十五、十六、十七都是有可能的。如本月的"望"发生在农历十五的23时54分，如果再晚6分钟，就变成了"十六圆"。

8.4.1　寓教于闻

新闻通过实事宣传，发挥其教育作用。社会新闻等有时允许作者发表倾向性评论，而在科技新闻写作中却忌讳作者进行任何评论。作者的思想、倾向必须透过实事本身去影响读者，即寓教育性与新闻事实之中。

---

[1] 资料来源：https://tech.sina.com.cn/d/s/2019-02-18/doc-ihqfskcp6325320.shtml.

【例文8-15】

世界首只体细胞克隆猴在中国诞生[1]

(2018年)1月，中科院上海神经科学所使用体细胞核移植技能，在国际上初次培育出体细胞克隆猴"中中""华华"。

21世纪初，美国匹兹堡大学的一位科学家曾经预言，用体细胞克隆非人灵长类动物的抱负是不可能完成的。

事实上，自1997年克隆羊"多莉"诞生后，马、牛、猪、骆驼等许多哺乳类动物的体细胞克隆也相继成功，但与人类相近的灵长类动物的体细胞克隆一直没有解决。没有克隆猴，就很难建立模拟人类疾病的动物模型。

直到2018年1月，中科院上海神经科学所宣告，他们使用体细胞核移植技术，在国际上初次完成非人灵长类动物的体细胞克隆，培育出两只克隆猴"中中""华华"，如图8-2所示。

研究者们挑选了猴胎儿的成纤维细胞作为需要移植的体细胞核，去除卵细胞的细胞核之后，将取出的体细胞核注入卵细胞内，这样的卵细胞就会遭到体细胞核内信息的指示，发生和体细胞具有如出一辙遗传信息的下一代。

体细胞克隆猴的成功，将推进我国首先发展出根据非人灵长类疾病动物模型的全新医药研制产业链，促进针对阿尔茨海默病、自闭症等脑疾病，以及免疫缺陷、肿瘤、代谢性疾病的新药研制进程。

图8-2　克隆猴照片

通过这则新闻，没有生物学背景的读者，也能了解克隆技术的发展水平，对祖国的生物科技工作者产生的崇敬之情。

---

[1] 资料来源：https://baijiahao.baidu.com/s?id=1590522560216535252&wfr=spider&for=pc.

8.4.2　坚持科学性、突出知识性

知识性是科技新闻的独特特性。科学性、知识性首先要保证其准确性、可靠性。如果歪曲事实、妄加臆断、乱下结论，就和普及科技知识的目的背道而驰了。

当然，科技新闻不是科技论文，介绍的内容应该和新发生的自然现象等相关联，没有必要详细说明科学原理，选择读者迫切想了解的问题，用简明易懂的语言介绍出来即可。科技新闻的内容应注意以下几点。

(1) 准确。应当充分利用发表过的文章和报道来检验自己采写稿件的内容，使其更为准确。

(2) 求实。不要故意在导语中使用夸张和简化的手法，造成对科学发现的歪曲报道。

(3) 核准。采写科技新闻时，要准确地引用被采访科学家的言论，在发表前依据流程审核确认。

(4) 不妄言。作者不要自作主张地去解释科学家的技术结论。

(5) 不拔高。除非得到科学家或技术管理部门的确认，不要轻易使用绝对化的字眼，如"突破""治愈""填补空白""关键性成就"等。

8.4.3　通俗、生动、有趣

科学是在实践材料基础上进行抽象思维的产物，近代科学的分支越来越细，出现了许多尖端科学。许多知识不太接近人们的日常生活，这就增加了理解上的难度，内容易变得枯燥乏味。为使更多的读者能够看懂科技新闻，可以运用多种方法使之形象化和具体化。

(1) 比喻。用日常生活的事物比喻某些不易观察的宏观或微观世界。如人体内有白细胞和淋巴细胞，我们的肉眼看不见它们同细菌做斗争。如果我们在科技新闻的写作中把细菌比喻成"侵略者"，把淋巴细胞比作保卫人体的"巡逻兵"，把白细胞比作人体内的"国防军"。淋巴细胞发现细菌侵入人体，联合白细胞一起与之战斗。有战斗就会有牺牲，白细胞需要不断地补充兵员，因此，细菌入侵时，人体的白细胞数量会迅速地增加。这样可以帮助读者理解白细胞和淋巴细胞的生理功能。

(2) 描写。对于新奇或多数人未能亲身经历和观察的现象，可以运用形象化的描写手法。如描写日食的新闻：一个黑影从太阳的右上方渐渐地遮住日轮，太阳光芒开始减弱。黑影不断侵吞着太阳光盘，当太阳变成新月如钩的模样，天空也随之转暗，仿佛黄昏来临。这时，天空中的鸟儿急速地飞入林中或是草丛；地面上司晨的公鸡开始鸣叫，母鸡领着鸡雏迅速归窝；习惯夜生活的蚊子顿时活跃起来……

(3) 解释。对于读者不易理解的事物和概念，用通俗易懂的话语加以解释。如人工

智能是计算机科学的一个分支，该领域企图了解智能的实质，并生产出一种新的能以人类智能相似的方式做出反应的智能机器，研究对象包括机器人、语言识别、图像识别、自然语言处理和专家系统等。

【例文8-16】

在"人工智能时代"，很多人类的工作会被取代，无疑也将产生很多新的工作。发现并竭力地发展这些新工作机会，对于人类战胜人工智能所带来的岗位竞争威胁具有根本的意义和价值。"人工智能时代"会产生哪些新的工作机会呢?我预计将会有以下新的工作机会。

1. 人工智能技术和产品的研发人员

人工智能技术将会渗透到人类生活的各个方面，而人工智能技术要比以往的电脑软件技术和硬件技术、网络技术等远为丰富和复杂，其技术的发展也将日新月异、竞争极其激烈。因此，人工智能技术和产品研发人员的需求将呈指数级上升。不少人工智能技术开发平台是向社会开放的，例如，谷歌的第二代人工智能学习系统TensorFlow，任何人通过学习都可能运用优秀的平台技术开发出新的人工智能产品。人工智能技术和产品的研发人员的增长将会十分迅速、人数将会很庞大。

2. 人工智能产品的生产、维护以及管理人员

人工智能产品的种类将呈指数级上升，而这些产品的生产也将需要一定量的技术工人。人工智能产品的生产人员数量将会不断上升。由于智能机器人等人工智能产品对于人类具有安全的威胁，而人工智能产品如果伤害人类，人工智能产品的生产厂商或购买人很可能将付出十分沉重的经济代价和法律代价。所以，社会对管理和维护人工智能产品的人员会有较大的需求。

…………

(4) 运用实例和数据。有些科技成果和效用以实例和数据来说明，更具有说服力。

【例文8-17】

在哺乳动物中，人的寿命是最长的，但仍然难免衰老。对于衰老的认识，目前还有很多未知数，但现代科学终究会揭示衰老的奥秘，人类健康长寿的目标一定会实现。哺乳动物的寿命是一定的，一般相当于该动物到达成熟期所需时间的5~10倍。如果说人的性成熟期是15~20岁，那么人的寿命应当在75~200岁。

练习与训练

1. 简述科技论文的写作目的和基本要求。
2. 简述科技文献的作用。

3. 简述摘要的用语及文面要求。

4. 简述谢辞的特点及写作的注意事项。

5. 阅读林徽因《故宫三大殿》，分析该文的写作特点。

6. 训练：结合科技论文修改章节的知识，对以下摘要和关键词进行修改。

(1)

延伸阅读 11
《故宫三大殿》

蒸发冷却空调技术在制衣车间的应用研究[1]
摘 要

蒸发冷却技术在我国西北等高温干燥地区已得到大力推广及应用，但因其自身不具备除湿功能，在我国热湿地区的应用受到限制。在国家大力倡导节能减排，环境保护的背景下，节能环保的蒸发冷却技术能否在我国热湿地区普通车间得到应用，成为值得关注的焦点。本文通过实地测量厦门地区某使用湿帘降温系统制衣车间的热环境参数，评价车间的热舒适性和经济性，研究车间内温湿度场和风速场的分布规律。针对制衣车间既有湿帘降温系统在炎热天气情况下的不足提出三种优化方案，并对各优化方案进行模拟分析，通过仿真结果对比得出最优方案。研究结果可为蒸发冷却技术在我国热湿地区的应用提供理论依据和技术参考。主要研究内容如下。

1) 对湿帘降温系统的全年能耗和制衣车间建筑信息进行采集与统计分析。实地测量厦门某制衣车间的热环境参数，并进行热舒适问卷调查。同时，通过空气分布特性指标(ADPI)和标准有效温度(SET)指标对车间内气流组织进行评价。结果显示，车间内温湿度分布不均匀，近1/3的工人不满意车间热环境。

2) 利用DeST能耗模拟软件对制衣车间传统机械制冷空调系统进行模拟设计，并对其进行能耗动态分析，将分析结果与车间既有的湿帘降温系统进行比较。结果显示，湿帘降温系统较传统机械制冷系统可节省80%能耗，后期维护费用仅为传统机械制冷系统的20%，从而验证湿帘降温方式较传统机械制冷空调方式具有节能与经济优势。

3) 采用计算流体动力学(CFD)技术，对制衣车间温度场、相对湿度场及空气流场变化和分布规律进行研究。将模拟结果与实测结果对比验证，在得到验证的制衣车间三维模型基础上，针对现有湿帘降温系统的缺陷，提出改变风机安装位置、改变湿帘安装位置及车间加装风扇三种改进方案。对三种改进方案进行仿真，结果显示：加装吊扇的改进方案使得车间热环境分布最均匀，平均风速可提高0.36 m/s，热环境得到明显改善，将其选作最优方案。

关键词：制衣车间；蒸发冷却技术；湿帘降温系统；DeST 软件；CFD 模拟；ADPI

---

[1] 该论文摘要草稿由彭精立友情提供。

(2)

四方和六方晶系基本特征平行四边形表的统一及电子衍射花样的标定分析与改进[1]

摘　要

现代科学技术的发展，要求材料工作者能够及时提供精确的材料信息，而准确标定电子衍射花样是获得材料结构信息，研究物质的微观组织，晶体结构和测定固态试样微区化学成分的重要手段，因此准确标定电子衍射花样是应该掌握的。

本文在前人的基础上研究了立方晶系、六方晶系、四方晶系、正交晶系、单斜晶系、三斜晶系等电子衍射花样的标定，所做内容如下：

首先，阐述了本文意义和必要性，提出了立题依据，同时分析了常规立方、六方、四方、正交、单斜、三斜、高阶、孪晶结构电子衍射谱的形成原理和相关知识，研究了各种结构的标定方法，对各晶系常规衍射花样标定方法作了总结和分析，为电子衍射标定打下一个基础。

其次，研究了四方、六方晶系四十个基本膜面基矢转换原理，也研究了四方度对四方、六方晶系特征平行四边形表的影响因素和制定平行四边形表的方法。我们选择了 $(c/a)^2$ 作为影响参数和区间转换点的参数，同时最初引入立方系同指数膜面的基矢作为四方、六方晶系膜面的基矢。分析了四十个基本膜面的转换区间，并对每一个区间确定了基矢和倒易矢量及其顺序，对结果进行了验证。

在此基础上我们归纳了四方、六方晶系四十个基本膜面特征平四边形的变化规律，分析了相同膜面随c/a的变化的规律，也探讨了立方晶系与四方、六方晶系特征平行四边形表的区别与联系，并画出四方、六方晶系四十基本膜面在每一个区间的图形，并找出其变化规律。在对前人的工作进行了大量的补充和校正的基础上，研究并制定出了所有四方晶系物质均遵从的一个统一平行四边形表(包括膜面的图形)。而不必像以前那样，为了标定四方系物质材料，去到处寻找具有特定c/a值的平行四边形表，往往大多时候却找不到(可以初步认为每种四方系物质，均有一个特定的c/a值，因而表也是特定的)，这是很有意义的工作。同时可将四方系和六方系四十个基本膜面的转换区间分别归纳为二十一个和十二个基本区间，每一个区间对应一个特征平行四边形表，绘出21个和12个这样的表，在四方、六方晶系的标定中也有用途。

再次，通过四方度对四方和六方晶系特征平行四边形表的影响分析，提出了对非立方晶系电子衍射花样标定的MATLAB方法。同时，对于六方、正方、四方、单斜和三斜单晶电子衍射花样，我们用MATLAB方法编制了其特征平行四边形表格。

然后，对于一般工作者来说，由于他们看到的衍射图片大多在尺寸的大小可能已发生了改变，比如在已发表的论文中可能有一些电子衍射花样，由于各种原因尺寸发生变化，但其比例是不会变化的，所以提出了CAD软件量取尺寸法；

---

[1] 该论文摘要草稿由宋宝来友情提供。

最后本文选了几个例子对其衍射花样进行了标定分析，验证了所制非立方晶系特征平行四边形表格的可行性。

关键词：晶体结构；倒易点阵；衍射花样；标定

(3)

工具电极高速旋转电化学放电加工基础研究[1]
摘 要

微小孔是一类重要的结构，在航空工业、航天工业、微电子、汽车及医疗等行业有着广泛的应用。工具电极高速旋转电化学放电加工是根据电化学放电加工基本原理，应用高速旋转的工具电极在工件上进行电化学放电加工的方法。本文针对制造行业中广泛应用的金属微小孔结构，开展工具电极高速旋转电化学放电加工技术研究。

本文首先探讨了工具电极高速旋转电化学放电加工过程，分析了工具电极高速旋转时，电极表面气膜形成过程，指出工具电极旋转有利于工具电极表面形成气膜，工具电极旋转速度增加时，工具电极表面的气膜含气率增加。通过对电化学放电加工时实时采集的电流信号进行小波变换，进一步深化了对电化学放电加工过程的认识，小波变换结果表明，工具电极旋转速度增加有利于电化学放电加工过程的稳定连续进行。

研制了工具电极高速旋转电化学放电加工试验平台，开发了与之配套的控制系统，能够实现工具电极微量低速进给。发明了适合于工具电极高速旋转运动的引电装置，保证了加工过程中引电的可靠性。电化学加工平台的监控系统能实时采集电化学放电加工过程中电流信号，对加工过程进行实时监测，保证了电化学放电加工的稳定进行。

应用高速旋转微螺旋工具电极，以自来水为工作液，在304L不锈钢上进行了微小孔电化学放电加工工艺试验。通过对试验结果的分析，发现提高工具电极旋转速度能提高微孔加工精度、降低微孔表面粗糙度和降低工具电极轴向长度减小值；应用直径为200微米的螺旋柱状工具电极成功加工出形状精度高、表面质量好的深径比为8的微小孔。

本文进行的工具电极高速旋转电化学放电加工研究，丰富了电化学放电加工技术，将其应用于金属微结构制造，必将对微细电化学放电加工技术的发展起到促进作用。

关键词：电化学放电加工，微小孔，螺旋工具电极，高速旋转，自来水

(4)

高速高精度数控系统速度平稳控制策略[2]
摘 要

在传统的S形曲线加减速的基础上，对其进行优化，针对由于加工段长度限制达不

---

[1] 该论文摘要草稿由黄绍服博士友情提供。
[2] 该论文摘要草稿由李淑梅友情提供。

到指令进给速度的复杂情况，得到半边S型加减速控制方法；对于连续多段加工的不同情况进行讨论，提出加速连续衔接的方法，在保证加速度连续的同时提高加工速度。通过仿真验证该方法对速度控制的效果，结果表明该方法可以使速度曲线更加平滑，且能提高加工的整体效率，适合高速高精度数控加工的速度控制。

关键字： 数控系统；高速高精度；半边 S 型加减速；加速度连续

7. 训练：对以下毕业设计说明书中的谢辞进行修改[1]。

(1)

谢 辞

在本文即将结束之际，我要由衷地感谢张五升老师对我孜孜不倦的教导。身边有不少同学都在抱怨机械专业很难。正是因为有张老师为我指明方向、提供助力，才使我得以完善自己的毕业设计。

在确定我的毕设题目之后，其实我是一脸茫然的，因为我从没听说过这种机械，在大学的这四年也没有接触过相类似的机械，因此一时间不知应从何处着手；在网上简单收集了一些资料后就满怀忐忑的去见指导老师。老师为我详细地分析了题目，帮我拨开了重重迷雾，使我对课题有了明确的方向。

从方案一开始，到每一个阶段，每一个方案的设计提出、修改，老师都能提出不同的宝贵意见，不同的帮助，特别是在我设计思路遇到断层的时候，老师总能给予我决定性的建议与下一阶段设计的思路与方向，对我的设计及论文都提出了宝贵的修改意见。真的很感谢他！毕设导师张五升老师有着丰富的学术知识，实践经验和能力也是不在话下，作为一名高级机械工程师的他，造诣颇高，治学态度也十分严谨，具有创新精神的他能够让我们脑洞大开，有了奇思妙想的我们也如神助。老师以他专业、权威的知识为我们提供后续的设计思路，这种无私奉献、极具责任感的老师难道不是我们应该学习的榜样吗？

此外，还要感谢在我完成毕业设计的过程中帮助我的同学们，在他们无私的帮助下让我更有效地完成了毕业设计，可爱的他们总是在自顾不暇的时候给予我温暖人心的感动。最后，要感谢我的父母，他们提供给我了这样一次学习的机会，让我成长过程中有一个丰富多彩的大学生活与体验。

曾经我们憧憬的大学生活就这样一步步与我们渐行渐远，时光无痕，但我们有深厚的同学情。在这样友爱的校园里，感谢大家的四年陪伴和共同成长。这无疑是人生中的一大笔宝贵的财富，我将感谢学校，感谢老师，感谢陪我一路走来的同学们，感谢父母，谢谢！最后，在毕业之后，我将满怀激情并带着感激向着梦想与未来一路走下去！

2018年4月

---

[1] 所选谢辞均来自大学生毕业设计说明书草稿，保持原貌，未做修订。

(2)

谢 辞

历经六个月的努力，本设计终于接近尾声。在完成毕设的过程中，我遭遇了一场大病，住院、复查，极大地拖慢了进度。但在这里我要由衷地感谢我的导师、组长以及舍友们，如果没有他们的鼓励，我真的无法赶上最后的进度。但是由于时间仓促，许多部分我无法仔细验算，导致整个设计结构较为简单，是我的失误。

我还必须感谢我的家人，他们作为我坚强的后盾，没有家人的支持，我甚至无法痊愈，毕业设计更无从谈起。

毕业设计进程的结束，意味着我距离走出校园迈入社会的日子越来越近了。再次感谢张五升老师在我学生生涯的结尾替我打开了走上岗位的大门，将来在工作岗位上，我一定谨记老师教诲，少走弯路。

最后祝愿各位恩师身体健康，同学们工作顺顺利利！

2018年4月

第 9 章
学位论文与毕业设计说明书

学位论文通俗来讲是大学生毕业前的最后一次大作业。依据《中华人民共和国学位条例》，经学位授予单位审查同意，通过论文答辩，达到本条例规定的学术水平者，授予相应的学位。工程类专业的毕业论文，常常是以毕业设计的形式来体现。毕业设计的图纸资料和毕业设计说明书等视同本科学位论文。

9.1 学位论文概述

从宏观上看，论文可分为两大类：一类是学位论文，是为了取得学位而撰写的，其中包括学士论文、硕士论文和博士论文；另一类是杂志论文，登载在各种学术杂志上，公布最新的研究成果。这些论文在写法上都遵循科技论文写作的基本要求。学位论文一般论述得较为详细，杂志论文比较精炼。通常硕士论文要求五万字左右；博士论文要求五万字以上，甚至十几万字。一般学术性刊物要求论文的篇幅不超过八千字，有的杂志要求不得超过五千字。

英国学者布莱恩·格里瑟姆认为："写作学位论文可能是你第一次进行真正的思考。通过写论文，你不仅能选择想要研究的主题和问题，还能锻炼你理解文章、衡量试验数据、得出个人判断的能力。你不仅能规划一个简单的目录，写下你认为正确的答案，也不仅仅是选定一个主题并加以论证。一个成熟的思想者将在论据的指引下前进，无论他将引领你去向何方。他并非仅是确定自己认定的真相，然后搜寻论据来支持自己的论点。"[1]

毕业论文的题目是学生可以选择的，答案却不是事先认定的，有的时候也不是唯一的，要依据实验结果和论据得出结论。

---

[1] 布莱恩·格里瑟姆. 本科毕业论文写作技巧(第 2 版)[M]. 马跃，南智，译. 大连：东北财经大学出版社，2018：7.

9.1.1　学位论文的作用

撰写学位论文是大学学习生活的最后一个环节，这个环节至关重要，犹如化茧成蝶。若论文通过，大学生便从学生身份转变为应用专业知识解决实际问题的初级科技人员。学位论文的作用主要体现在以下几点。

(1) 考核。撰写学位论文是对学生进行考核的一种形式。平时考试主要是考查对所学单一知识的理解和记忆程度。学位论文考查学生们综合利用所学知识解决学术或技术问题的能力。我们可以把学位论文看作一种更高层次的开卷考试。

(2) 依据。学位论文是写作者获得学位的重要依据。凡是要申请学位的人，都必须提交论文。论文答辩通过后，其他课程均已修完或修满学分，可以取得对应学位。

(3) 实践。写学位论文的过程就是从事科学研究的实践过程。学生们可以通过写论文了解科学研究工作的全过程，掌握科学研究的方法和实验技能 ，培养自己的观察力、想象力和逻辑思维能力，学会在科研过程中查阅文献，推陈出新，甚至是发明创造，为毕业后从事科学研究工作或其他技术工作打下初步的基础。

9.1.2　学位论文的要求

本科毕业论文是取得学士学位所必备的；考取研究生继续深造，需要撰写硕士论文；再进一步深造还要撰写博士论文。这三种学位论文既有区别也有联系。

1. 学士论文

学士论文只是为了证实具备从事专业工作的初步能力。不同的专业或不同的导师，其证实专业能力的方法有所不同。以机械工程专业为例，其证实方法是绘制所设计产品的装配图、零件图，撰写毕业设计说明书和提供产品等。设计图纸和撰写设计说明书等资料相当于毕业论文。

学士论文只要能反映出作者能够运用所学基础知识和专业知识分析和解决专业领域不太复杂的课题即可。论文研究范围不宜过宽，常常就某一课题的一个分支、一个部分、一个小问题去探索、去研究。只要掌握基础知识和专业知识，再加上必要的钻研，撰写学士论文并不困难。

毕业论文是在导师的指导下完成的，但是必须强调，并不是事无巨细都需要导师的指点，导师只能就选题、研究方法和论文的格式及写法进行指导。论文的主要观点应该是毕业生自己提出的，论文的撰写过程有助于培养和锻炼自己独立进行科学研究的能力。

下面对 3 类常见的论文撰写注意事项进行介绍。

(1) 理论研究类。学生应对选题的目的、意义、本课题国内外的研究现状进行综述，提出立论的基本依据，通过分析提出自己的方案，并进行建模、仿真和设计计算等。论文字数应在 1.2～1.5 万字。

(2) 实验研究类。学生应在阐明实验研究目的的基础上，从制定实验方案开始，独立完成一个完整的实验。同时，应取得足够的实验数据，并对其进行分析和相应的处理，绘出必要的实验曲线、图表，得出实验结论。论文字数应在 1.0 万字左右。

(3) 计算机软件和数控编程类。学生应独立完成一个应用软件或某个大系统中的一个或几个模块，保证足够的工作量，同时写出不少于 8000 字的软件使用说明书或论文。

2. 硕士论文*

硕士论文即研究生的毕业论文，其学术水平比学士论文的要求高，必须反映出作者所掌握专业知识的深度。《中华人民共和国学位条例》第五条规定："高等学校和科学研究机构的研究生，或具有研究生毕业同等学力的人员，通过硕士学位的课程考试和论文答辩，成绩合格，达到下述学术水平者，授予硕士学位：(一)在本门学科上掌握坚实的基础理论和系统的专门知识；(二)具有从事科学研究工作或独立担负专门技术工作的能力。"

要达到上述两条要求，论文必须具有新的见解和独创性。硕士论文的写作，应该在导师的指导下进行，但更多的是作者要独立思考。

3. 博士论文*

申请博士学位论文，要求作者对某一学科具有坚实广博的基础理论和系统深入的专门知识，具有独立从事科学研究工作的能力，在科学和技术上有独创性的成果。

博士论文是非常重要的科技文献，在博士论文中有许多原始数据、实验方法的详细介绍，有很高的参考价值。

学士、硕士、博士论文由浅入深，前者为后者做准备，提供基础性经验。三篇论文可以研究同一课题，也可以研究不同的课题，在研究与写作方法方面前者为后者积累经验。正因为如此，学士论文是最初级也是最基础的，要进行严格训练，为后续的工作和深造奠定一个坚实的基础。

学位论文是为取得学位而写，它的第一读者是答辩委员会的成员，也是最重要的读者。学位论文按取得学位的要求，不同程度地反映出作者知识面的广博情况、对本学科的基础知识和专业知识的了解深度，以及其综合分析和判断能力。读者按照作者提供的实验方法可再现相同的实验成果等。

理工科学位论文的写作也属于科技论文写作，按科技论文写作的流程严格执行即可，在此不再赘述。

9.2　毕业设计及其要求

　　毕业设计是高等学校工程类专业学生在掌握基础理论、专业知识和基本技能的基础上，进行科学技术研究工作的重要实践内容，也是培养学生分析和解决实际问题、发扬创新精神和锻炼能力的重要环节。对工程类大学生来讲，毕业设计等同于毕业论文，由此申请学士学位。对于理工科大学生来说，毕业论文和毕业设计两个概念通常不作区分。毕业实习是毕业设计最重要的环节，没有毕业实习就没有真正意义上的毕业设计。正如实验是科学研究的基础一样，毕业设计也应以毕业实习或调研为前提，以免陷入闭门造车的窘境。毕业设计的内容包括设计图纸、设计说明书、文献翻译和制作的样品等。

9.2.1　毕业设计的特点

　　工程类专业的学生毕业论文应以工程设计为主，以便就业时与企业技术工作对接。工程设计是依据开发、研制方案的要求，以科学技术原理为指导，运用科学技术知识和实践经验进行构思，使开发、研制方案物化的过程。因此，工程设计是将技术原理转化为技术实体的桥梁，科学可行的设计是科学发明及成果转化的前提，设计是工程的本质与核心。毕业设计任务的确定首先要考虑教学要求，同时兼顾社会需求。毕业设计要在规定的时间内、在导师指导下，由学生独立完成。

　　产品设计要求具有实用性、工艺性、安全性和经济性；毕业设计是为了检验学习的效果和培养初步从事技术工作的能力，允许存在不完善的地方。

9.2.2　选题要考虑的因素

　　毕业设计的选题有三个特点：一是时间短；二是绝大多数学生是初次独立完成科研任务；三是要考查学生所学知识的灵活运用能力和掌握的程度。因此，要求毕业设计的题目考虑可控、定题、可行和创新等方面。

　　(1) 可控。毕业前要求完成毕业设计，这点与真实的科研(产品研发)有所冲突。新产品研发是一种探索性、创造性劳动，带有很强的随机性，需要不断地对专业接口进行评审和新结构、新工艺的验证；而学生们最后一个学期里需要签就业协议，甚至参加岗前的培训，纯粹做毕业设计的时间是不充足的。要保证顺利毕业，选题的难度不能太大，而且前景是基本明朗的，必要时导师可以在设计流程上予以监督和控制。

　　(2) 定题。绝大多数毕业设计选题是指导教师指定设计题目。指导教师在出题时一定要考虑训练学生的综合能力和完成规定的图纸量。以机械设计为例，题目不能太简单。若题目简单到螺丝旋输送器、皮带输送机结构设计等，其研究价值不大。我们不妨在螺旋输送机后边加装挤塑模，在皮带输送机上加装电子称量系统进行毕业设计研究。总而言之，要让学生学有所成。提倡毕业设计和就业相适应，如果学生根据就业和资源情况自选题目，也应得到导师的认可和评估。导师要评估题目的难度是否适宜，工作量是否满足毕业设计的要求。

(3) 可行。毕业设计的题目一定要具有现实意义，多选择在区域经济中占有一定的地位的产品，对学生们的就业也会有所帮助，大家做起来也更有积极性。

如果学生已经找到就业岗位，建议做与就业单位产品有关的设计，导师帮助学生把握难度和工作量，这样即使毕业设计不能直接用于生产，对学生的就业也会大有裨益。

(4) 创新。毕业设计的目的是考查学生具有综合运用专业知识的能力和培养学生从事专业技术的初级能力。题目的继承性和创新性都很重要。没有继承，基础不牢，便无法深入研究技术工作；没有创新，就不会有更好的发展。

毕业设计重要的是教学生如何跨进本专业的门槛，至于能走多远，取决于工作中继续学习的能力。

9.2.3　毕业设计的主要内容

1. 毕业实习

工程类专业学生在确认毕业设计题目后，要安排与设计题目相关的毕业实习。工程类毕业实习是不可或缺的实践环节。好比依葫芦画瓢，作画者需要亲自观摩葫芦的大小、形状、色泽、质感，甚至还要测量尺寸和质量，以方便选取剖面的位置、投影的角度、颜料的调配、构图的布置、留白的运用等。设计产品是不能仅凭想象和文献资料就在计算机上完成的。

(1) 毕业实习的目的。实习是培养学生工程意识和实践能力、实现专业培养目标的重要实践性教学环节。通过实习，学生能够受到以下几方面的训练。

① 理论联系实际，将书本知识融会贯通，形成个人在某一领域或某一方面的知识体系，并了解这些知识体系在工程中的应用。加强在工程实践中发现问题、解决问题的能力，以及创新能力的培养和训练。

② 实现专业培养目标，熟悉相关技术领域的工程设施与生产设备，了解工程项目的设计思路与过程。

③ 毕业实习和设计实行捆绑制。通过实习为毕业设计做准备，在资料收集、方案确定、资料查询等环节获得必要的训练。也可根据实习单位的具体情况，选择或修改毕业设计题目。

④ 通过实习，学生可以更好地适应工作现场，得到社会活动与人际交往能力方面的训练，提高综合素质。

(2) 实习的内容与要求。

① 了解毕业设计课题研究的对象及生产、科研的实际，加强理论与实际的联系，培养深入实际调查研究的作风，提高工程技术素质。

② 独立深入与毕业设计课题有关的单位、部门，了解课题的来源及提出的依据，了解与毕业设计课题有关的生产设备、生产过程、检测手段、生产特点的实际知识。收集有关的数据、图表、文献、资料，并进行分析、归纳、整理及研究，在此基础上确定设计方案。

③ 实习要有记录。在实习结束后，按学校规定的格式提交书面的毕业实习报告，篇幅 4000～5000 字为宜。

2. 文献摘要

在导师指导下，阅读 5～10 篇参考文献。每篇文献均需写出资料性文献摘要，方便引用和论文(说明书)审核。

3. 外文翻译

外文翻译是所有专业的学生都需要完成的毕业设计任务之一。这里所说的外文一般特指英文。对于某一领域，非英语文献占大多数，或者第一外语非英语的学生，可以翻译其他语种的资料。此类学生配备导师时，以能够看得懂学生的翻译为宜。外文翻译主要考查学生阅读外文文献的能力，要求翻译的原文是论文的参考文献之一或是与毕业设计内容密切相关的资料，译文字数不少于 3000 汉字，要求译文与原文内容相符，能够对毕业设计有所裨益。

4. 开题报告

开题报告在完成实习报告和文献摘要后撰写。由于开题报告是用文字体现的论文总构想，因而篇幅不必过大，但要把计划研究的课题、如何研究、理论适用等主要问题写清楚。

开题报告一般为表格式，需把内容填进相应的栏目，这样做既避免遗漏，又便于评审者一目了然，把握要点。开题报告的内容一般包括题目、理论依据、研究方案、条件分析、课题负责人、起止时间、报告提纲等。

开题报告的综述部分应首先提出选题，并简明扼要地说明该选题的研究目的、相关课题研究情况、理论适用、研究方法。

开题报告包含的论文提纲可以是一个研究构想的基本框架，可采用整句式或整段式提纲形式。在开题阶段，提纲的目的是让人清楚论文的基本框架，没有必要像论文目录那样详细。下面主要介绍报告提纲的主要内容和报告审批的意义。

(1) 报告提纲主要包括以下内容。

① 课题的目的、意义、国内外研究概况和有关文献资料的主要观点与结论。

② 研究对象、研究内容、各项有关指标、主要研究方法(包括是否已进行试验性研究)。

③ 大致的进度安排。

④ 准备工作的情况和已具备的条件(包括人员、仪器、设备等)。

⑤ 尚需增添的主要设备和仪器(用途、名称、规格、型号、数量、价格等)。

⑥ 经费概算。

⑦ 预期研究结果。

⑧ 承担单位和主要协作单位，以及人员分工等。

⑨ 开题报告中应包括相关参考文献的目录。工程类毕业设计最核心的文献是手册，如《机械设计手册》《起重机设计手册》《焊接手册》《材料手册》《模具设计手册》《工艺师手册》及相关的行业标准等。

(2) 报告审批。对于研究机构来说，审批开题报告可以保持研究的前沿性和实用性，避免因轻率选题造成重复性劳动；对于学生来说，可以了解毕业设计的准备是否充分、进度安排是否合理、题目的难易程度是否适中，以及是否与本校近三年的毕业设计题目雷同等。

5. 设计图纸

工程设计类电脑绘图量一般要求折合图幅 A0 号图纸 2.5 张左右；工程技术研究类绘图量折合图幅 A0 号图纸 1.0 张以上；机电结合的设计，要根据题目的实际情况，学生独立或合作完成工程项目中的相对独立的局部设计，要设计完整的系统电气原理图或电气控制图；产品开发类课题应有实物制作或产品测试报告，成本较大时，可以借助三维动画来展示；所绘图纸必须和设计说明书相一致。绘图方式以智能化为主，三维建模与时俱进，不得使用已经淘汰的软件。图纸绘制和标注要符合国家现行有效的标准，图纸经审核后设计者签字存档。

有些学校要求本科生具备手工绘图的能力，在提交的图纸中，至少有 1.0 张 A0 号图纸为手绘。

6. 设计说明书

工程类毕业设计，除完成规定的图纸量外，还需完成 1.0 万字左右的设计说明书，说明书中应插入与设计有关的图片等。

9.3 毕业设计说明书的写作

9.3.1 正文的基本要求

毕业设计说明书包含封面、摘要、目录、正文、结论、参考文献及谢辞等部分。不同学校或不同专业的模板也不尽相同，大家按照导师下发的模板要求撰写即可。

摘要、结论、参考文献、谢辞等内容在第 8 章中已经详细讲解，这里以比较简单的配料机设计为例，介绍正文如何撰写。

1. 绪论

正文部分首先是绪论，主要介绍研究对象的发展现状、研究意义和研究内容。

(1) 发展现状。阅读文献，参考文献综述的写法，将配料机在国内、国外发展史进行梳理，介绍配料机的最新技术，诸如断料报警、人工智能上料等发展情况，指出大概的发展方向。

(2) 研究的意义。配料机应用在公路、铁路、建筑施工机械等领域具有现实意义。

(3) 研究的内容。如该配料机应用在什么场合？有哪些继承前人的成果，又有哪些是自己的创新？

2. 设计方案选择

通过技术分析，提出两个以上技术方案。将实用性、工艺性、经济性、安全性、可靠性等指标规定一定的权重，以度量它的相对重要程度，从而选出最合适的方案。

例如，关于配料机的传动设计，需考虑原动机是选择电动机还是柴油机。如果选择电动机，那么选择 1450rpm 还是 960rpm；是选择电机直接连减速机，还是电机通过三角带连接减速机。还要考虑减速机选择蜗轮的、齿轮的，还是摆线的。若直接选用电动滚筒，而不用电机、减速机是否可行。还要考虑：集料输送机采用橡胶带，还是刮板；斗门调节器采用人工的，还是采用自动的；斗架支撑选用圆管，还是 H 钢；振动器选用振动电机，还是自己设计。将这些局部的性能构件，一一分析对比，得出最终的结果，并记录选择的过程和结论。

3. 主要参数的计算

(1) 外形尺寸。依据装载机的工作高度，确定配料机的高度；依据任务书中的斗容，确定料斗的几何尺寸；创建三维模型，确定斗架的尺寸。

(2) 主要参数计算。

① 依据任务书给定的生产率和物料密度，计算每分钟运送物料的体积。

② 确定料门的宽度，计算高度和皮带的速度。

③ 选定主动辊的直径，确定主动辊的转速。

④ 依据压在皮带上的物料重力和物料间的静摩擦系数，以及传出物料的重力和主动辊转速，计算出输送机的功率。

⑤ 依据功率选择电机、减速机的型号。

⑥ 依据主动辊的受力分析情况，计算传动轴机轴承的相关参数。

…………

只需写公式和结果，略去计算过程。按计算结果及安全系数，最后选出规范的参数。

4. 典型结构的设计

(1) 轴类零件的设计。考虑轴的加工、轴承的润滑和密封，以及轴承的寿命等因素，设计出轴的结构。

(2) 皮带的张紧及调偏。确定调偏方式和调偏构件的尺寸。

(3) 斗门调节器的设计。在成本可以接受的前提下，考虑如何方便调节，初步确定调节的量值，完成该结构的设计。

5. 设计结论(略)

6. 参考文献

参考文献是写作者详细阅读过且能提供参考的文献。毕业论文中所列的文献，一定要在引用处的右上角标识。没有标识的引用文献是虚假的，是学术造假的一种表现。

毕业论文要求有 5～10 篇中外文参考文献，其中至少有 1 篇与论文内容相关的外文文献。引用的文献应以已发表的、与论文直接有关的文献为主。凡引用本人或他人已公开或未公开发表文献中的学术思想、观点或研究方法、设计方案等，不论借鉴、评论、综述，还是用作立论依据，都应编入参考文献目录。

9.3.2　注意事项

毕业设计说明书是毕业设计最重要的组成部分。在撰写过程中，要勤学好问，充分调动导师的指导作用。关于设计说明书中的主要参数，切忌闭门造车或网上下载。论文完成后，按"科技论文修改"的要求，认真细致地揣摩、推敲，确认文字通顺、内容完整、观点正确，发挥出自己最佳水平再提交。毕业设计说明书的撰写过程应注意以下几点。

(1) 书写。毕业论文要用学校规定的文稿纸书写或打印，文稿纸背面不得书写正文和图表，正文中的任何部分不得写到文稿纸边框以外，文稿纸不得随意接长或截短。汉字必须使用国家公布的规范字。打印一般采用 A4 纸，正文部分双面打印。

(2) 符号。毕业论文中的标点符号应按新闻出版署公布的"标点符号用法"使用。

(3) 名词。科学技术名词术语尽量采用全国自然科学名词审定委员会公布的规范词或国家标准、部标准中规定的名称，尚未统一规定或叫法有争议的名称术语可采用惯用的名称。使用外文缩写代替某一名词术语时，首次出现应在括号内注明其含义。外国人名一般采用英文原名，按名前姓后的原则书写。一般很熟知的外国人名(如牛顿、达尔文、马克思等)可按通常标准译法写译名。

(4) 量和单位。量和单位必须采用中华人民共和国的国家标准 GB3100～GB3102-93。此标准是以国际单位制(SI)为基础的。非物理量的单位，如件、台、人、元等，可用汉字与符号构成组合形式的单位，例如件/台、元/km。

(5) 数字。毕业论文中的测量统计数据一律用阿拉伯数字，但在叙述不太大的数目时，一般不用阿拉伯数字，如"他发现两颗小行星""三力作用于一点"，不宜写成"他发现 2 颗小行星""3 力作用于 1 点"。大约的数字可以用中文数字，也可以用阿拉伯数字，如"约一百五十人"，也可写成"约 150 人"。

(6) 标题层次。毕业论文的全部标题层次应有条不紊、整齐清晰。相同的层次应采用统一的表示体例，正文中各级标题下的内容应同各自的标题对应，不应有与标题无关的内容。章节编号方法应采用分级阿拉伯数字编号方法，第一级为"1""2""3"等，第二级为"1.1""1.2""1.3"等，第三级为"1.1.1""1.1.2""1.1.3"等，但分级阿拉伯数字的编号一般不超过四级，两级之间用下角圆点隔开，每一级的末尾不加标点。

(7) 注释。毕业论文中有个别名词或情况需要解释时，可加注说明，注释可用页末注或篇末注，而不可行中注。注释只限于写在注释符号出现的同页，不得隔页。

(8) 公式。公式应居中书写，公式的编号用圆括号括起放在公式右边行末，公式和编号之间不加虚线。

(9) 表格。每个表格应有表序和表题，表序和表题应写在表格上方正中，表序后空一格书写表题。表格允许下页接写，表题可省略，表头应重复写，并在右上方写"续表××"。

(10) 插图。毕业设计的插图必须精心制作，线条粗细要合适，图面要整洁美观。每幅插图应有图序和图题，图序和图题应放在图的下方居中处。图应在描图纸或在白纸上用墨线绘成，也可以用计算机绘图。

提倡将毕业设计与就业工作无缝对接。优秀的毕业设计说明书，可以经过修改，直接应用于工程施工。

【例文 9-1】

室内设计说明书(方案一)

一、设计范围

本装饰工程包括室内地面、墙面、吊顶及后期家具配饰。

二、平面布置

1. 一层布置主要由起居室、餐厅、卧室、书房、厨房、卫生间等部分构成。

2. 二层布置主要由卧室、书房、储物间、露天花园等部分构成。

三、防火要求

1. 根据建设部颁发的《建筑设计防火规范》要求，在本装饰工程设计中主要采用阻燃性材料和难燃性材料。

2. 所有隐蔽木结构部分表面(包括木龙骨、基层板双面)必须涂刷防火漆二遍。

四、防潮防水

1. 墙、顶面造型部分为防止潮气侵入引起木结构变形、腐蚀，所有隐蔽木结构部分表面(包括木龙骨、基层板双面)涂刷防腐油一遍。

2. 厨房、卫生间的墙、地面采用SBS防水涂料，墙面防水距地高度为500mm，淋浴间为1800mm。

五、防腐防锈

1. 所有与墙体连接的隐蔽木结构部分表面(包括木龙骨、基层板双面)必须涂刷防腐油一遍。

2. 为防止钢构件腐蚀，所有钢结构表面涂刷红丹防锈漆二遍。

六、吊顶装饰工程

1. 客、餐厅及其他采用木龙骨纸面石膏板吊顶，面罩"立邦永得丽"白色乳胶漆。

2. 厨房采用木龙骨纸面石膏板吊顶，面贴银灰色铝塑板分缝。

3. 卫生间采用木龙骨框架，耐变黄塑钢条形扣板吊顶(米、灰色相间)。

4. 石膏板吊顶采用木龙骨框架，12mm厚纸面吊顶，特殊造型需采用大芯板、5mm夹板放样。

5. 石膏板规格采用为12×1200×3000mm纸面石膏板，石膏板接缝处，切45°角，用配套穿孔纸带及腻子布缝。

6. 吊顶板与墙壁面、窗帘盒、灯具等交接处应接缝严密，不得有漏缝现象。

七、地面装饰工程

1. 客、餐厅地面采用白色600×600玻化砖满铺。

2. 厨房、卫生间地面采用300×300防滑砖满铺(颜色待定)。

3. 卧室、书房及二层走道地面采用900×125×18紫檀实木地板满铺。

4. 楼梯为钢结构木楼梯：采用拉丝不锈钢护栏，紫檀实木楼梯板、扶手。

5. 露天花园地面采用100×200×40广场砖斜铺设，局部绿色草皮点缀。

6. 花园地台采用型钢龙骨防腐处理，后铺1200×120×32mm油木板@140MM阵列。

八、墙面装饰工程

1. 电视背景墙采用木龙骨框架，大芯板基层，面封纸面石膏板，面贴深灰色网状亚麻布装饰。

2. 沙发背景墙采用浅紫色网状亚麻布装饰。

3. 主人房床背景采用木龙骨框架，大芯板基层，面封纸面石膏板，面罩驼色乳胶漆。

4. 楼梯休息平台墙面采用艺术文化石装饰(整体色系为暗红色，图案待定)。

5. 原墙面采用"立邦永得丽"浅灰色乳胶漆。

九、灯具、五金配件

1. 筒灯、定位射灯、艺术吊灯等灯具建议采用节能型。

2. 门五金及其他五金配件尽量采用耐腐蚀的不锈钢件、铜件或镀洛产品。

十、乳胶漆施工工艺要求

1. 抹灰面、板材面做乳胶漆部分全部清油封底。

2. 抹灰面、板材面做乳胶漆部分全部满批腻子两遍。

3. 抹灰面、板材面做乳胶漆部分全部涂刷乳胶漆三遍。

十一、其他说明未尽事宜，参照国家现行有关规范规定执行

室内设计说明书的设计要结合业主的家庭结构、文化背景、爱好习惯、经济条件等因素，可以设计出两套或多套方案供业主选择。业主可以选择一套完整的方案，也可以以一套方案为基础，博采众长，杂糅各套方案的局部，理顺色调风格，像搭积木(模块化)一样组成一套新的方案。此外，还需吸收客户合理化(对于建议不合理的部分，给出解释，说服业主)的建议，并最终做出效果图，作为合同的附件和验收的依据。

其中，效果图可以加入床铺、书柜、沙发、门窗(窗帘)、厨卫设施等业主配套的家具式样、颜色、规格尺寸等。不仅要做出整体的效果图，还需做出局部的效果图，就像售楼处的样板间里所展示的那样。

毕业设计提倡严谨求实，但不同专业、不同课题甚至不同学校、不同导师对设计说明书的要求也会有所差异，在能够证明设计者是独立完成且具备从事初级技术工作条件和能力的前提下，也不要求必须整齐划一，不对字数、对格式锱铢必较。

练习与训练

1. 简述毕业设计及其要求。

2. 简述开题报告有哪些要求。

3. 结合专业特点，编制毕业论文或毕业设计说明书目录一份。

4. 撰写毕业论文应注意的事项有哪些？

5. 训练：对以下毕业设计说明书初稿(节选)中的文字部分进行修改。

LB1000湿式除尘系统的设计[1]

摘要

随着现代工业化的发展，粉尘伤害在绝大多数工业领域都或多或少地存在。铸造车间经常会产生附带高温的烟气粉尘；抛丸清理车间经常会产生高浓度的金属粉尘。粉尘不仅对生产环境有所影响，更对人体健康造成重大伤害。高浓度的粉尘，不仅会导致尘肺病的发生，更可怕的是，某些金属粉尘达到一定浓度后，遇火发生爆炸事件。所以，工厂一般使用除尘器来消除工业粉尘的危害。工厂中经常使用的除尘器为干式除尘器，比如布袋式除尘器、滤筒式除尘器。此类除尘器除尘效率高，但是遇到高温、腐蚀、易燃爆之类的粉尘，普通布袋或者滤筒就不好处理。相对来说，湿式除尘器的优势就一目了然。湿式除尘器能很好地解决干式除尘器不易处理的高温、易燃粉尘问题，随着现代社会环保意识的提高，文丘里湿式除尘器因效率高、结构简单、维护成本较低、操作简单方便、占地较小等优势，越来越受到厂家的青睐，论述了文丘里湿式除尘器的结构设计、除尘效果。

关键词：湿式除尘器；文丘里；除尘效率；结构设计

第1章 绪论

1.1 研究背景

根据国家专业人士，我国环境污染所造成的损失约占国民生产总值的10%。21世纪初期，国家有关部门规定，工业生产中废气含尘量最高允许排放质量浓度为50mg/m³。有些地方的环保部门提出了更加严格的要求，就大部分北方城市而言，烟尘排放允许质量浓度比很多先进国家的标准还要低很多，后来国家执行了更加严格的标准，已经开始运行的工厂锅炉烟尘排放质量浓度仅允许30mg/m³，为了能够响应国家号召，许多工厂将使用低硫煤或采取使用相应的脱硫技术[1]。但是这样导致了静电除尘器的除尘效率下降，烟尘排放质量浓度已远远达不到环保要求。工厂中经常使用的除尘器为干式除尘器，比如布袋式除尘器、滤筒式除尘器。此类除尘器除尘效率高，但是遇到高温、腐蚀、易燃爆之类的粉尘，普通布袋或者滤筒就不好处理。相对来说，湿式除尘器的优势就一目了然。湿式除尘器能很好地解决干式除尘器不易处理的高温、易燃粉尘问题。

1.2 研究意义

我国的工业生产中，会产生巨量的含尘废气，如果对这些废气不管不顾，随意排放，不仅污染环境，还对设备的使用寿命及工作人员的身体健康产生巨大影响。而且我们很多人对湿式除尘存在一个误区[4]：认为除尘设备的使用仅仅是为了达到环保单位的要求，减少公司排污费用，保证公司正常运转。事实上，在大多数人眼中除尘器仅仅是除尘设备，然而在很多行业中除尘设备却也成为了生产设备，更重要的是除尘器的效率与公司

---

[1] 这是一份毕业设计说明书的草稿。原稿1.0万字，有插图6幅，摘录时有删无改，只供读者修改使用，不可当作范本。该文章中出现的上标[1]、[2]、[3]……为该文参考文献的顺序编码。

的生产产量挂钩，除尘器的效率高，则公司生产产量也会高很多。这些除尘设备在各工序中对粉尘进行回收进一步加工成产品推向市场，如石灰，陶瓷，水泥等。所以除尘设备是工业生产中必不可少的设备。而湿式除尘设备是除尘设备中比较常用的一种设备。

对我来说培养了我综合分析和独立思考的工作能力，扩大和加深了进入大学以来所学到的知识。让我懂得了一个物品的设计不是轻易而来的，而是很多理论知识的拼凑，选择出最合理的方案。而且更重要的是光靠理论知识是行不通的，需要我们面向实际，从实际生产中选择出更加优秀的设计方案。

1.3 研究内容

设计主要先了解了各种除尘方式之间适用的粒径范围，除尘效率以及能耗设备的成本价格和运行维护费用等之间比较，然后又了解了湿式除尘系统中各除尘方式的不同之处，对于湿式除尘系统中的文丘里湿式除尘器的除尘原理进行了了解，然后对文丘里管进行了详细的设计。在设计过程中，根据文丘里湿式除尘的原则与步骤，进行详细的计算，需要计算出文丘里湿式除尘器中的收缩管，喉管以及扩散管的各个尺寸。在本设计中还采用了AutoCAD与UG绘图软件进行了工程图的绘制，因此我查阅了大量的有关绘图的资料，由于AutoCAD与UG绘图软件的使用以及绘制方法学习的比较早，到现在已经有点生疏，于是向同学请教了AutoCAD与UG绘图软件的使用以及绘制方法，让我重新掌握了各类零件图的绘制方法，也为今后更好的学习和工作奠定了坚实的基础。

第二章 总体方案的确定

2.1 除尘设备的概述及分类

2.1.1 除尘器的概念

将灰尘从废气或者废水中捕捉、分离并收集起来的装置为除尘装置或除尘器，除尘整体系统的关键部分是除尘装置，它可以把废气或者废水中的粉尘颗粒吸取出来。整个除尘系统的优劣性最关键的就是看除尘装置的好坏，一般来说可以用单位时间内除尘器处理的废气量或者废水量，以及除尘装置的除尘效率来表示该除尘器性能的好坏。与此同时，除尘装置的性能也与除尘器的成本，使用的时间长短，及该机器的操作是否方便等挂钩。

2.1.2 除尘器的分类

根据除尘装置分离粉尘的不同方式. 可将其分为如下几类。

1. 过滤式除尘器

是使废气通过棉线纤维等制成的布袋过滤分离气体中的灰尘的装置。

特点：布袋除尘器是一款新型的除尘器，它的使用寿命长、成本便宜，维修简单，且维修费用低，只需要更换布袋即可，该类除尘器除尘效果很好，高达99%，且除尘器的内部结构较为简单，容易清洗，同时布袋除尘器主要工作部位在布袋上，所以布袋除尘器耐高温，耐腐蚀等特点。

2. 湿式除尘器

就是湿式洗涤器，它是将气体通入液体或者通过液膜中，利用液体或液膜清洗含尘气流，使粉尘与气流分离的设备，简单点说就是将废气直接通入水中，然后利用水拦截灰尘，从而净化废气的原理。

特点：由于湿式除尘器利用了大量的液体，所以它能够吸收废气中的温度和一些有害物质，同时降低了那些易燃易爆的气体的危害性。而且，对于那些含尘量很多的气体的净化效率高。该类除尘器的结构较为简单，成本低，只需经常更换液体就行。运行和维护费用低。但是容易造成二次污染，污水系统要使用防腐材料，容易发生堵塞，耗水量较多，且在我国北方地区需要采用防冻措施。

3. 电除尘器

在发电厂特有的带电的工厂中，灰尘中带有大量的正电荷，这时一般的除尘器就没有效果了，必须使用的是特殊的电除尘器，它的工作原理是将带正电荷的气体通过阴极板，将灰尘从气体中分离开来，吸附在阴极板上，通过人工敲打阴极板来分离灰尘，从而达到清除废气中的灰尘的目的。

特点：净化效率非常高，对于那些0.01微米的灰尘都能除去，而且耗能少，效率极高，废气处理量极大，由于是火电站，温度极高，说明设备耐高温，而且还可以全自动操作。但是电除尘器的结构非常复杂，安装及维护水平要求很高。受气体湿度、温度等的操作条件影响较大，成本较高，占地面积较大。

4. 机械式除尘器

它是利用灰尘自身重量或者利用旋转等方式的作用将气体中的灰尘捕捉分离并收集的设备。它包括重力沉降室、惯性除尘器和旋风除尘器等。

特点：结构比较简单，设备的成本价格和运行维护费用较低，但除尘效率不高。适合含尘量较大或者灰尘颗粒较大的情况下使用，现如今机械式除尘基本用于大型除尘器的第一阶段的基础除尘。

2.2 方案的选择及说明

2.2.1 除尘器性能指标

除尘器性能指标包括技术性能指标和经济性能指标，其中，前者包括含尘气体处理量、除尘效率、阻力损失，后者包括总费用(含投资费用和运转费用)、占地面积、使用寿命。上述各项指标是除尘设备选用及研发的依据。

2.2.2 除尘器的选择

选择除尘器过程中，应全面考虑以下因素。

(1) 除尘器的除尘效率(各种除尘器对不同粒径粉尘的除尘效率见表2-1)(表2-1略)。

(2) 选用的除尘器是否满足排放标准规定的排放浓度。

(3) 注意粉尘的物理特性(例如黏性、比电阻、润湿性等)对除尘器性能有较大的影响。另外，不同粒径粉尘的除尘器除尘效率有很大的不同。

(4) 气体的含尘浓度较高时，在静电除尘器或袋式除尘器前应设置低阻力的出净化设备，去除粗大粉尘，以使设备更好地发挥作用。

(5) 气体温度和其他性质也是选择除尘设备时必须考虑的因素。

(6) 所捕集粉尘的处理问题。

(7) 设备位置，可利用的空间、环境条件等因素。

(8) 设备的一次性投资(设备、安装和施工等)以及操作和维修费用等经济因素。综合考虑对除尘效率的要求、水泥的性质及经济成本等宜选用文丘里除尘器。

2.3 设计依据和原则

2.3.1 依据

(1)《环境工程设计》(童华编著)

(2)《环保设备设计手册》(周兴求 叶代启编著)

(3) 同类粉尘治理技术和经验

(4)《水泥工业大气污染物排放标准》(GB4915-2004)

(5)《大气污染防治技术及工程应用》

(6)《除尘技术手册》(张殿印 张学艺编著)

2.3.2 原则

本设计遵循如下原则进行工艺路线的选择及工艺参数的确定。

(1) 基础数据可靠，总体布局合理。

(2) 避免二次污染，降低能耗，近期远期结合、满足安全要求。

(3) 采用成熟、合理、先进的处理工艺，处理能力符合处理要求。

(4) 投资少、能耗和运行成本低，操作管理简单，具有适当的安全系数，各工艺参数的选择略有富余，并确保处理后的尾气可以达标排放。

(5) 在设计中采用耐腐蚀设备及材料，以延长设施的使用寿命。

(6) 废气处理系统的设计考虑事故的排放、设备备用等保护措施。

(7) 工程设计及设备安装的验收及资料应满足国家相关专业验收技术规范和标准。

2.4 基本数据

LB1000湿式除尘系统设计耗煤量为5748.3kg/h；排烟温度为550℃；空气过剩系数为$\alpha=1.4$；烟气密度(标态)为1.37kg/m³。

室外空气平均温度为4℃；锅炉出口前烟气阻力为1200Pa；烟气其他性质按空气计算；排灰系数28%，按锅炉大气污染物排放标准(GB13217-2001)中二类区标准执行。标准状态下烟尘浓度排放标准为200mg/m³。

煤的工业分析(无烟煤)：C为84.9%、H为3.19%、S为0.27%、O为1.07%、N为0.76%、水分为0.80%、灰分为9.01%。

2.5 烟气排放量以及组成(略)

第三章 文丘里湿式除尘器的设计

3.1 文丘里洗涤器的结构和工作原理(略)

3.2 文丘里洗涤器几何尺寸计算(略)

3.3 压力损失(略)

3.4 除尘效率的计算(略)

3.5 脱水器的选择(捕集器) (略)

3.6 喷嘴选型(略)

3.7 风机的选型(略)

3.8 烟囱的高度计算(略)

3.9 管道计算

3.9.1 除尘系统工艺流程图(略)

3.9.2 管道直径的确定(略)

3.9.3 管道压力损失的计算(略)

3.10 设计结果列表(略)

本设计的燃煤电站锅炉烟气除尘系统及附属设备主要有：文丘里除尘器、脱水器、换热器、风机、电机、除尘系统管道、烟囱等。

结论

本次毕业设计感觉比课程设计更棘手一些。这次的文丘里除尘器的设计，要设计的内容更多，有很多东西都要查阅资料，这一次完全是靠自己去查，所以对于我们来说有点难，但是这种设计都是需要靠自己的，很多东西都是我们初次接触的，我觉得自己对这方面的知识还是有很多欠缺。通过讨论和请教顺利完成了这次毕业设计，虽然存在很多的问题，但收获颇多！本次毕业设计主要从除尘器系统方面锻炼了我们的思维能力，从对所设计的除尘器不甚了解到查阅大量资料设计参数、设备主要尺寸以及对整个工艺的工艺流程有个大概的了解和思考路线，一个初步设计显现了出来，这其中的收获和艰辛只有自己才知道。

通过这次设计LB1000湿式除尘系统，我由衷地体会到了我国的机械设计及制造行业在飞速前进，设备的更新换代更是日新月异，倘若想要走在时代的前沿，走在制造业的前沿，我们就必须告诉自己要不断地发展和创新。当然，企业的核心理念是人，如果企业能够逐渐地发展自动化，提高自动化水平，那么将会大量降低人工操作时的危险度，从而减轻工人的工作强度和危险性。

通过本次设计，我以为做企业的一个核心理念是以人为本，如果一家企业能够引进自动化程度水平更高的设备，那么将会大大降低工作人员操作的危险度，从而减轻工人的工作强度和危险性，更好地体现企业以人为本的核心价值观。

由于时间的匮乏及个人能力有限，在研究文丘里湿式除尘器之时虽然对整个装置都进行了自动化装置的设计，但是对一些细微之处没有进行合理地设计，对一些技术性问题也没能很好地解决；因此，本课题的下一步设计展望是对脉冲控制阀装置进行优化设计，使其各部分装置之间能够有效、准确、快捷地进行衔接，更好地高效进行除尘，以减少对环境的污染，及降低工厂的成本。

第 10 章
职 场 文 书

　　本章对竞聘文书、入职文书、就职文书、去职文书等常用的职场文书进行了详细阐述，以期在激烈的竞争环境下，理工科大学生能够找到合适的工作，获得相应的经济报酬，维护自身的权利。

10.1　竞聘文书

　　竞争是个体或群体间力图胜过或压倒对方的心理需要和行为活动，即为了自己方面的利益而跟人争胜。竞争能使人振奋精神，奋发进取，促进社会进步，提高劳动生产率，但会挫伤双方积极性，使有限的资源难以发挥最佳效益，造成个体间或群体间的不团结，不利于人际关系的建立与发展。因此，我们要理性、公平竞争。

　　中国传统文化提倡良性竞争，提倡君子之争。子曰：“君子无所争。必也射乎！揖让而升，下而饮。其争也君子。”[1]大意是君子没有什么可争的事情，倘若要说有的话，那一定是参加射箭比赛吧！即使是参加射箭比赛，也是先互相作揖、谦让，然后上场，射完箭之后走下场来，又互相敬酒。即使是竞争，也不失君子之风。

10.1.1　竞聘辞

　　竞聘就是通过竞争得到聘任。无论是在大学校园里，还是在职场上，竞聘者之间都是伙伴关系，而不是敌我关系。竞聘的原则是“兄弟爬山，各自努力”。无论是组织者，还是参与者，都要遵守君子之争的原则，不攻击和诋毁他人，不违背道德和采取不正当手段。

---

[1] 孔子等著，思履主编. 彩图全解四书五经：论语[M]. 北京：中国华侨出版社，2013：69.

1. 竞聘辞的含义及用途

竞聘辞是竞聘者为了竞争某岗位或职位向领导、评委和听众展示优势条件，介绍受聘后将会执行的施政方略的演讲稿。竞聘辞的用途是充分展示优势，并获得竞争的胜利。

2. 竞聘辞的特点

(1) 自评自荐性。竞聘者在演讲中介绍自己参与竞聘的缘由，并对自己的经历、能力、性格和与竞聘职务有关的优势做出推介和评价。介绍自己要简短，评价自己要客观公允。推介自己的优势，要有支撑性材料或信息，让听众信服，不要吹嘘，也不要过分地谦虚。

(2) 目标指向性。竞聘辞的内容从主旨到材料，乃至心态，都要为实现成功受聘服务，表达志在被聘的意愿。

(3) 希冀认同性。竞聘者都希冀评委和听众的认同。竞聘辞应该重点阐述竞聘成功的施政方略，争取得到大家的支持。

【例文 10-1】

竞聘辞[1]

诸位领导，诸位同事：

下午好!

我是来自机械学院的专任教师张××。因质量管理办公室从教务处剥离出来，正在招聘处长，而我在企业从事过质量管理工作，于是就报名来应聘。

(分析：该段属于过渡段，只简单介绍应聘的缘由。)

我从1985年开始参加工作，有18年从事企业质量管理工作的经验，其中有16年担任品质经理，主要工作是建立企业的质量保证体系和负责产品质量控制工作。在质量管理方面，在我的任内，企业通过三体系(质量体系、职业健康安全体系、环境体系)认证；在质量控制方面，我带领团队为企业赢得市长质量奖。虽然产品质量管理和教学质量管理不同，但还是有很多值得借鉴的地方。产品的质量控制主要是进货检验、过程检验和最终检验。而教学的质量控制是招生质量、教学过程和毕业论文的质量控制。我有能力、有信心履行教学质量管理职责，完成学校提出的阶段性目标。

(分析：本段涵盖两部分内容，即自评自荐和目标指向。段旨是我从事过质量管理工作，具备教学质量管理处长的资质和条件。

---

[1] 文章中括号内的内容为编者对竞聘辞的具体分析。

应聘管理或技术等白领岗位，一般推荐自己的学历和与应聘岗位有关的经历。"我"为什么没有介绍学历？因为年轻的本科教师学历大多是博士或博士后，而"我"的学历是本科，若自评自荐部分，招聘方没有明确要求，学历低的时候不要自揭其短。一旦被问起，却要实事求是。

如果是应届毕业生，没有工作经历怎么办？应届毕业生应该重点介绍与应聘岗位相关的课程学习成绩和竞赛名次，以及相关的资格或等级证书等。

应聘蓝领岗位，一般推荐自己的技能和体力。假如你应聘焊接机器人操作员的工作，你首先要有焊工证和数控编程的相关证书，此外还要提供健康证。如果你有焊接机器人操作大赛获奖的经历，那么你的成功率会大大提高。

目标指向是贯穿全篇的主题。自评自荐的内容一定要指向自己应聘的岗位。)

做好教学质量管理工作，我有四点体会：

一、领导者推动

教学质量提升与否，主要取决于学院领导的决心。教学质量管理是一个系统工程，需要全员参与，并不是喊几句口号，发几个文件就能一蹴而就的，需要不断探讨和实践。有时还会遇到困难和失误，没有领导的支持、鼓励和包容，是根本无法进行的。只有领导者推动，才能保证全员参与。

二、资源上的保证

军马未动，粮草先行。影响产品质量有五大要素——人、机、料、法、环。影响教学质量的要素是什么呢？主要是教、学、环。我们怎样才能做到因材施教？我学院招来的学生高考数理化成绩58%不及格，最低分为40分。学校需要提供教师、教室等资源，需要提供条件为不及格的学生补上中学的数理化。在教学质量研讨会上，有两位教授提出给班级分配专用教室，以方便辅导和管理。学校应该在充分调研的基础上，集思广益，针对生源成绩低基础差的现状，想出解决办法，并付诸实践。所有这些，都需要得到资源上的保证。

三、横向部门的配合

学校是一个有机的整体，哪个部门不配合，都会给教学质量提升带来阻碍。比方说，有的老师提出要组织学生晨读或晨练；有的老师提出应该组织学生进行晚自习。我在其他院校也有类似的实践，如对新生实行半军事化管理也能有效提升教学质量。以上合理化建议，没有部门间的紧密配合，是无法落实的。

四、日常管理的驱动

布置工作后，如果没有跟踪检查，就等于没有布置。再好的制度，没有考核，没有监督检查，都会虎头蛇尾，不了了之。质量管理部门负责组织制度的制定，更要负责制度的落实。质量管理部门应该加强日常管理，及时检查制度的适宜性和有效性，对不完善的制度及时补充纠正，达到持续改进的目的。质管处的工作是到各二级学院寻找教学合格的证据，而不是差错。

(分析：本部分的主旨是做好教学质量管理工作，需要领导者推动、资源上的保证、横向部门的配合和质管处日常管理的驱动。

目标指向：阐述做好教学管理工作的措施或努力的方向，希冀认同。)

最后，希望诸位专家和评委，投我一票。我将为××大学教学质量的提升做出不懈地努力。

(分析：本段段旨——投我一票，属于结语，要短而有力，不可拖泥带水。

如果是年轻人竞聘，这段结语可以加上——感谢学校提供了这次推荐自我和锻炼演讲的机会……而我是知天达命快退休之人，只是想发一点余热，写出太谦虚的话与年龄和身份不符。)

谢谢大家!

(分析：礼貌用语。无论输赢，都要常怀感恩之心。)

×××

2019.03.07

将段旨汇总在一起，就是这篇竞聘辞的主旨——"我"从事过质量管理工作，具备教学质量管理处长的资质和条件；做好教学质量管理工作，需要领导者推动、资源上的保证、横向部门的配合和质管处日常管理的驱动；希望专家和评委投我一票。

3. 写竞聘辞的注意事项

(1) 语言尽量口语化，方便演说。除了引用警句来提升竞聘辞的表现力外，不要写拗口难读的长句子。写完竞聘辞之后，自己读几遍，如果有条件，可以把竞聘辞录成视频观看几遍，找出词不达意之处，反复修改，直至满意为止。

(2) 体现竞聘者的气度。成功要有承担责任的勇气；失败要有放得下、输得起的气度。成功要感谢评委的支持和信任，同时也要感谢竞争对手，给你提供可资借鉴的经验。失败也不要气馁，要对当选者表示祝贺，配合当选者做好工作。这一点建议写在竞聘辞的备注里，以免宣布竞聘结果后，请你即兴发言时，临阵慌乱。只要参与竞聘都要做好输赢的两手准备。

10.1.2　简历

个人简历是对个人生活、学习、工作经历有重点地进行概括的一种文书，常用表格的形式呈现。个人简历是一种通过突出个人的特长或特点，服务求职或应聘目的的文书。

1. 简历的类型

根据表现形式不同，简历可分为不同种类。

(1) 时间型简历。按个人学习、工作、参加培训的时间顺序，列举个人经历。这种简历清晰、简洁，便于阅读，适用于个人经历较为丰富，且有相关工作记录，以证明个人能力正在提升的求职者。

【例文 10-2】

沈从文——生平简历[1]

1902年生于湖南凤凰县一个军人世家，学名岳焕，乳名茂林，字崇文。

1917年参加湘西靖国联军第二军游击第一支队，驻防辰州(沅陵)。

1920年在芷江一警察所当办事员。后因初恋受骗而出走。

1922年任靖国联军第一军统领官陈渠珍书记。

1923年去北京。报考燕京大学国文班，未被录取。在北京大学旁听。

1924年开始在《晨报副刊》发表作品。

1928年从北京到上海。与胡也频、丁玲筹办《红黑》杂志和出版社。

1929年去吴淞中国公学任教，爱上女学生张兆和。

1930年去武汉大学任教。

1931年陪同丁玲营救胡也频未果，护送丁玲母子回湖南。

1933年9月9日，与张兆和结婚。同月23日，与杨振声合编《大公报·文艺副刊》。同年，创作《边城》。

1938年春，到昆明，继续与杨振声编选中小学国文教科书。11月，任西南联大中文系教授。

1946年就任北京大学教授。

1948年开始受到左翼文化界的猛烈批判。同年，工作重心开始转移到文物研究。

1950年因承受不了政治压力而自杀，获救。

1969年去湖北咸宁五七干校劳动。

1978年调任中国社会科学院历史研究所研究员。

1980年偕夫人张兆和赴美探亲讲学。

1983年突患脑血栓，住院治疗。

1984年大病一场。抢救脱险后，说话、行动更加不便。

1988年5月10日下午，心脏病复发，抢救无效，去世。

---

[1] 资料来源：http://www.gerenjianli.com/Mingren/01/2p30e3pgsbc7tak.html.

(2) 能力型简历。经过对个人优势与特长的分析,将个人的工作技能与专长分为几个部分,并在每部分中列举个人的工作经历、取得成绩、学历或培训经历。这种简历重点突出,应用于个人工作经历或学习经历出现中断,以及所应聘工作与所学专业或经历关联较少的求职者。

(3) 表格型简历。如表 10-1 表格型简历所示,用表格的方式列出个人的姓名、性别、年龄、学业情况、工作经历、求职意向等内容。这种简历内容全面,一目了然,适用于个人工作经历较少的应届毕业生。对于工作经历比较丰富的求职者,也可以针对不同的求职意向,编写能力型简历,填写在表格里。

【例文10-3】

表10-1　表格型简历

姓　名	张五升		出生日期	******	性　别	男	
身份证	220203***********		政治面貌	党员	婚姻状况	已婚	
户口地	福建省厦门市集美区		视　力	近视	身　高	174cm	
居住地	福建省厦门市集美区		目前年薪	/	体　重	78kg	
职称/学位	高级工程师/学士		工作经验	35 年工作经验/1985 参加工作			
手机号码	159********		电子邮箱	2**********@qq.com			
微信号	/		QQ 号	2*********			
国籍	中国		民族:	汉			
电脑水平	一般,熟悉 Word 办公软件。						
外语水平	外语语种: 英语	掌握程度: 一般	口语能力: 一般			考级: 无	
教 育 背 景							
1979-09/1981-07	扶余三中		/		高中		
1981-09/1985-07	东北大学		机械制造工艺与设备		本科(学士)		
主要工作经历							
2017-02/至今	**工学院				专任教师 (高级工程师、副教授)		
工作描述	机械专业授课(双师型)						
2016-02/2016-08	****职业技术学院				机械专业教师		
工作描述	讲授"公路施工机械""机械原理""理工科应用文写作"等课程。						
2009-09/2011-09	**工业职业技术学院				教师		
工作描述	讲授"机械设计""公路机械""焊接方法与设备""科技文体写作"等课程						

培 训 经 历				
2017-08/2017-08	福建省高等教育培训中心		主题	教师岗前培训
内容描述	教育心理学、教育学等六门课程			
证书信息	获取时间	2007-12	证书名称	高级工程师
		2018-05		高等学校教师资格证
自我评价	从事技术、技术教育、企业管理及写作30余年。机械技术基础扎实，胜任机械理论教师等教学工作。			
意向行业		教育/培训	意向岗位	学校/教师类
年薪要求	***万元(人民币)			

若有关电脑水平、外语水平的说明中提及等级考试，需写清等级，并提供相应的等级证书。

2. 简历的特点

(1) 简洁性。个人简历不是对个人经历的详细介绍，而是要选取个人经历中能展示能力、突出特点、符合应聘单位人才需求的经历加以介绍，不求面面俱到。

(2) 真实性。个人简历的内容必须是真实可信且可以核查的，不可以编造事实、捏造经历。

(3) 正面性。个人简历是为了让用人单位聘用自己，最终达到就业或就职的目的。因此，个人简历在确保内容真实的同时，还应避免负面的信息。应聘者的弱项和隐私与竞聘的岗位无关，没有必要自揭疮疤，主动说出来。

【例文10-4】

由于企业转型，一名工程师被迫赋闲在家做全职先生。再次求职时，他不好意思说自己下岗过，把赋闲这段时间填写为患了腰椎间盘突出症，结果被用人单位以健康原因拒之门外。

即便是真的患了某种疾病，已经治愈，且该病没有就业限制，那么也无提前告知之义务。

3. 简历的写法

(1) 标题。标题可直接写为"个人简历""姓名+简历"或"简历"。

(2) 基本情况。基本情况主要包括个人姓名、性别、年龄、民族、籍贯、政治面貌、毕业学校、专业、婚姻状况、身高、体重、住址、联系方式等内容。

(3) 学业情况。应写明毕业学校、所学专业、起止时间，并列出所学主要课程及成绩，写清学历和学位。如果学历是非全日制学习获得，一定要注明；全日制学习没有要求则无须写明。有些企业不认可非全日制学历，切不可心存侥幸。

(4) 工作经历。工作经历应写明工作过的单位、起止时间、职称职位、工作性质，以及个人在工作中的突出才能、典型事迹等。无要求时按时间顺序写；有倒序要求时，从现在往前写。

(5) 求职意向。求职意向应写明个人期望的求职方向，如希望的职位或说明个人技术水平(技能)适合从事何种类型的工作。

(6) 个人爱好或特长。爱好或特长是异于常人的技能，如果它与你的求职有关或是能给你的应聘加分，要实事求是地填写。爱好或特长以能够证实或核查为宜。例如，爱好围棋，是业余六段棋手；爱好文学，曾在××刊物上发表散文、诗歌或小说；爱好运动，是短跑三级运动员；爱好古诗词，参加了第八季诗词大会等。

(7) 附件材料。附件材料是简历内容的组成部分，主要包括身份证、毕业证、学位证、英语水平证明、计算机水平证明、成绩单、获奖证书、公开发表的论文、推荐信及特种行业证等。应聘教师要携带教师资格证；应聘电工要携带电工证；应聘司机要携带驾驶证。求职时应携带证件原件，方便核查；需要时提供复印件即可。

10.1.3 求职函

1. 求职函的含义

求职函是求职者向有关组织介绍自己的基本情况，提出供职请求，并要求对方考虑答复的文书。

2. 求职函的特点

(1) 针对性。即针对用人单位的具体要求、读信人的心理和求职者的实际情况。

(2) 自荐性。不论求职者与用人单位的人员是否认识，求职者在信中都要自评自荐，恰当地介绍自己。

(3) 竞争性。择人和择业的双向选择机制决定了求职行为本身就是一种竞争。自用人单位收到求职函起，竞争也就展开了。

3. 求职函的类型

(1) 应聘式求职函。求职人根据用人单位列出的招聘条件，通过自我介绍而谋职的书信。

(2) 非应聘式求职函。不知道对方是否有用人需求而径自投寄的求职信。

4. 求职函的结构和写法

(1) 称谓。求职函如果是写给国有企事业单位，通常称谓写单位名称或人事管理部门。若是写给民营、私营或是外资企业，公司一般写公司老板或人事部负责人。如果是应聘具体招聘启事上的岗位，尽量写启事上的联系人及其职位。尽量不要写给公司经理或是董事长，除非你应聘的职位高到有必要由他们亲自来面试或决定。

(2) 正文，包括导言、主体和结尾 3 个部分。

① 导言。写求职、应聘的缘由，也可以不写，开门见山最好。

② 主体。这是求职函的重要组成部分。通常包括：(与工作相关)个人的学历、年龄、专长、经历和业绩；求聘的岗位；待遇要求。

纸质信函封面上要写清邮政编码、通信地址和收件人信息。如果发送电子邮件求职，也使用该邮箱接收回信时，地址可以不写。

③ 结尾。以诚恳的态度表达自己希望被录用的愿望，如"希望领导给我一次面试的机会""请及时答复，为盼！""静候佳音"等。

(3) 敬语。按信函的格式，写上"此致""敬礼"一类的敬语。

(4) 落款。按信函格式写上个人姓名加敬启、日期。之后，另起一行，写上附件名称、联系地址、电话、QQ、微信等通联信息。

现在音频、视频通话和沟通十分方便，求职函的作用在降低，可以作为试探性接触的工具。如果需要深入沟通，可再根据需要提供简历及学历证、职称证等支撑性资料。

5. 求职函的写作要求

(1) 多写自己的优势，展示自己的业绩和能力。技术型岗位写自己的学历和阅历，技能型岗位写自己的技能和体力。

(2) 可适当说明自己求职注重的是某个岗位更适合发挥个人的才能，对单位发展有利，而不是只考虑薪资和福利待遇。

(3) 如果是应聘式求职函，则应严格依据招聘条件，有针对性地如实表述。

(4) 态度自信、诚恳，尊重对方，有礼貌，不卑不亢。

(5) 阅历丰富的人，在求职函中一定要摘录与应聘岗位强相关的部分。

(6) 用语要规范。如，落款中的"启"字，本是陈述之意。"敬启"为恭敬述说。信封上的"启"，为打开、拆开信封，不需要加以修饰。

【例文10-5】

尊敬的人力资源部主管先生：

您好！

看到贵校的专任教师招聘启事后，我觉得自己符合条件，能够胜任"机械设计制造及其自动化专任教师"的工作。

本人自1985年东北大学机械系毕业以来，一直从事机械制造技术和教学工作。1996年在××冶金机电设备制造厂技工学校讲授"铆工工艺学"，从此与职业教育结下了不解之缘。2005年在××市交通职业技术学校兼职讲授"公路施工机械""公路养护机械"两门课程。2009至2011年在××工学院执教两年，主要讲授"焊接方法与设备""机械制造工艺""先进制造技术"。

本人师从中国机械工程学会理事王宛山先生，深得其治学严谨之真传，又有近三十余年的生产现场及教学经验，课堂教学例证贴近实际，语言风趣幽默，颇受学生们爱戴。本人是东北人，已通过普通话考试；也通过省高等学校教师岗前培训，获得高等学校教师资格证，身体健康，完全能够胜任"机械设计制造及其自动化专任教师"的工作。

本人高等学校教师资格证的任教学科即为"机械制造与自动化"，又是机械工程高级工程师。给我三尺讲台，我将在美丽的校园里传道、授业、解惑，定能桃李天下，为机械学院的发展贡献力量！希望贵校给我提供试讲的机会。

此致

敬礼!

求职者：张五升　敬启

2016年11月22日

10.1.4 面试中的自我介绍*

面试中的自我介绍是求职者在书面资料之外最能够展现能力的一个环节。一般情况下，面试中的自我介绍是被面试者在整个面试过程中唯一一次主动展示自我的机会。

1. 自我介绍的内容

(1) 开头。可以从感谢开始，如感谢公司给我自我展示的机会。也可以从应聘的缘由谈起，如看到贵公司的招聘启事，觉得我的条件能够满足公司的需求，公司提供的优厚待遇，也让我动心。

(2) 正文。从姓名、籍贯、出生年月、毕业学校、与工作有关的经历、自身优势的顺序撰写。

(3) 结语。希冀认同，如：希望通过竞聘能够成为公司的一名新兵，在这个充满活力的集体中得到锻炼和成长。

2. 自我介绍的禁忌

(1) 自我吹嘘和自我贬低。

(2) 核对招聘启事中的薪资和福利待遇等。

(3) 直抒对前公司的负面情绪。如果是离职再应聘，被问及离职原因时切忌说诸如工资低、压力大、人际关系复杂、与领导关系紧张等原因。

(4) 缺少耐心。在自我介绍时，遇到打断和询问，切不可说："我的经历在简历里都写了！"

3. 自我介绍的作用

(1) 验证简历的真实性。考查自我介绍和递交简历内容是否相冲突。简历是真实的，口述自我介绍就不会有明显的出入。简历有假，自我介绍就会露出马脚。

(2) 考查求职者的基本能力。面试官通过自我介绍可考查求职者的逻辑思维能力、语言表达能力和总结提炼能力。

(3) 考查求职者的应变能力。通过自我介绍，面试官可考查求职者是否聚焦、是否简练和精干，以及现场的感知能力与把控能力。

(4) 考查求职者的自我评价能力。通过自我介绍，面试官可考查求职者初步的自我认知能力和价值取向。求职者叙述职业变动关键节点处的原因，考查其价值取向。

(5) 考查求职者的沟通能力。通过自我介绍，面试官可考查求职者是否听明白了面试官的话以及其对时间的掌控能力。有时面试官给出的问题是"请您用 2～3 分钟做自我介绍"，求职者可能会超时或由于紧张而结束较快。

10.2 入职文书

新员工办理入职时首先要签订《劳动合同书》，填写《入职登记表》《员工入职承诺书》等用人单位提供的采录信息表格。

10.2.1 劳动合同

劳动合同往往装订成册，也称作劳动合同书，是用人单位的法定代表人和职工为了明确相互的权利义务关系而订立的契约文书。劳动合同具有法律约束力，保护合同当事人的合法权益。

1. 劳动合同的特点

(1) 身份的限定性。签署劳动合同的双方必须是用人单位(甲方)的法定代表人(委托代理人)与就职员工(乙方)。

(2) 规定的规范性。《中华人民共和国劳动合同法》及有关规定中明确指出,合同中的未尽事宜,可按照平等自愿、协商一致的原则签订补充协议,作为本合同附件,依规定规范双方的责任和权力。

(3) 约束性。劳动合同签署后,合同中的各项条款对用人单位与职工都产生了法律约束力。

2. 劳动合同的类型

从格式上划分,劳动合同分为固定式劳动合同和非固定格式合同。

(1) 固定式劳动合同。国家有关劳动部门或企事业单位的人力资源管理专业人员将劳动合同中必不可少的相关内容分项设计、印制成一种固定格式的劳动合同。签署劳动合同时,只需把达成的协议逐项填写到表格或文字空档处即可。甲方盖公章、法人章,乙方签名,填上日期即生效。

(2) 非固定格式合同。签署劳动合同者根据《中华人民共和国劳动合同法》和有关规定,将双方协商一致的条款逐条记载下来的合同。

按照写作形式分类,劳动合同又可分为条款式、表格式和条款表格结合式。

将甲(用工单位)、乙(劳动者)双方商定的劳动合同内容以条款的形式记录下来,双方签字(盖章)形成的劳动合同即为条款式劳动合同;甲方事先印制好合同表格,乙方按照要求填写,双方签字确认,形成的劳动合同即为表格式劳动合同;劳动合同中既有条款,又有表格的内容即为条款表格结合式劳动合同。

3. 劳动合同的写法

(1) 标题。标题一般由劳动合同的性质或内容加文种两部分组成,如《见习大学生劳动合同》《宇宙通讯公司劳动合同书》,也可直接写《劳动合同》。多数固定式劳动合同,都写作《合同书》。

(2) 订立合同人。合同人即订立合同的当事人。要准确写出用人单位的全称、全名。通常用人单位的法定代表人为甲方,员工为乙方,要写出甲乙双方的基本信息。

(3) 引言。劳动合同的开头要写清订立合同的依据。如"为建立劳动关系,明确甲乙双方的权利和义务,根据《中华人民共和国劳动合同法》和有关规定,经平等协商一致,自愿签订本合同,共同遵守执行。"

(4) 主体。主要包括以下内容。

① 合同期限:可分为固定期限、非固定期限和试用期限等类型。

② 工作内容:写乙方的工作岗位、任务和职责。

③ 工作时间：写甲、乙双方商定的工作时间。

④ 工资待遇：写工资的执行标准，其中需注明试用期与试用期满的工资标准。

⑤ 劳动保护和劳动条件：写甲方提供的工作场所，以及按有关规定保障、保护乙方健康及相关权益的措施。

⑥ 社会保险和福利待遇：写在合同期内，甲方应该依法为乙方办理及提供相关的社会保险和福利待遇。

⑦ 劳动纪律：写甲、乙双方就有关规章制度的制定、遵守、履行、考核与奖惩等方面的约定。

⑧ 合同的变更、解除和终止：写甲、乙双方约定的合同变更、解除和终止的具体条件。

⑨ 违约情形及责任：写甲乙双方约定的具体违约情形和违约责任。

⑩ 调解及仲裁：写甲、乙双方在履行合同过程中如果发生争议或是出现合同未明确约定的事项，将以协商解决、申请调解、申请仲裁以及向人民法院提起诉讼等类型中的何种方式进行解决，以及在时间和程序方面的约定。

(5) 结尾。主要是必要的说明和落款。

必要的说明，如：本劳动合同的未尽事宜，按照国家和地方的有关政策规定办理；在合同期内，如发现合同条款与国家或地方新规相抵触，按新规执行；劳动合同的份数、保管及有效期；合同附件，等等。

落款要写甲、乙双方单位全称和代表姓名，并签名盖章。还应写上劳动合同当事人的有效地址、邮政编码、电子邮箱、电话以及开户银行、账号等方便合同履行的必要信息。

4. 签订劳动合同的注意事项

(1) 乙方与甲方签订劳动合同前，必须充分了解甲方的资信、相关规章制度、发展前景和履行合同的能力。同时，也得注重甲方是否能够为乙方提供较好的职业规划和发展平台。

(2) 劳动合同的内容必须合法、合理，而且对于关系到乙方报酬、福利和劳动保护等事项的条款不能遗漏。

(3) 条款内容表述清晰，简明周密，具体准确。必须使用规范汉字，不适宜用"基本上""可能""大概"一类模糊词语。薪酬等数字必须大写，以免涂改或辨认困难。

【例文10-6】

劳 动 合 同 书

甲方:

乙方:

签订日期: _____年___月___日

××市人力资源和社会保障局监制

说明: 封面独占一页。

根据《中华人民共和国劳动法》《中华人民共和国劳动合同法》和有关法律、法规，甲乙双方经平等自愿、协商一致签订本合同，共同遵守本合同所列条款。

一、劳动合同双方当事人基本情况

第一条　甲方

法定代表人 **或** 委托代理人

注册地址

经营地址

第二条　乙方

乙方姓名

户籍类型[1](□非农业　□农业)

□　居民身份证号码[2]

□　其他有效证件名称　　　　　　　　　　证件号码

在甲方工作起始时间 _____年____月____日

家庭住址　　　　　　　　　　　　　　　邮编

在××市住址[3]　　　　　　　　　　　　邮编

户口所在地　　　　　　省(市)　　　　区(县)　　　　街道(乡镇)

二、劳动合同期限

第三条　本合同的劳动期限[4]。

□　固定期限	本合同于_____ 年____月____日生效，其中试用期至 _____年____月____日止。本合同于_____ 年____月____日终止。
□　无固定期限	本合同于_____ 年____月____日生效，其中试用期至 _____年____月____日止。
□以完成一定工作任务为期限	本合同于_____ 年____月____日生效，本合同于工作完成时终止。

---

[1] 供有户籍的本国公民依据户口簿二选一填写。——编者注

[2] 本国公民持有身份证的均使用居民身份证；外籍公民及签订合同时不持有居民身份证的本国公民，选择护照等其他有效证件。——编者注

[3] 工作场地附近的，能够方便上班的居住地址或宿舍。——编者注

[4] 合同提供三种合同期限，甲乙双方约定其中的一种。——编者注

三、工作内容和地点

第四条　乙方同意根据甲方需要，担任_____岗位(工种)工作。

第五条　根据甲方的岗位作业特点，乙方工作区域或地点为_____。

第六条　乙方工作应达到双方约定的标准。

四、工作时间和休息休假

第七条　甲方安排乙方执行工时制度。

执行标准工时制度，乙方每天工作时间为 8 小时，每周工作 40 小时。每周休息日为_____。甲方生产任务紧迫，需要安排乙方加班的，日连续加班时间不超过_____小时；每周加班时间不超过_____小时；每月加班时间不超过_____小时。

第八条　甲方对乙方实行的休假制度有_____、_____、_____、_____。

五、劳动报酬

第九条　甲方每月____日前以货币形式支付乙方工资，月工资为_____元或按_____执行。乙方在试用期间的工资为_____元。

甲乙双方对工资的其他约定：_____。

第十条　甲方生产任务不足使乙方待工的，甲方支付乙方的生活费为_____元或按_____执行。甲方需要安排乙方加班的，其加班费计算方法为_____。

六、社会保险及其他福利待遇

第十一条　甲乙双方按国家和××市的规定参加社会保险。甲方为乙方办理有关社会保险手续，并承担各自相应的社会保险义务。

第十二条　乙方患病或非因工负伤的医疗待遇(含病假工资)按国家和××市有关规定执行。

第十三条　乙方患职业病或因工负伤的待遇按国家和××市有关规定执行。

第十四条　甲方为乙方提供以下福利待遇：_____。

七、劳动保护、劳动条件和职业危害防护

第十五条　甲方根据生产岗位需要，按照国家有关劳动安全、卫生的规定为乙方配备必要的安全防护措施，发放必要的劳动保护用品。

第十六条　甲方根据国家有关法律、法规，建立安全生产制度；乙方应当严格遵守甲方的劳动安全制度，严禁违章作业，防止劳动过程中的事故，减少职业危害。

第十七条　甲方应当建立、健全职业病防治责任制度，加强对职业病防治的管理，提高职业病防治水平。

八、劳动合同的解除、终止和经济补偿

第十八条　甲乙双方解除、终止、续订劳动合同应当依照《中华人民共和国劳动合同法》和国家及××市有关规定执行。

第十九条　甲方应当在解除或终止本合同时，为乙方出具解除或者终止劳动合同的证明，并在十五日内为乙方办理档案和社会保险关系转移手续。

第二十条　乙方应当按照双方约定，办理工作交接。应当支付经济补偿的，在办理工作交接时支付。

九、当事人约定的其他内容

第二十一条　甲乙双方约定本合同增加[1]以下内容：

_____ 。

十、劳动争议处理及其他

第二十二条　双方因履行本合同发生争议，乙方可以向甲方劳动争议调解委员会申请调解；调解不成的，可以向劳动争议仲裁委员会申请仲裁。

甲乙单方均可以直接向劳动争议仲裁委员会申请仲裁。对仲裁结果不满意的，可以向甲方所在地的人民法院提起诉讼。

第二十三条　本合同的附件如下：_____

第二十四条　本合同及未尽事宜或与今后国家、××市有关规定相悖的，按有关规定执行。

第二十五条　本合同一式两份，甲乙双方各执一份。

甲方(公章)　　　　　　　　　　　　乙方(签字或盖章)

法定代表人或委托代理人

(签字或盖章)

签订日期：　　　年　　月　　日

10.2.2　入职登记表

如图 10-1 入职登记表所示，入职后要填写个人信息，作为人事部门存档的文件。有的单位还需入职者提供身份证复印件及公司合作的银行结算卡一张，公司会将薪资直接存入该银行卡中。

---

[1] 特指涉密岗位工作人员离职后一段期限内的择业限制；或者涉及贵重便携式生产工具押金等内容。——编者注

宇宙通讯集团

员工入职登记表

编号：　　　　　　　　　　　　　　　　　　　　　　　　入职时间：　年　月　日

姓　　名		性　　别		出生日期		年　月　日		
政治面貌		体　　重		身　　高		cm		1寸照片
民　　族		籍贯		婚姻状况				
身份证号码														
学　　历		专　　业			E-mall			
毕业学校				联系电话				
家庭地址	省(市、自治区)　　　市(区)　　　县　　　乡(街道)							

主要工作经历	起止年月	主要经历（如担任职务、工作内容等）

家庭主要成员	称　谓	姓　名	出生年月	单位/职业/职务/爱好	联系电话

特长：

自我评价：

职业发展规划：

　　　　　　　　　　　　　　　　　　　　　　　　　　　填表人：　　年　月　日

图10-1　入职登记表

填写入职登记表时需注意以下事项。

(1) 个人信息与应聘表保持一致。

(2) 未婚者的家庭主要成员指父母或曾经的监护人;已婚者的家庭主要成员主要指配偶和子女。

(3) 本埠就业,家庭地址直接按户口本写;异地就业,家庭住址是指工作时常住的地方,可以是出租屋,也可以是公司宿舍,填写的目的是方便联系。

(4) 自我评价要实事求是、谦虚、客观,既不可妄自尊大,又不可妄自菲薄。

(5) 对职业发展设想,要写对评定、考取职称和技能证书的合乎常规的想法。如,刚刚本科毕业,可以写"争取一年内获得助理工程师职称,五年内达到工程师水平,十年左右获得高级工程师职称,成为企业的技术尖兵。"刚刚专科毕业,可以写"争取一年内熟练操作加工中心,五年内达到技师水平,十年内获得高级技师证书。"

切忌一入职就对公司的管理指手画脚。一个企业在激烈的市场竞争中能够生存下来,自有其独特的适应市场规则的实力。入职的第一步是顺利度过试用期,其次才是与公司一同进步和发展。如果试用期表现不合格,不得不重新找工作,提出再好的建议也是毫无价值和意义的。

10.3 就职文书

10.3.1 就职演说

1. 就职演说的内容

就职演说是演讲的一种,是指一个人接受某种职务,在开始履行某种职责时,就自己在任职期间的打算和想法、工作的重点目标、要致力解决的问题、将采取的措施、严格遵守的原则,以及决心、承诺等,在一定范围内发表的公开讲话。就职演说大致包括以下内容。

(1) 简单介绍自己的经历以及擅长之处。

(2) 阐述自己对就职公司的认知。

(3) 论述自己在就职后准备如何入手工作。

(4) 放低姿态寻求同事的支持。

【例文10-7】

感谢公司给我提供工作和学习的机会。

我叫×××,是××工业大学应届毕业生,顺利应聘到技术部,心里十分高兴。在校读书时,我就对企业心向往之。公司是世界五百强,一入职人力主管就给我的职业做了规划，我觉得在企业大有可为。我先接受入司培训和产品生产见习，经考核符合设计助理的岗位。我将在设计师的指导下尽快熟悉业务，争取早日成为技术部的主力队员。刚出校门，对公司的管理流程还不完全熟悉，希望诸位师傅和同事们给予鼓励和支持。

谢谢大家！

从感谢开始，到感谢结束，不失为一种简短的就职演说。

2. 就职演说的基本要求

(1) 顺势而动。就职者进行就职演讲，需要抓住听众的心理需求来说话，不要企图回避。而听众的心理要求往往由他们的一些希望构成，演讲者对听众的希望要明了并有所承诺，做到这一点，听众是不会吝惜掌声的。

(2) 目标实际。一位水表厂的厂长在就职演讲中说："恕我直言，我无力为你们迅速带来财富，提高你们的工资，增加你们的奖金。但我将竭心尽智，使你们成为企业的主人……我将诚恳地倾听你们的呼声，热忱地奖励和采纳你们的合理化建议……只要我们每个人都充分发挥自己的智慧和潜力，那么，可以断言：我们厂在不久的将来就会彻底摆脱贫困。"他的演讲一结束，台下立即掌声四起。这种实实在在的就职演讲鼓舞了工人的斗志，使他们燃起了希望的火焰。就职演说时应就自己的责任明确实际目标。切忌在就职演讲时，大话连篇，说不合实际的话。

(3) 淡然坦诚。在就职演说中，不仅要感谢给予自己帮助和支持的人，还要感谢竞争对手或反对过自己的人，让你看到了自己的不足和提升的空间，通过就职演说转变他们的态度，争取他们的支持，实为明智之举。演讲过程中要同听众坦诚相见，坦白说话，以诚换诚。

(4) 前后一致。有些就职演说会重复竞选演讲中提及的内容，当再次提及时，或是重复概述，或是改进具体化，或还会有些修正，但不要与自己的竞选演讲有太大的出入。当初在竞选演讲中为争取选民而做些许诺，却在就职演说中又以某种理由予以否定，或者让听众感觉就职演讲与竞选演讲大不相同，那就不是一个成功的演讲。

(5) 短小精悍。从一般情况来讲，无论是即兴式的，还是有稿式的就职演讲均不宜太长。就职演讲一般要求简单明了、短小精悍，最忌讳拖泥带水、含混冗赘。就职演讲者在演讲中注意用最少的字表达尽量多的内容，做到少而准，简而丰，精短明快，干脆利落。

【例文10-8】

就职演说发言稿[1]

尊敬的主任、副主任、各位委员：

今天我被市人大常委会任命为市发展和改革局局长，这是市委、市人大常委会各位领导和同志们对我的信任与厚望，在此我深表感谢！我深感职责和担子很重，压力也很大，但我将义不容辞地承担起这个角色理应承担的职责和义务，切实履行好职责，全力以赴干好工作，也在那里代表新任局长表个态度，在今后的工作中，我将做到以下四个方面的内容：

一是刻苦学习，不断提高自身素质。我将坚持把学习作为提高工作潜力的首要任务，锲而不舍、努力探求新岗位的新知识、新经验和新方法，努力学习党在各个时期的先进理念和光辉思想，牢固树立正确的世界观、人生观、价值观、权力观、政绩观、利益观，树立新形象、勇创新业绩，同时主动向各位领导和同志们学习、向书本学习、向实践学习，不断拓宽知识面，更新知识储备，提高科学决策和依法行政水平。

二是转换角色，切实履行工作职责。发展和改革局是我市综合研究拟定经济和社会发展政策，指导总体经济体制改革的市政府综合经济部门，职能关键、职责重大。因此，我将切实做好从乡镇党委书记转换到部门负责人的角色转换，时刻牢记发展是第一要务，稳定是第一职责，充分利用发展和改革局的职能，坚持主题，利用载体，强化职能，把握重点，做好职责应做的工作。

三是勤廉从政，真正树立良好形象。严格按照胡锦涛总书记在中纪委七次全会上提出的领导干部持续八个方面良好风气的要求，以作风建设年，"树新形象、创新业绩"主题实践活动为契机和载体，自觉遵守反腐倡廉的各项规定，切实加强党性锻炼和道德修养，努力做到老老实实做人，勤勤恳恳干事，清清白白从政，修身从俭、省身从严、执政从廉，做好表率，切实加强党风、廉政建设，把党风廉政建设职责制落到实际行动上。

四是依法行政，自觉接受监督。在工作中，我将切实加强与市人大常委会、人大代表的沟通联络，主动请示汇报工作，自觉接受市人大及其常委会的监督。

各位领导、同志们，有市委、市人大和市政府的关心支持与监督，本人有决心、有信心履行好职责，为我市建设成为杭州西郊现代化生态市作出应有的贡献。

例文中的就职演说将段旨句写在前面，汇在一起便是演说的主旨：刻苦学习，提高素质；转换角色，履行职责；勤廉从政，树立形象；依法行政，接受监督。通读全文，言简意赅，给人以干练和信任感。

---

[1] 资料来源：http://www.qinxue365.com/kczx/406680.html.

【例文10-9】

就任北京大学校长之演说[1]

(一九一七年一月九日)

　　五年前，严几道先生为本校校长时，余方服务教育部，开学日曾有所贡献于同校。诸君多自预科毕业而来，想必闻知。士别三日，刮目相见，况时阅数载，诸君较昔当必为长足之进步矣。予今长斯校，请更以三事为诸君告。

　　一曰抱定宗旨。诸君来此求学，必有一定宗旨，欲求宗旨之正大与否，必先知大学之性质。今人肄业专门学校，学成任事，此固势所必然。而在大学则不然，大学者，研究高深学问者也。外人每指摘[2]本校之腐败，以求学于此者，皆有做官发财思想，故毕业预科者，多入法科，入文科者甚少，入理科者尤少，盖以法科为干禄之终南捷径也。因做官心热，对于教员，则不问其学问之浅深，惟问其官阶之大小。官阶大者，特别欢迎，盖为将来毕业有人提携也。现在我国精于政法者，多入政界，专任教授者甚少，故聘请教员，不得不聘请兼职之人，亦属不得已之举。究之外人指摘之当否，姑不具论，然弭谤莫如自修，人讥我腐败，而我不腐败，问心无愧，于我何损？果欲达其做官发财之目的，则北京不少专门学校，入法科者尽可肄业于法律学堂，入商科者亦可投考商业学校，又何必来此大学？所以诸君须抱定宗旨，为求学而来。入法科者，非为做官；入商科者，非为致富。宗旨既定，自趋正轨，诸君肄业于此，或三年，或四年，时间不为不多，苟能爱惜分阴[3]，孜孜求学，则其造诣，容有底止。若徒志在做官发财，宗旨既乖，趋向自异。平时则放荡冶游，考试则熟读讲义，不问学问之有无，惟争分数之多寡；试验既终，书籍束之高阁，毫不过问，敷衍三四年，潦草塞责，文凭到手，即可借此活动于社会，岂非与求学初衷大相背驰乎？光阴虚度，学问毫无，是自误也。且辛亥之役，吾人之所以革命，因清廷官吏之腐败。即在今日，吾人对于当轴多不满意，亦以其道德沦丧。今诸君苟不于此时植其基，勤其学，则将来万一因生计所迫，出而任事，担任讲席，则必贻误学生；置身政界，则必贻误国家。是误人也。误己误人，又岂本心所愿乎？故宗旨不可以不正大。此余所希望于诸君者一也。

　　二曰砥砺德行。方今风俗日偷，道德沦丧，北京社会，尤为恶劣，败德毁行之事，触目皆是，非根基深固，鲜不为流俗所染。诸君肄业大学，当能束身自爱。然国家之兴替，视风俗之厚薄。流俗如此，前途何堪设想。故必有卓绝之士，以身作则，力矫颓俗。诸君为大学学生，地位甚高，肩此重任，责无旁贷，故诸君不惟思所以感已，更必有以励人。苟德之不修，学之不讲，同乎流俗，合乎污世，已且为人轻侮，更何足以感人。然诸君终日伏首案前，芸芸攻苦，毫无娱乐之事，必感身体上之苦痛。为诸君计，莫如

---

[1] 高平叔. 蔡元培文集(第三卷)[M]. 北京：中华书局，1984：5-7.
[2] "指摘"现代汉语中习惯用"指责"。
[3] "分阴"现代汉语中习惯用"光阴"。

以正当之娱乐，易不正当之娱乐，庶于道德无亏，而于身体有益。诸君入分科时，曾填写愿书，遵守本校规则，苟[1]中道而违之，岂非与原始之意相反乎？故品行不可以不谨严。此余所希望于诸君者二也。

三曰敬爱师友。教员之教授，职员之任务，皆以图诸君求学便利，诸君能无动于衷乎？自应以诚相待，敬礼有加。至于同学共处一堂，尤应互相亲爱，庶可收切磋之效。不惟开诚布公，更宜道义相勖，盖同处此校，毁誉共之。同学中苟[2]道德有亏，行有不正，为社会所訾詈，己虽规行矩步，亦莫能辨，此所以必互相劝勉也。余在德国，每至店肆购买物品，店主殷勤款待，付价接物，互相称谢，此虽小节，然亦交际所必需，常人如此，况堂堂大学生乎？对于师友之敬爱，此余所希望于诸君者三也。

余到校视事仅数日，校事多未详悉，兹所计划者二事：一曰改良讲义。诸君既研究高深学问，自与中学、高等不同，不惟恃教员讲授，尤赖一己潜修。以后所印讲义，只列纲要，细微末节，以及精旨奥义，或讲师口授，或自行参考，以期学有心得，能裨实用。二曰添购书籍。本校图书馆书籍虽多，新出者甚少，苟不广为购办，必不足供学生之参考。刻拟筹集款项，多购新书，将来典籍满架，自可旁稽博采，无虞缺乏矣。今日所与诸君陈说者只此，以后会晤日长，随时再为商榷可也。

10.3.2 述职报告

从事科技或管理工作，定期或不定期地向上级或群众报告团队或自己的工作进展，以应对考核及赢得支持，也是科技人员的日正常工作之一。为此，把述职报告放在职场文书的章节来讨论，还是大有必要的。

1. 述职报告的含义

述职报告是各级机关、企事业单位、社会团体的各级领导干部及管理人员，向组织人事部门、上级主管机关或本单位员工陈述自己在任职期间履行岗位职责情况的书面报告。述职报告有助于正确考核和评价干部，有利于提高干部的素质和能力。

2. 述职报告的特点

(1) 自述性。自述性是指报告人以第一人称回顾自己在任职期内履行岗位职责的情况。

(2) 自评性。自评性是指报告人依据岗位规范和职责目标，对自己在任期内的德、能、勤、绩、廉等方面的情况，做出实事求是的自我评价、自我鉴定和自我定性。

(3) 报告性。报告性是指报告人在述职时，是以被考核、接受评议的身份做履行职

---

[1] 原版为"苟"，编者作了修订。
[2] 原版为"苟"，编者作了修订。

责的陈述。

3. 述职报告的类型

从内容上划分,有综合性述职报告和专题性的述职报告。

从时间上划分,则有下列三类述职报告。

(1) 任期述职报告。任期述职报告即对任职以来履行岗位职责情况的报告。

(2) 年度述职报告。年度述职报告即一年一度履行岗位职责情况的报告。

(3) 临时性述职报告。临时性述职报告是指担任某一临时性职务,当工作结束时表述履行职责情况的报告。

【例文10-10】

述职报告[1]

董建华

2001年12月13日

各位朋友:

我很感谢各位在这个时刻,给我的信任和支持,也很荣幸在这个场合,向你们,向香港市民宣布:我决定参加香港特别行政区第二任行政长官的选举。

这次选举,将会是一次带领香港走出经济困境、强化竞争优势的选举;是一次改革政府架构、改进施政作风的选举;是一次继续成功落实"一国两制"的选举。第一任行政长官累积的经验,使我有更加优胜的条件,站在市民前面,提出的是解决问题的方法,而不是争吵;是呼吁社会团结,而不是对立;是争取香港整体的发展和进步,而不是后退。

一九九七年七月一日,香港回归祖国。我们带着香港人对未来的憧憬,十二亿同胞的期望,开始了"一国两制"的旅程,开始了这项前无古人,却只能成功,不容失败的实践。"一国两制"成功与否,关乎香港人的根本福祉,关乎国家统一、民族振兴的千秋大业。

我们成功地走出了第一步。

在广大市民全力支持下,在国家高度信任下,我们在过去四年多里,有效地维持了社会稳定,有力地保障了市民原有的各项基本权利和生活方式,消除了由于香港回归产生的各种担忧和疑虑。我们在新型的宪制安排下,与内地建立了良好的关系。在这个过程中,我们还成功抵御了亚洲金融风暴的冲击,稳定了金融市场、稳定了整个经济体系

---

[1] 资料来源:http://www.chinanews.com/2001-12-13/26/146440.html.该文为董建华先生争取连任第二任香港特首的演讲,题目是编者加的。董建华,男,汉族,1937年5月生,浙江舟山人,英国利物浦大学毕业,大学学历。曾任香港特别行政区第一任行政长官。

的正常运作。

亚洲金融风暴使到香港经济在一九九八年、一九九九年，出现连续五个季度的负增长。香港经济虽然在二〇〇〇年出现过复苏。但是，在二〇〇一年，香港主要市场的几个国家，全部进入周期性调整，使到香港经济情况再度恶化。在这一段时间，我们多次采取减税、减差饷等措施纾解民困。想尽办法为市民创造就业机会。最重要的，我们没有因为要处理眼前的当务之急，而忽略了为香港长远发展应该作出的规划和部署。

亚洲金融风暴充分暴露了香港泡沫经济的弱点，也充分揭露了香港社会长期积累下来的种种问题。面对着经济全球化、知识化，以及内地快速发展带来的机会和挑战，香港的经济需要转型，香港的发展需要重新定位。我们经过了咨询各界意见和详细考虑，将香港的定位明确为：背靠内地，面向全球，作为中国的一个主要城市和亚洲的国际都会，提供高增值的服务。在原有基础上巩固自己的强项，同时应用新知识、新技术，推动新的增长。我们相信，作出这样的定位，可以充分发挥香港所拥有的地理位置优势、营商环境优势、企业人才荟萃优势，以及《基本法》给予香港"一国两制"的优势。因而，为香港经济的长期发展，注入源源不绝的新动力。

我们根据这个定位，大力投资教育。这项投资的目标很明确，就是要使到现在的青少年，成为香港历史上受到最良好教育的一代；大力提倡终身学习，使到任何背景、任何阶层的市民，能够装备应付挑战的知识和技能。我们大力投资基建，要使到香港在未来的激烈竞争中，具备赢取商机、创造财富的实力。我们还大力推动创新的应用科技，帮助经济转型；我们致力开展各项优质居住环境计划，提高市民的生活质素，吸引更多的外来投资者。

我们的确做了很多工作。但是，在过去的四年半里，我对自己的工作也经常反省。我清楚知道有不足之处。例如：在政策的落实方面，确实存在问题；在推动改革方面，没有充分评估社会的承受能力和平衡各方利益，以及未能妥善地安排各项改革的优先次序；在掌握民意民情方面，仍然需要做得更加细致。对于不足之处，一定会在日后的工作中彻底改善。

假如我当选，第二届政府面临的工作，重要的是继往开来，抓紧落实第一届政府的各项政策，抓紧推动教育改革。在这个基础上，重点做好以下四项工作。

第一项的重点工作，是务求施政与时并进：

改革政府架构，改进政府办事作风，确保各项政策能够得到认真的执行和彻底的落实。

高级官员问责制在明年七月实行，通过问责制的建立，令到高级官员更好地为市民服务；也令到整个公务员系统培育出更加适应时势的问责文化。

配合高级官员问责制的实行，行政会议也要进行改组，使到这个协助决策的机构，发挥更大的效能。

要引入一套更有效的民意调查机制，加强政府在制订政策过程中，对民意民情的掌握和评估。

要检讨现时各种咨询制度和机构，保证反映民意的各种渠道畅通无阻；要采取适当和有效的方式，保证在决策的时候，能够更多地得到专家、特别是学术界的参与。

要强化地区工作，令到社会各方的意见和利益，确实得到反映和重视。

我们要处理庞大的财政赤字，首要的任务，是在保证服务素质和效率的前提下，努力节省各项开支。

第二项重点工作，是要充分利用中国加入世界贸易组织带来的机遇，充分预见到中国必定会发展成为全球的制造和生产基地，以及内地居民生活水平迅速提高的市场前景，强化自己的竞争优势，推动经济成功转型。现在，全世界都重视中国。相对于亚洲众多国家和地区，纷纷在全球化和中国大陆的分工中，重新确定自己的位置，香港得天独厚。因此，在继续发展香港与世界各地的联系，发挥国际大都会优势的同时，一定要抓紧时机，大力开拓香港与内地的经济关系。经过详细研究和反复咨询社会意见，我较早时向中央政府提出建议：

希望中央政府以具体政策支持香港发展成为国际金融中心、贸易中心、物流中心和旅游中心的定位。希望内地能够从经济发展规划、投资项目、基本建设等方面，体现出内地会继续充分利益香港，而香港在国家经济发展中，继续发挥重要而不可缺少的作用。我们很高兴看到，中央政府最近已经在旅游方面，推出了一系列的新措施，促进内地居民更多和更方便来香港旅游。

希望中央政府研究建立香港与内地类似自由贸易区的经济关系。通过这项安排，有效促使香港与内地的人才、物资畅顺流动，有利于香港企业和专业进入内地市场，有利于发挥香港服务业的优势。香港与珠江三角洲地区关系密切，发展潜力巨大，我们希望采取合适的方式，将两地的经济合作，从过去单一的加工贸易，向金融、旅游、商贸、交通、房地产、电信以及各种中介服务全面合作的方向发展。

特区政府的第三项重点工作，是在香港经济转型中，首先是要想尽办法，为市场创造更多的就业机会。其次，对于有需要适应变化的市民，帮助他们接受培训和再培训；对于有些最终无法适应变化的市民，政府通过稳定和完善社会安全网，尽力给予他们最起码的照顾。总体来说，在经济转型的时候，我们应该更加关心弱势社群。在开展这些工作时，需要开放思路，积极动员社会共同参与，以公共资源和社会资源并用的方式，将工作做得更好。

特区政府需要重点开展的第四项工作，是珍惜优良传统，倡导自强不息、团结向上的精神。

最近，我留意到香港市民黄秀容女士的事迹。这一位在过去二十年间，不幸中风多次，身患癌症的女士，在她身陷绝境，甚至想到自杀的时候，她凭着对子女、对未来的希望，以综援度日，艰难扶养三个子女。现在，她两名女儿大学毕业，儿子中学毕业后也找到工作。一家人住入了新买的居屋，不再领取综援过活。

香港单车运动员黄金宝和何兆麟，在刚刚结束的全国第九届运动会上赢得金牌。为了赢取两面金牌，他们充分发挥追求卓越、精诚团结的精神，各自谨守自己的岗位，向着既定的目标拼搏。结果，为自己争得荣誉，为香港赢得光荣。

他们的故事，令我既感动也感慨。黄女士身上那种自强不息的精神，有没有得到社会的珍惜？黄金宝和队员那种追求卓越，团结向上的精神，有没有得到社会的广泛提倡？我们在肯定社会和思想多元化的前提下，香港需不需一个休戚与共、相互扶持的社会意识？我相信，答案是需要的。因此，下一任政府需要带动社会在这方面争取共识。我们不但要创造经济的奇迹，也要追求精神上的成就、升华和满足。进而，使得我们每一位市民，能够为自己的身份感到自豪和骄傲。

各位朋友，香港特别行政区第一届政府，已经为香港确立了在二十一世纪应该走的方向，并且为落实这个方向打下良好的基础。面对未来，我们清楚知道香港的问题所在，我们掌握解决问题的方法，我们有信心可以将工作做得更好。

我希望在未来的岁月，有机会带领第二届特区政府：

加强同青少年、教育工作者、家长对话，令到我们的下一代，能够得到更好的教育、更健康的成长。

加强与立法会的合作，使得行政和立法之间能够更好配合，造福市民。

会同工商界一起，真正创造出更好的营商环境，吸引投资，增加就业；会加强同学术界、知识界、文化界和专业人士的沟通，为他们开辟更多的用武之地；会加强同劳工界的沟通，切实保护他们的合理利益。

我想特别强调，我认同香港人对民主理想的重视。我一定会同香港各界一起，致力在民主的发展过程中，奠定好各项发展基础，包括维护良好的法治、保障基本人权、为市民参与公共事务造就更多机会，使得香港的民主顺利发展。

我希望通过上述努力，建立起政府和市民的伙伴关系，来增加社会的和谐，来凝聚我们的意志和力量。这样，再经过五年的努力，在二〇〇七年，香港必定会站在一个更加优越位置，向着新的高峰迈进。

我深深知道，前进的路上，要克服的困难仍然很多。

我更加知道，最紧要的是我们能够团结一致，自强不息，香港就充满生机。

五年前，我所以出来参选行政长官，是一个中国人的使命感，是一幅香港二十一世纪的宏伟蓝图。我知道，它不会由我们这代人完成。但是，它却从我们这代人开始。各位朋友，它意味着什么？它意味着我们，肩负了香港历史上任何一代人都未曾有过的职责。

这段时间，我经历了一生中最不容易的选择。只做一届行政长官，是我的初衷。现在，我们的事业刚刚起步，它在艰难之中，也在前进之中，更是在希望之中。我相信：不会再有任何事情，能够比得上——我在此时此刻，同广大市民紧密地一起，履行职责——更加重要。

我决心，继续用我的忠诚、智慧和坚定的信念，为香港服务。

我以最诚挚的态度，寻求各位选举委员投我一票，寻求广大市民对我的全力支持。

多谢各位。

10.4　去职文书

去职文书是指员工离职前与工作单位交流的文书，包括员工辞职报告和公司给员工的离职证明等书面的文字材料。

路径窄处，留一步与人行；滋味浓的，减三分让人尝。此是涉世一极安乐法。

——明·洪应明《菜根谭》[1]

在职场上，有入职就有去职或解职，辞职的缘由可能出自公司，也可能出自就业者本身。不管什么原因导致辞职，都要心平气和。离职的原则是"君子交绝，不出恶言"。

倘若对劳动存续期间的收入和离职补偿有异议，最好的办法是与人力资源部门协商，如果协商不成，可以采取劳动争议仲裁的途径。不管采取何种途径，都要做到有理、有利、有节。有理，即要求是合理的，是有法律法规的条文做支撑，而不涉及或损害其他人利益的。有利，即要求是实实在在的、物质性的，是值得花时间争取的。有节，即要求被认为合理的情况下，补偿的金额要适当，不能得理不饶人，更不能狮子大开口。你只争取属于你该得到的利益，甚至是部分利益达成，可以节省时间去干更有意义的事情。

10.4.1　辞职报告

辞职报告可以是书面的文书，也可以口头报告。重要岗位的离职必须书面报告，方便工作交接，以便不影响企事业单位的正常运作。普通岗位以口头向主管报告为主。

1. 辞职报告简介

辞职报告，也称辞职信或辞职申请书。依据《中华人民共和国劳动合同法》第三十七条之规定："劳动者提前三十日以书面形式通知用人单位，可以解除劳动合同。劳动者在试用期内提前三日通知用人单位，可以解除劳动合同。"也就是说，确定离职的前三十天，应将辞职报告递交给主管领导。辞职报告包括标题、称呼、正文、结尾和落款等。口头辞职报告和书面辞职报告具有相同的效力。

(1) 标题。在辞职报告第一行正中写上报告的名称。一般辞职报告由事由和文种共

---

[1] 洪应明著，李锐注评. 菜根谭[M]. 武汉：湖北人民出版社，1997：9.

同构成，即以"辞职报告""辞职信"等为标题。标题要醒目，字体稍大。

(2) 称呼。要求在标题下一行顶格处写出接受辞职报告的单位组织名称或领导人的称谓，并在称呼后加冒号。

(3) 正文。正文是报告的主要部分，正文内容一般包括 3 部分。

① 要开门见山提出报告请辞的内容，让人一目了然。

② 申述提出辞职报告的具体理由。该项内容要求将自己有关辞职的详细情况一一列举，但要注意内容的单一性和完整性。

③ 要提出自己提出辞职报告的决心和个人的具体要求，希望领导解决的问题等。

(4) 结尾。结尾要求写上表示敬意的话。

(5) 落款。辞职报告的落款要求手书辞职人的姓名及提出辞职申请的具体日期，以方便追溯。

【例文10-11】

辞职信

尊敬的赵董事长：

　　您好！

　　本人 张五升 由于健康原因，无法继续为 大宋 公司服务，现特提出一个月后离职，望予以批准。同时感谢公司一直以来对本人的信任、培养、重用和生活上的照顾。谨祝同仁们身体健康，公司的事业兴旺发达！

　　此致

敬礼

辞职人： 张五升 (签名)

××××年××月××日

2. 注意事项

(1) 提出辞职或递交辞职报告必须深思熟虑，一旦提出辞职，就要按规定或约定的时间交接工作，准时或提前离开。

(2) 并不是所有的辞职理由都可以公之于众。合适的、无可辩驳的理由写出来，不影响彼此间的感情。如考上公务员或学习深造、回老家创业、接管家族企业、与亲人团聚等，这些都属于正当的理由。有些理由最好心照不宣，以免伤了和气或损害彼此的形象。如未获得公司重用、因违纪或权力争斗被迫、因个人隐私、找到更高薪的工作等，建议不要写出来。

(3) 以健康原因辞职，一定要慎重。健康原因会对今后的求职工作有所影响，若辞职后不想就业或后续工作岗位对健康要求不高的，则可以说是由于健康原因。

(4) 《劳动合同法》并未规定辞职需要说明理由。辞职也可以不写原因。

(5) 短小精悍，简明扼要。辞职报告可以写对公司及公司员工的祝福，但建议不要写对公司的意见或建议。在其位谋其政，不在其位不谋其政。若已决心离开了，不必多此一举！

(6) 辞职报告可以打印，名字和日期不能打印，必须手签。

10.4.2 员工离职证明

到新的工作单位签订劳动合同，必须提供《解除劳动合同证明书》。

【例文10-12】

解除劳动合同证明书

甲方：_____公司

乙方：_____身份证号：_____

　　甲、乙双方于____年__月__日签订了有/无固定期限劳动合同，现由____方提出协商解除劳动合同要求，经甲、乙双方协商一致，同意解除劳动合同，并达成如下协议。

一、解除劳动合同的日期为：____年____月____日。

二、____方支付____方经济补偿金(违约金)_____元。

三、本协议自甲、乙双方签字(盖章)并加盖甲方劳动合同专用章后生效。

四、本协议一式两份，甲、乙双方各执一份。

　　甲方法定代表人：_____　　　　乙方(签字)：_____

　　或委托代理人(公章)：_____

____年____月____日　　　　　　　　　____年____月____日

10.4.3 劳动争议仲裁申请书

1. 劳动争议仲裁申请书的含义及格式

劳动争议仲裁申请书主要是指劳动者的合法权益被相关企业侵犯后向劳动争议人

事仲裁委员会提交的相关法律文件。

劳动争议仲裁申请书有固定格式，一般必须具备：申请人的姓名、出生年月、民族、身份证号码、住址、联系电话，被申请人的名称、法定代表人、企业性质、住址、联系电话等，仲裁请求，事实与理由，附件(证据及证据清单)。

2. 注意事项

(1) 劳动争议仲裁申请书必须如实书写，言简意赅。

(2) 仲裁请求要符合法律规范。如拖欠工资的人申请仲裁，要写明要求支付×年×月至×年×月工资共××××元人民币。

(3) 事实与理由方面要注意实际情况与法律法规的规定。如，劳动者入职后企业一直未签订劳动合同，未提供相应的劳动保护。

(4) 为详细填写被申请人的信息资料，申请人可以携带有效证件到注册地工商管理部门调取或复印被申请人的注册信息。

10.4.4　和解协议书

协议书是契约文书的一种，是当事人双方(或多方)为了解决或预防纠纷，或确立某种法律关系，实现一定的共同利益、愿望，经过协商而达成一致后签署的具有法律效力的记录性应用文。和解协议书主要由标题、正文和落款三部分组成。

(1) 标题。标题由协议书名称和双方信息组成。协议书名称是主标题，双方的名称及信息写在主标题下方，左右对称。

(2) 正文。

① 简述事由。

② 条款内容。即双方商定的彼此责任和义务。

③ 协议份数和效力。

(3) 落款。甲方必须手签；乙方法人可以不签名，盖章即可。签署日期必须相同或相近。日期不同时，以后签的日期为准。

【例文10-13】

劳动纠纷和解协议书

甲方：张五升　　　　　　　　　乙方：×××职业技术学院

身份证号：××××××××　　　　法人代表：叔××

联系电话：××××××　　　　　　地址：×××市朝阳学村

2019 年 2 月 25 日，甲乙双方签订了 甲方 担任 乙方 教师工作，工作期限为 2019

年2月25至2024年2月24日止的劳动合同。 2020年3月，甲方提出离职申请，在办理离职手续过程中双方产生补偿金纠纷，甲方遂向××县(区)劳动争议仲裁委员会提起仲裁申请。为妥善处理纠纷，甲乙双方经过友好协商，同意和解，现达成如下协议。

1. 本协议签订后45日内，乙方向甲方支付补偿金人民币12000.00元(壹万贰仟元整)。

2. 甲方在签订本协议书后3日内，向××县(区)仲裁委员会申请撤销"××劳仲案字(2020)第3721号"仲裁请求。

3. 甲方收到乙方补偿金后，甲方不得再以劳动关系存续期间的事由向乙方主张任何补偿或赔偿。

4. 甲方应对和解事项严格保密，未经乙方书面同意不得公开纠纷事项与和解协议的内容。

5. 如甲方违反上述义务，则应向乙方返还已支付的补偿金，并承担违约金人民币2000元(贰仟元整); 如乙方违反支付义务，在合理的催告期后，仍未支付的，则甲方不受此协议的约束。

6. 本协议一式两份，双方各一份，具有同等法律效力，自双方签字或盖章之日起生效。

(以下无正文，为双方签字盖章部分)

甲方：张五升(签字或盖章)　　　　　　乙方：×××职业技术学院(公章)

法人代表：叔×× (签字或盖章)

　　年　　月　　日　　　　　　　　　　　　　年　　月　　日

(4) 注意事项。

① 甲乙双方和解，无须将责任方的具体违约(法)事实写进协议书。确有必要记载责任事实，可另写一份备忘录。

② 认真履行对责任方保守秘密的承诺。除法律机关依法调阅外，不得泄露给有相关利益追索的第三方。

练习与训练

1. 写一篇竞聘班干部的竞聘辞，要求内容如下。

(1) 不攻击和诋毁他人。

(2) 包含自评自荐、目标指向和希冀认同。

(3) 字数为400~500字。

2. 自己设计一份简历表格，并填写完整。

3. 草拟一份劳动合同，包含合同期限、工作内容、工作时间、工资待遇、劳动保护和劳动条件、社会保险和福利待遇、劳动纪律、合同的变更、解除和终止、违约情形及责任、调解及仲裁、结尾等必备的内容。

4. 填写一份宇宙通信集团入职登记表。

5. 训练：自拟职位，写一份就职演讲稿，并录成演讲视频，要求内容如下。

(1) 顺势而动。

(2) 目标实际。

(3) 淡然坦诚。

(4) 前后一致。

(5) 短小精悍，不超过 500 字。

6. 训练：给本专业顶级企业写一封求职信。

第 11 章

工 作 文 书

本章主要介绍工作计划、总结和商务信函等与理工科大学生密切相关的工作文书的写作。

走进职场，免不了编制工作计划和总结工作，也免不了与顾客或合作伙伴打交道。尽管网络沟通已经十分方便，但网络沟通不易存档，也不方便追溯，因此商务信函仍有存在的必要，只是传输的途径从纸质书信变成电子邮件。在工作过程中，应注意以下几点。

(1) 汇报工作说结果。把结果直接汇报给领导，不要过多介绍工作过程。

(2) 请示工作说方案。请示工作至少提供两个方案，并表达自己有倾向性的看法。

(3) 总结工作说流程。做工作总结要描述流程，不仅要有清晰的逻辑，还要找出流程中的关键点、失误点、反思点和改进点。

(4) 布置工作说标准。工作有布置就要有考核，考核需要建立工作标准，以便指导员工如何做，了解做到什么程度才是最合适的。标准既确立了规范，又划定了工作的边界。

【例文11-1】

至次日，卯正二刻(王熙凤)便过来了。那宁国府中婆娘媳妇闻得到齐，只见凤姐正与来升媳妇分派，众人不敢擅入，只在窗外听觑。只听凤姐与来升媳妇道："既托了我，我就说不得要讨你们嫌了。我可比不得你们奶奶好性儿，由着你们去。再不要说你们'这府里原是这样'的话，如今可要依着我行，错我半点儿，管不得谁是有脸的，谁是没脸的，一例现清白处治。"说着，便吩咐彩明念花名册，按名一个一个的唤进来看视。

一时看完，便又吩咐道："这二十个分作两班，一班十个，每日在里头单管人客来往倒茶，别的事不用他们管。这二十个也分作两班，每日单管本家亲戚茶饭，别的事也不用他们管。这四十个人也分作两班，单在灵前上香添油，挂幔守灵，供饭供茶，随起举哀，别的事也不与他们相干。这四个人单在内茶房收管杯碟茶器，若少一件，便叫他四个描赔。这四个人单管酒饭器皿，少一件，也是他四个描赔。这八个单管监收祭礼。这八个单管各处灯油，蜡烛，纸札，我总支了来，交与你八个，然后按我的定数再往各处去分派。这三十个每日轮流各处上夜，照管门户，监察火烛，打扫地方。这下剩的按着房屋分开，某人守某处，某处所有桌椅古董起，至于痰盒掸帚，一草一苗，或丢或坏，就和守这处的人算帐描赔。来升家的每日揽总查看，或有偷懒的，赌钱吃酒的，打架拌嘴的，立刻来回我，你有徇情，经我查出，三四辈子的老脸就顾不成了。如今都有定规，以后那一行乱了，只和那一行说话。素日跟我的人，随身自有钟表，不论大小事，我是皆有一定的时辰。横竖你们上房里也有时辰钟。卯正二刻我来点卯，巳正吃早饭，凡有领牌回事的，只在午初刻。戌初烧过黄昏纸，我亲到各处查一遍，回来上夜的交明钥匙。第二日仍是卯正二刻过来。说不得咱们大家辛苦这几日罢，事完了，你们家大爷自然赏你们。"

——清·曹雪芹《红楼梦》[1]

上文中王熙凤布置工作，分工明确，边界清晰，考核标准一目了然，赏罚自然分明。如果你能够像王熙凤一般把工作安排得井井有条，你就可以应聘部门的主管啦！

(5) 交接工作讲道德。把工作中形成的经验教训毫不保留地交接给继任者，把完成的与未竟的工作分类逐一交接，使继任者能够迅速地进入工作角色。

(6) 回忆工作说感受。工作交流多说自己的感悟，哪些是学到的，哪些是悟到的，哪些是反思的，哪些是通过努力而达到的。

11.1　工作计划

计划是使用频率最高的一种事务性文书。常见的工作安排、打算、规划、设想、要点、方案，就其本质来看，都属于工作计划，只是由于内容和成熟度不同而使用不同的名称。

11.1.1　计划的含义

计划是为了完成一定时期的任务而事前拟定目标、措施和要求的事务性文书。目标、措施、要求称为计划的三要素。计划的实质是对愿景、目标的具体化。它对整个工作有着重要的指导、推动和保证作用。制订计划是一门科学的领导艺术。

子曰："人无远虑，必有近忧。"无论是人生，还是带兵打仗，没有切实可行的计划，没有长远的目标并付诸实施，听天由命，得过且过，最后只能是半途而废、功败

---

[1] 曹雪芹，高鹗. 红楼梦[M]. 北京：人民文学出版社，1982：187-188.

垂成，碌碌无为悔恨终生，或者像项羽一样，把责任归咎于天，而无反躬自省，留下千古悲歌！

大学生通用文书中的活动策划，也属于计划的范畴。活动策划偏重于休闲娱乐，而本章介绍的计划着眼于实际的工作。

【例文11-2】

关于开展质量百日行活动的方案

为了贯彻创一流企业的公司目标，提升全体员工的质量意识，增强企业凝聚力和市场竞争力，公司决定从2020年1月1日起开展"质量百日行"活动。通过营造"质量百日行"活动的浓厚氛围，提升现场制作的实物质量，带动新工艺、新技术的创新和应用，辐射采购、外协产品质量同步提高，不断提升公司质量竞争力和综合管理水平，打造"××品牌"。

一、指导思想

以一流的品质，追求卓越绩效，提高产品、服务和经营质量，增强竞争优势，促进公司持续发展。

二、活动主题

质量奠定发展、实力铸就品牌

三、活动时间

2020年1月1日—4月15日。

四、活动内容

(一) 大力营造"质量百日行"的浓厚氛围，开展全员质量管理知识教育

1. "质量百日行"活动开展之前，公司办公室围绕"质量百日行"活动主题，组织召开"质量百日行"动员大会，进行"质量百日行"活动动员和部署，引导全体员工积极投入到"质量百日行"活动中。

2. 人力资源部结合6S管理，在大楼办公区域、主要道路，悬挂横幅、标语，并制作展板，对质量法规、质量文化等进行宣传，营造全员关注质量的良好氛围。

3. 组织一流品质战略规划的讨论和培训。

(二) 开展产品制作质量专项检查，强化实物质量的提升

1. 组织现场工艺标准培训，并检查工艺纪律执行情况。

2. 组织工人技能考核，提升一线员工的质量意识。

3. 加强自检、互检、专检的检验制度建设，对一次交检不合格且返修不及时，以及报废的产品实施处罚。

4. 加强检验员的专检力度和服务意识培养，对漏检、错检、怠检实施处罚。

(三) 开展QC小组活动，提高员工解决质量问题的手段和方法

1. 针对车间现场出现的质量通病和质量问题，公司鼓励群众性的质量攻关(QC小组)

活动，及时总结提炼、巩固活动成果并形成有效措施纳入管理(或工艺)流程，加以推广应用，以培养员工正确解决质量问题的手段和方法。

2. 公司鼓励合理化建议和小改小革的试验探索，对采纳的合理化建议和成功的试验，予以奖励；对暂时没有采纳的建议和失败的试验探索予以鼓励。

3. 公司承担QC小组和小改小革的合理费用支出。

(四) 活动要求、验收和总结

1. 按照本方案的要求，品管部、工艺装备部、人力资源部、生产部及车间等相关部门周密策划，认真部署、动员，开展好"质量百日行"活动。

2. 要围绕"质量百日行"活动主题，扎实有效地开展各项活动，积极开展质量宣传活动，普及质量知识和质量法律法规，增强全体员工的质量主体意识。

3. 针对"质量百日行"活动内容，人力资源部逐项进行验收，并纳入部门领导的绩效考核。

4. "质量百日行"期间对违反《质量管理制度》的个人及部门，按照《质量管理制度》进行双倍处罚；对质量工作做出杰出贡献的个人及部门加倍奖励。

5. 品质管理委员会总结活动的经验教训，并对活动期间表现突出的单位和个人进行表彰。

××××有限公司品质管理委员会

2019年12月28日

11.1.2　计划的特点

(1) 预想性。计划的预想性是其他应用文体所不具有的。制订计划需要进行调查研究，如上一阶段的工作情况怎样、实施计划的内外部条件如何等，并以此为依据确定工作目标、具体做法及实施步骤。计划是对未来工作的设想，对可能遇到的新情况，以及实施的步骤、完成时间，都难以完全准确地预想得到，因此计划不能定得过于绝对，目标也不能定得过高，必须要留有余地，以便在实施过程中发现与实际不符的地方，或出现新情况时，方便做出切合实际的调整。

(2) 指导性。计划一旦成文，就对实践起到控制和约束作用。制订计划是为了克服工作中的盲目性。从应用上来说，计划有上级下发的计划和单位自行制订的计划。上级下发的计划，勾勒发展蓝图，明确工作目标，提出步骤措施，目的是指导管辖部门，使其不致盲目冒进或偏离方向，能够朝着既定的目标协调前进。如果是生产类计划，在准时化生产的时代，切不可自作聪明，超额完成任务。本单位制订的计划，目的也在于控制方向、规模、速度，使任务能够保质保量地按时完成。

(3) 可操作性。再好的计划只有付诸实施才有价值。不能夜想千条发财路，晨起依旧磨豆腐。计划必须定得具体明确，具备切实可行的内外部条件和资源保证。把目标定得过高，无法实现和完成；把目标定得太低，不需要努力就可以轻松完成，起不到指导和激励的作用。最好的计划是通过努力能够切实完成，也就是确定一个跳起来可以够得着的目标。计划的步骤、措施、要求、时限不但要写得具体、细致，还要便于督查，对照落实。脱离实际和操作性差的计划，形同虚设，将是毫无价值的一纸空文。

11.1.3 计划的分类

计划的类型因分类标准不同，有多种分类。按内容分，有综合计划、专项计划等。按性质分，有生产计划、学习计划等。按范围分，有国家计划、部门计划、单位计划、科室计划、班组计划、个人计划等。按时间分，有年度计划、季度计划、月度计划等。按形式分，有文件式计划、表格式计划和文件表格结合式计划等。

11.1.4 计划的结构

1. 标题

计划的标题一般由单位名称、时限、内容和文种构成，如《××公司 2020 年工作计划》是一个"完整式"标题。也有省略式标题，如《内部质量体系审核计划》，省略单位名称和时限。计划如需要讨论或经上级批准，则应在标题后面或下方用圆括号加注"草案""初稿"或"讨论稿"等字样。

2. 正文

正文通常包括前言和计划事项两部分。

(1) 前言。前言又叫导语，通常包括对基本情况的分析，或对计划的说明，或是说明计划的依据、制订计划的条件，以及完成这个计划的意义等。这是计划制订的基础，要写得简明扼要，同时也要灵活多样。

(2) 计划事项。计划事项是计划的主体。无论是哪一种计划，计划事项都要包括目标、措施、要求这三要素的内容。

① 目标。要回答"做什么"的问题，可以是总体目标，也可以是具体的任务或指标。总体目标往往是要实现的最终目的，是多方面综合指标的最终体现。具体任务或指标是指具体的说明要完成的任务，或要达到什么样的指标等，务必写得具体明确。总目标制定对计划的撰写乃至计划的实施至关重要，目标过高或过低都不合适。这就需要深

入调查研究、广泛征求意见和充分论证，慎重确定目标。分目标从总目标分解而来，只要按时保质保量完成即可。

② 措施。主要解决"如何做"的问题，包括组织分工、进程安排、物质保证、方式方法等。组织分工可以说明机构或组织的结构。进程安排主要是针对目标实现分步走的问题，一般要安排若干的阶段。如果是年度计划，每一季度或月份要完成哪些工作、要达到什么指标，都要加以明确。如果是专项计划，则要划分阶段，明确每一阶段的大致任务及具体安排，如将做好某项工作的过程分为准备阶段、实施阶段、总结阶段。进程安排是计划事项的重要内容，也是重要的措施之一。物质保证包括实施计划的人力、财力、物力，配备多少、如何配备等。方式方法是完成任务的具体手段，一般要写得比较简单扼要。

③ 要求。明确评价标准的问题。即回答"做得怎样""如何做完"等问题，主要是质量、数量、时间上的要求。如：质量上要达到什么标准、水平、程度；数量上达到什么指标；时间上要求什么时候完成该项工作，等等。这是计划效益指标的具体设想，能否以最低的成本完成工作，就要在"要求"这一项里加以具体设计。

计划根据性质不同，目标可以是物质的，也可以是精神的。物质的目标偏重成本和收益，精神的目标偏重于素质素养的提高，或管理效率的提升。

计划三要素是互相连接的，没有目标就谈不上措施、要求；没有措施、要求，目标就无法保证实现；没有具体的要求，实现目标的效率、质量就没有保证。它们之间互相依存，缺一不可。

11.1.5　计划的写作要求

撰写计划时要注意以下几点。

(1) 指导思想正确。要以党和国家的方针政策为指导，不违背法律和道德良知，能够体现单位领导的意图，确保指导思想的正确性。

(2) 充分论证计划的可行性，并适当留有余地。

(3) 要服从长远规划，坚持整体利益高于一切的原则，处理好多种关系，同时又能体现本单位的工作特点。

(4) 走群众路线。应该集思广益，把计划变成组织成员的共同意志，以便更好地发挥员工的积极性，减少阻力，确保计划顺利实施。

(5) 履行编制、审核、批准、发放等手续，确保计划的适宜性、有效性、权威性和执行的强制性。

【例文11-3】

2015年第一次内部审核实施计划

审核目的	评价公司质量、环境及职业健康安全体系的建立、实施运行的符合性及有效性，以确定是否具备初审条件。
审核依据	GB/T19001-2000 idt ISO9001:2008 标准 GB/T28001-2001 职业健康安全管理体系规范 ISO14001:2004 环境管理体系标准 《质量手册》《程序文件》及《作业指导书》等 国家有关法律、法规　　　　　　□其他

审核范围

1.产品范围：公路筑养路系列机械设备的设计、生产和销售

删减条款：无

2.分包的过程。企业的分包过程有部分总成加工

审核时间：2014 年 4 月 20—21 日

组长：张五升(A) 副组长：王××(B)

组员：吴××(C)、娄××(D)、赵××(E)、田××(F)、林××(G)

时间	事项安排	人员
4 月 20 日 8:30—9:00	首次会议	中层以上干部及内审员
4 月 20 日 9:00—21 日 16:00	现场审核	审核组
4 月 21 日 16:30—17:00	末次会议	中层以上干部及内审员

附：2015 年第一次内部审核现场实施计划表

时间	部门	审核条款	审核员
4 月 20 日 9:00—9:30	管理层	4.1、4.2.1、4.2.2、5.1、5.2、5.3、5.4.1、5.4.2、5.5.2、5.6、8.5.1	A、G
4 月 20 日 9:30—10:00	人力资源	4.2.3、4.2.4、5.5.1、6.2	A、C
4 月 20 日 10:00—12:00	办公室	5.4.1、5.4.2、5.4.3、(4.3.2)、(4.3.3)、5.5.3、5.6、7.7、7.8、8.2.5、8.2.6、8.3、8.3.3、8.5.2、8.5.3	A、D
	技术中心	4.2.3、4.2.4、7.3	B、G

(续表)

时间	部门	审核条款	审核员
4月20日 13:00—15:00	生产管理部	5.4.1、5.4.2、(4.3.1)、(4.3.2)、(4.3.3)、5.5.3、5.6、7.7、7.8、8.2.5、8.2.6、8.3、8.3.3、8.5.2、8.5.3	A、E
	工艺装备部	6.3、6.4、7.1、7.5.1、7.5.2	B、F
4月20日 15:00—16:30	采购供应部	4.2.3、4.2.4、7.4	B、G
	仓储物流部	4.2.3、4.2.4、7.5.5	C、D
4月21日 9:00—10:00	品质管理部	4.2.1、4.2.2、4.2.3、4.2.4、5.4.1、5.4.2、5.5.3、5.6、7.5.3、7.6、8.2.2、8.2.3、8.2.4、8.3、8.4、8.5.2、8.5.3	B、E
	售后服务部	4.2.3、4.2.4、8.2.1	F、G
4月21日 10:00—12:00	销售市场部	4.2.3、4.2.4、7.2、7.5.4	F、C
	结构车间	6.3、6.4、7.5.1、7.5.2、7.5.3、7.5.5、8.2.3、8.2.4	D、E
4月21日 13:00—14:00	机加车间	6.3、6.4、7.5.1、7.5.2、7.5.3、7.5.5、8.2.3、8.2.4	E、D
4月21日 14:00—15:00	向管理者代表汇报审核情况		审核组全体
4月21日 15:00—16:00	完成审核报告初稿		审核组全体

编制： 审核： 批准： 2015年4月7日

上述例文为某公司的内部质量体系审核，属于例行性临时工作，每年 1~2 次，在决定内审前，由品质经理编制，管理者代表审核，最高管理者批准。下发给相关部门后，首次会议、末次会议不再另行通知。审核和被审核部门及人员在执行计划没有变更的情况下，也无须另行通知。

11.2 工作总结

总结是使用广泛的一种应用文体，常见的小结、回顾、体会、汇报、工作进展或年度报告等都属于总结。通过总结，人们可以全面系统地回顾过去一段时间内的工作，并从中获得经验，吸取教训，以便指导下一阶段的工作。总结虽不具有公文的约束力，但对于工作开展至关重要，有助于提高人们对工作的理性认识，增强工作的信心，调动工作的积极性。

【例文11-4】

出院小结

该患者因转移性右下腹痛3天入院。

入院查体：一般状态尚可，心肺无异常，腹平坦，未见胃肠型及蠕动波，未触及肝脾及包块，右下腹麦氏点固定压痛，伴局部反跳痛及肌紧张，肝肾区无叩击痛，移动性浊音阴性，肠鸣音4次/分，未闻及振水音，血常规：WBC：6.9109/L，GRA：92.7%。尿常规：未见异常。

临床诊断明确为急性阑尾炎。于入院当时在硬膜外麻醉下行阑尾切除术。手术顺利，患者术后恢复好，切口愈合良好，现患者无发热，无呕吐及腹痛，无腹胀，饮食睡眠及大小便均良好。

出院前查体：状态良好，生命体征平稳，心肺无异常，腹软，全腹无压痛，肠鸣音正常。阑尾炎临床治愈，已拆线，今日出院。

注意事项——病情变化随诊。

医师：××   ××年××月××日

一个患者因阑尾炎住院进行治疗，经手术康复出院，医生完成了阶段性任务，在病历上填写出院小结。这短短三百字，就是医生的治疗工作总结。

11.2.1 总结的含义和特点

1. 总结的含义

总结是国家机关、企事业单位、社会团体及个人对过去一段时间内的工作进展回顾、检查、分析研究，从中找出经验与教训、成绩与问题，用来记载、汇报或指导后续工作的一种应用文体。

2. 总结的特点

(1) 回顾性。总结是对以往工作的反思与回顾。写作总结的过程，就是对自身实践活动再思考与认识的过程，思考在过去一段时间内做了什么、做得如何，并在回顾中发现问题，得出经验与教训。

(2) 客观性。总结可以提高人们对以往工作与实践活动的认识，更有助于下一步计划的制订与执行。能否在总结中如实呈现以往工作的实际情况，直接影响着日后工作的开展。因此，在回顾过去工作时，要坚持实事求是，用事实和数据说话，切忌弄虚作假，文过饰非，更不能避重就轻，只谈优点成绩，不谈缺点问题。

(3) 理论性。总结是对以往实践活动的理性认识，是在对前一段工作回顾、检查的基础上进行分析、研究、评价、鉴定，并上升到理性的高度，得出规律性结论。总结既要有材料，又要有观点；既要有事实，又要有理论。

(4) 预见性。总结并不是工作的结束，而是下一步工作的开始。要在事实分析的基础上，对前一段工作做出结论性评价，并对后续工作提出计划或想法。

11.2.2　总结的分类

总结的类型因分类标准不同，有多种分类。按内容分，有工作、生产、教学、学习、科研总结等。按时间分，有年度、季度、月份总结等。按范围分，有单位、部门、班级、个人总结等。按功能分，有汇报性、交流性总结等。按性质分，有专项、综合总结等。

以上分类，相互交叉，同一总结按不同标准、从不同角度，可以被划分为不同的类别。

11.2.3　总结的结构

1. 标题

(1) 公文式标题。公文式标题与计划的标题写法基本相同，由单位名称、总结时限、总结内容和文种四要素组成，其中单位名称与总结时限在不引起歧义的情况下，可以省略。例如，《2019—2020 学年教学工作总结》《2020 年质量工作总结》等。

(2) 文章式标题。文章式标题与一般文章标题写法相同，主要用凝练的语言对全文内容进行高度概括。例如，《扬帆远航 再创辉煌》《质量是企业的生命》等。

(3) 双行式标题。双行式标题多由正副标题构成。正标题为文章式，副标题为公文式。例如，《扬帆远航　再创辉煌——2020 年巨轮公司工作总结》《质量是企业的生命——2020 年品质管理部工作总结》。

公文式标题多用于汇报总结，文章式和双行式标题多用于交流性总结。

2. 正文

总结的正文包括开头、主体和结尾三个部分。

(1) 开头。开头部分一般概述工作的基本情况，介绍总结所涉及的背景、时间、主要内容及成果。在写作时应注意有所侧重，或重点概述内容，或着重突出工作成果。

(2) 主体。主体是总结的核心，一般要写明以下两个方面的内容。

① 做法、成绩和经验。主要写明做了哪些工作，采取了什么措施、方法和步骤，取得了哪些成绩，取得成绩的主要因素是什么，哪些做法是成功的、行之有效的，有什么经验和体会。这些内容中，做法和成绩是基础材料，经验和体会是总结重点，在全文

中占主导地位。

② 问题和教训。总结不仅要汇报成绩，更要对工作中存在的不足、出现的问题有清醒的认识，并能剖析出问题产生的原因。问题与教训是持续改进工作的基础和着眼点，可以帮助人们在以后的工作中避免类似的问题出现。

(3) 结尾。这部分通常写今后的工作设想和努力的方向。在肯定成绩、发现问题、剖析经验教训的基础上，提出今后的目标和打算，从而增强信心、鼓舞斗志、凝聚力量，把未来的生产、工作、学习等做得更好。

上述内容安排主要适用于综合总结。如果是专题总结，内容则不必面面俱到，可以或侧重于成绩与经验，或侧重于工作进程和体会，或侧重于卓有成效的工作方法和特点，或侧重于问题和教训等，应视总结的具体内容和写作意图而定。

3. 落款

在正文的右下方右侧对齐写明起草总结的单位和日期，可分行，也可不分行。

11.2.4 总结的写作要求

(1) 实事求是，切忌虚假。总结要如实反映工作中的成绩和问题、经验和教训，不能只报喜不报忧，也不能脱离实际、随心所欲地拔高观点、虚报成绩。观点和内容要前后一致，不可南辕北辙、自相矛盾。反映情况不能以点带面、以偏概全，批评和自我批评要以事实为依据。

(2) 突出重点，切忌平淡。总结要根据工作实际和写作目的，在内容上要有所侧重，不能不分主次、详略，也不能堆砌材料、平铺直叙。

(3) 写出特色，切忌平庸。总结要抓住事物的主要特点，反映出本单位工作的特点，要有自己的特色，不要千篇一律。

(4) 注重分析，切忌肤浅。总结要善于用数据说话，从取得的成绩和出现的问题中寻根问底，不能只罗列现象、堆砌材料，应当对实践中的成败得失进行分析研究，把感性的、分散的、凌乱的现象理出头绪来，上升到理性的高度，归纳出带有规律性的条文，为后续的工作提供可资借鉴的经验。

(5) 注重场合，切忌雷同。总结要因时因地而异。在年终全员总结时，主要是一年取得的成绩和光明的前景；在中层干部会上总结时，要多谈问题，并给出指导意见；代表部门做总结时，要多谈成绩；内部总结时要切中时弊，不可一团和气；总结他人时要公正客观；总结自己时要谦虚谨慎；顺境总结时要居安思危，防止骄兵必败、乐极生悲；逆境总结时要看到光明，给员工放手一搏、亮剑冲锋的勇气和信心。

11.3 商务信函

函的本意是装信的匣子，相当于现代的信封，一般做成鱼形。鱼雁传书，指的就是鱼肚和雁足可以传送信件。发展到今天，函和信可以等同一致。随着电子商务的兴起，商务信函也在悄然发生着变化。电子商务信函可参照 4.3.4 电子文书写作的基本要求来起草。

11.3.1 商务信函的含义

商务信函是指单位之间为联系业务、洽谈生意或磋商与买卖相关的问题时使用的一种函件。商务信函已成为现代商务活动惯用的书信体裁，其作用是单位之间在不直接见面的情况下进行洽谈交易，处理相关的问题。

11.3.2 商务信函的分类

以商务信函的功能为标准，可以分为建立关系、询价、报价、订购、信用调查、付款、索赔及理赔信函等。以商务信函文书的形式为标准，可以分为外贸和境内商务信函。

11.3.3 商务信函的特点

(1) 简洁性。在纷繁复杂的现代商务中，从办事效率的角度出发，商务信函需言简意赅，直接切入主题，让人一目了然。应该尽量避免采用复杂晦涩而毫无疑义的语言句式。

(2) 准确性。商务信函体现交易活动中的博弈过程，要使用正确的商务交往术语、标准的商务信函格式，清楚连贯地阐明立场和意见，这对于实现自身的商业利益至关重要。

(3) 礼仪性。商务信函是商务谈判的重要形式。谈判双方的商务信函的守信准时、措辞及表达方式非常重要，尤其是国际贸易中，要尊重彼此的礼仪习惯，减少分歧。

(4) 完整性。商务信函内容和格式的完整，一方面可以避免不必要的纠纷，为企业赢得利益；另一方面体现对商业伙伴的尊重，互赠好感，为商业合作带来契机。

(5) 明确性。在产生商务纠纷时，一定要有理有据地表明己方的态度。切不可因为礼仪性而不敢提出公司的合理要求及进行相应的利益追索。

如图 11-1 沟通函所示，×××机械有限公司为吉林省××机械有限公司提供的配套结构件工期延误，且有质量缺陷，致使设备安装拖期，引起顾客抱怨。吉林省××机械有限公司向×××机械有限公司提出整改要求，同时给予索赔警告。该沟通函信息传递准确，言简意赅，没有和风细雨式的客套，格式却是一丝不苟的。

沟 通 函

×××机械有限公司：

  贵公司为我司 LB2000 间歇式沥青搅拌站配套的沥青罐、石粉仓、接卸槽、水罐、除尘等结构件（共计 56 吨），要求完工日期 10 月 15 日。至今没有完成交付。已造成 LB2000 间歇式沥青搅拌设备安装拖期 45 天，制造产品尚存在焊缝间断、错位、凸出等质量缺陷，外包装不平整美观等产品瑕疵给顾客带来直接经济损失，给我司产品质量和商业信誉带来负面影响。本着长远合作，与贵司互利双赢的原则，督促贵公司组织人员于 12 月 10 日前完成产品制作，产品性能指标（透油打压）作好记录，外观缺陷尽快修复。合同拖期损失，顾客向我司索赔，我司将向贵公司追讨。

  此致

敬礼

吉林省××机械有限公司品质管理委员会
2015 年 12 月 02 日

图11-1　沟通函

11.3.4　商务信函的写法

(1) 标题。商务信函的标题应写在第一行的中间，常见的写法有以下两种。

① 由发函单位、事由和文种构成，例如《××中学订购学生制服商务信函》。

② 由事由加文种构成，例如《学生制服询价商务信函》。

(2) 发函字号。发函字号的代字加上该单位本年度所发函件的序号，一般写在标题正下方。临时信函可以不编号，但需在主管部门存档备案。

(3) 收函单位。收函单位写在标题下面，需顶格写，后加冒号。如发给个人，在人名后加合适的称谓。如果不知道对方身份，可加先生/女士。

(4) 正文。商务信函的正文应写清楚发函的缘由，说明发函的目的及想达到的效果。最后，以书信的祝颂语结尾，直接写此致、敬礼亦可。如是复函，先写"来函收悉"，后引述对方来函，并针对洽谈的问题予以明确回复。

(5) 落款。商务信函的落款写在正文的下方，由发函单位的名称及发函日期构成，两行右侧对齐，并加盖公章或是商务专用章等。

11.3.5　写作要求

(1) 一事一函。商务信函为开展商务活动而写作，目标明确。正文内容应围绕这一目标展开，做到一事一函，不要涉及其他事务，以免冲淡主题，影响回复时间。如商务信函涉及经济责任，写作时必须简明清楚。提出问题要明确，回答问题要有针对性，不可避重就轻、模棱两可。

(2) 态度诚恳。商务信函写作要实事求是，维护企业和个人的信誉，态度诚恳，不得蓄意欺骗对方，谋求不当利益。要尊重对方，讲究文明礼貌，遵守行业道德。若对方提出的问题不能接受，应用委婉的语气加以解释，以求保持良好的往来关系。对于合作伙伴的违约行为要严肃警示，划出公司的底线，以引起对方的重视。

(3) 结构严谨。写作时首先把所要写的内容有条不紊地组织起来，列成提纲或草拟函稿，以免结构松散、首尾脱节。商务信函写作的惯例是开头直接进入主题，结尾提出各种期望，从而使信函结构完整。

如果公司有固定的模板，就职培训时要注意多加练习，撰写商务信函就会驾轻就熟、得心应手。

练习与训练

1. 简述计划的特点。
2. 草拟一份考研究生的学习计划。
3. 简述总结的写作要求。
4. 训练：按总结的 5 点写作要求，写一篇高中生活的总结。
5. 训练：草拟一封追讨欠款的商务信函。

第 12 章

会 务 文 书

会议是指有组织、有领导地商议事情的集会。随着传输手段突飞猛进地发展，集会的形式也日新月异，从集中在一个空间里，到约定时间开电话、网络视频会议等。会议的属性是集中传达、演讲、报告、讨论、传播知识、交流信息或是议定事情等。

12.1　会议策划书

会议策划书，又称会议策划案、会议设计案、会议计划书、会议手册，是对会议内容和会议形式特征的整体勾画，是会议策划的书面形式，也是工作计划的一种形式。在此，"书"和"案"可以通用，都是指文件。会议策划书是重要的会议文书之一，是会议的生命力所在，独具匠心的策划是会议成功的前提。一份优秀的、适合专业特点的会议策划书渗透着主办方独有的价值观，是主办方政治意识、政策水平、会务观念、工作经验的结晶。

12.1.1　会议策划书的含义

会议策划书包括整个会议的系统策划书和会议有关环节的具体策划书。一般来说，会议策划书主要包括主题确定、模式定位、议程安排、组织协调、媒体报道等几部分内容，具体包括会议议题内容、目的、时间、地点、与会嘉宾、参加人员、日程与议程、会场安排、组织及分工、筹备程序、会场清理、会议预算、注意事项等。具体策划设计方案还包括会议接待、餐饮、观摩、联欢策划书等。有时会议具体环节的策划书以附件的形式和会议主策划书一同发出。

从参会人员的内外部构成来划分，有组织内部和组织外部会议两大类。组织内部会议不存在成本问题。组织外部会议从收益的角度来划分有营利性和非营利性的。即便是非营利性的会议，资金保证也是开好会议的前提。会议策划阶段要做好预算，运筹好会议的资源。和会费分担各方达成必要的协议后，再进行会议策划。在着手筹备一个具体的会议之前，需要对这个会议做一个全面的设计，即勾画出会议流程及特色定位，再进一步确定重点内容。会后要注意总结会议的得失成败，参与几次活动策划后，筹备会议就会变得得心应手。

12.1.2　会议策划书的结构

1. 标题

会议策划书的标题主要有两种形式。

(1) 完全标题。即由单位名称、事由和文种三部分构成，如《宇宙航空公司"太空遨游"项目研讨会策划书》。

(2) 主题标题。由会议名称和文种组成，如《工程机械智能化研讨会策划书》。

2. 日期

日期在标题下方注明，有的大型会议策划书还编撰目录。

3. 正文

会议策划书正文包括会议议题、时间、地点、与会者及要求、组织及分工、经费、日程议程、会议通知等项目。

(1) 会议议题。议题是开会的前提，是会议所要讨论、报告的主要内容，所反映的是会议目的、主题、任务，以及为了完成任务所采取的措施。

会议议题主要有三个来源：一是来自上级机关或领导人布置的事项；二是来自下级部门提交的、需要以会议的形式研究和决定的问题；三是来自本层次管理活动中需要研究和决定的事项。

会议议题必须在会前明确并通知与会人员，以达到以下 4 个目的。

① 与会者有权知道参加会议的主题，以确定是否参加会议。

② 便于参加会议和筹备会议人员做好相关的准备工作。

③ 防止出现操纵会议的现象。

④ 有助于提高会议效率，达成会议目标。

(2) 会议时间。会议有多个时间，例如：会议报到、开始、结束的时间，以及有关程序和活动进行的时间等。有些时间可以在会议开始后再调整，但是会议起止时间必须写清楚，以方便报到和离开时的出行、订票、住宿等开会辅助工作的安排。

(3) 会议地点。从会议自身的需要出发选择会址。

① 会议的地理位置。对于一个具体的会议来说，理想的会址首先应该在地理位置

上满足以下条件：与会议内容、规模、级别相称；自然条件适宜；交通便利；与会者的相对中心。

例如，植物育种的会议应尽量选在海南；冰上运动的会议应尽量选在黑龙江。在可能的情况下，会议组织者应该尽量选择一个气温和湿度能让多数与会者感到舒适的地方开会。同时，便捷的交通不仅可以节约与会人员的旅费，还可以节省时间。一般适宜选政治中心、经济中心、文化中心或交通中心，以及会议相关方相对的中心位置开会，这样更有利于满足会议和与会者的需要，对达成会议的目标有所帮助。

② 会议的空间条件。现代会议对会议室的选择要求越来越高，也越来越细化。会议的空间条件涉及会议室面积、高度等的选择。小型会议室一般每间 $30m^2$ 左右；中型会议室则以每间 $60m^2$ 为宜。由于空调、人工照明和声学等要求，中小型会议室的净高度不宜太高，一般 $2.4\sim2.6m$；大型会议室则要求空间开阔，一般净高不应低于 $4m$。会议室内人的密度应该适当，一般要求是有桌会议室 $1.8m^2$/人，无桌会议室 $0.8m^2$/人。与会者之间的距离亦应控制在 $0.6m$。大于 $0.6m$，与会者之间相互交流效果将会受到影响，交流的热情也会由于空间的加大而递减；小于 $0.6m$，容易为熟悉的与会者之间开小会提供便利条件，陌生者之间还会产生私人空间遭到侵犯的心理反应。

③ 会议的技术装备。理想的会议室应该配备恒温设备。恒温装置的空气调节系统能使夏季室内气温维持在 $25\sim27℃$，冬季维持在 $18\sim20℃$；夏季室内的相对湿度不高于 65%，冬季不低于 35%；室内气流保持在 $0.1\sim0.5m/s$。会议室的采光标准：房间侧窗洞口面积与房间地面面积的比为 $1:6$，人工采光以日光灯和扩散光为主，间接照明为辅，并应配置部分白炽灯以调节冷暖关系，有条件的应配置可调节射灯。

④ 会场的其他配套设施。会场的其他配套设施主要指餐饮、客房、休闲和娱乐设施。

选择好会场后，会议策划书要写明具体的会场。有外地人参加的会议一定要写明会议报到的具体地点和时间，同时写明与会人员下榻的宾馆、招待所的名称，并交代到达这些地方的城市交通路线及交通工具。必要时附上定位和导航图。

(4) 与会者及要求。与会者是会议的主体，需要与会者讨论、周知的事项是会议的客体。与会者包括会议的出席人、列席人和会议的工作人员。出席人中包括会议召集人和主持人。召集人是会议的发起人。虽然会议召集和主持可以由一个人担任，但会议召集和主持人的职责是不完全一致的。会议召集人只对会议的过程，尤其是会议的召开负责；而会议的主持人则必须对会议的全部内容了如指掌，且对会议的结果承担责任。

有些会议通知结尾会写"请准时与会""请您务必出席""恳请您应邀光临""请做好准备，按时参加会议"等，这些都是对与会人员的要求。一些重要的或者是专业的、技术性的会议，对与会的人员的要求会更具体，例如：参加会议需要履行什么手续；会议材料先期发到指定邮箱或是会议费用先期转入指定账户；是否要求某位与会者作主题发言；其他需要准备的事项。

(5) 会议组织及分工。为保障会议顺利进行，会议主办方都会成立会务工作机构(会务组)。会务组的设立依据是由会议规模和会议的重要程度及内容决定的。

一般的会议所涉及的会务工作可以归纳为以下几个方面。

① 准备会议材料。准备会议材料主要包括撰写会议主题报告和领导人讲话稿，也包括会议期间的简报编撰，以及会议后期的总结和纪要的撰写。

② 准备会场。准备会场涉及会址的选定、会场布置、会议音响调试、检查座次的编排和座位卡的配置等。

③ 会间事务。会间事务是会议各项议程推进过程中产生的相应的事务，是保证会议顺利进行的重要工作。

④ 会议接待。会议接待主要包括与会人员的迎送、交通服务，以及会议期间的安全保障工作。

(6) 会议经费。主办方进行会议成本预算，控制会议成本。在对会议各项费用进行核算的基础上，对总支出和预期收益之间的比值进行控制，借以压低会议支出，提高会议效率。

会议成本构成包括：人工开支，会场及其设备的租金(折旧)，交通费用，招待费用，材料印刷、通信、宣传、纪念品采购及其他小额费用。

(7) 会议日程和议程。会议日程和议程都是对会议内容的安排，两者有比较多的共性，但是区别也很明显。

① 会议日程强调的是时间，即每一天的各个时间段分别用于干什么；会议议程强调的是秩序，即会议有多少项内容，安排内容的进展顺序，各项内容的前后位置和关系如何。

② 会议日程一般用于会期超过一天的会议；会议议程涉及的单项时间跨度都在一天之内。

③ 会议日程对会议内容安排比较粗略；会议议程对会议内容安排则比较具体和详尽。

【例文12-1】

第十三届全国人民代表大会第二次会议议程

(2019年3月4日第十三届全国人民代表大会第二次会议预备会议通过)

一、审议政府工作报告

二、审查2018年国民经济和社会发展计划执行情况与2019年国民经济和社会发展计划草案的报告

三、审查2018年中央和地方预算执行情况与2019年中央和地方预算草案的报告

四、审议全国人民代表大会常务委员会关于提请审议《中华人民共和国外商投资法(草案)》的议案

五、审议全国人民代表大会常务委员会工作报告

六、审议最高人民法院工作报告

七、审议最高人民检察院工作报告

八、其他

(8) 会议通知。企业和专业会议通知属于告知性文书范畴，其用途仅限于告知会议召开及有关事项。会议通知主要用于对下级或平级。不同场合、不同会议的内容可以采用灵活多样的方式，常见的有通知、邀请函等。

12.2 开幕词与闭幕词

12.2.1 开幕词

开幕词是会议的前奏和序曲，相当于一篇论文的摘要。在重大的会议中，开幕词是讨论议题的中心。

1. 开幕词的含义

开幕词是国家各级党政机关、社会团体、企事业单位的领导人在会议开幕时所作的讲话，旨在阐明会议的宗旨、性质、目的、任务、议程、要求等，对会议起着重要指导作用。

2. 开幕词的特点

(1) 宣告性。召开会议时，一般都要由有关领导人致开幕词，这是不可缺少的环节，标志着会议或活动的正式开始。

(2) 提示性。开幕词是会议的前奏，提醒与会者对会议引起足够的重视，振奋与会者的精神，调动其参加会议的积极性。

(3) 指导性。开幕词通常要阐述会议的性质、宗旨、任务、要求和议程安排等，集中体现大会指导思想，起着定调的作用，对引导会议朝着既定的正确方向顺利进行，保证会议的圆满成功，有着重要的意义。

(4) 概括性。开幕词是统领会议全过程的讲话，是会议的序曲、动员令，一般篇幅简短，是对会议性质、目的、任务、议程、要求等方面的概括性说明。

3. 开幕词的结构

开幕词一般由标题、署名、日期、称呼、正文 5 部分组成。

(1) 标题。开幕词的标题主要有以下 3 种形式。

① 大会名称加文种，如《中华人民共和国第一届全国人民代表大会第一次会议开

幕词》。

② 致辞人姓名、大会名称加文种，如《罗格北京奥运会开幕词》。

③ 文章式标题，如毛泽东于 1945 年 4 月 23 日在中国共产党第七次全国代表大会上所作的开幕词《两个中国之命运》。

(2) 署名。在标题正下方位置署上致开幕词的领导者姓名，但在致辞时不用念出来。

(3) 日期。开幕词的时间一般写在署名下一行正中位置，用圆括号括起来，致辞时也不用念出来。

(4) 称呼。称呼是对与会者的统称，在日期下另起一行顶格写。如果是党内部会议，称呼比较简单，就用"同志们"三个字，后加冒号。如果是国际会议，要按照国际惯例来排列顺序，较常见的是"各位嘉宾，女士们、先生们："称呼没有一成不变的格式，可以灵活运用，像苏加诺总统在万隆会议开幕词中的称呼，见例文 12-2《让新的亚洲和新的非洲诞生吧！》。

(5) 正文。正文一般由开头、主体、结尾三部分构成。

① 开头。开头一般要宣布大会开幕，交代会议的名称及内容，介绍出席会议的有关单位和领导成员，对大会表示祝贺，对来宾表示欢迎。

② 主体。主体是开幕词的核心部分，主要是指出召开会议的背景，阐述会议的重要意义；说明会议的中心任务、主要议题、会议的目的，以及会议的议程安排；向与会者提出希望和要求。

③ 结尾。开幕词一般用祝颂语结束全文，如"最后，祝大会圆满成功！"

4. 注意事项

(1) 掌握会议精神，全面了解会议情况，明确会议所要达到的预期目的。

(2) 突出会议的中心内容，把握会议的主要特点，只对会议主题做必要的说明。

(3) 态度要热情洋溢，富有号召性和鼓动性。

(4) 篇幅要短小精悍，语言要简单明了。

(5) 优美而不做作，礼数周到而非应付了事，敷衍塞责。

【例文12-2】

让新的亚洲和新的非洲诞生吧！ [1]

印度尼西亚总统·苏加诺

（1955年4月18日）

阁下们，

各位女士，各位先生，

---

[1] 苏加诺. 苏加诺演讲集[M]. 北京：世界知识出版社，1956：214.

各位姐妹，各位兄弟：

我能够在这个历史性的日子代表处在主人地位的印度尼西亚人民和政府欢迎诸位来到印度尼西亚，感到非常荣幸。假使我国有些条件不符合诸位的期望，我请求诸位谅解和原谅。我向诸位保证，我们已经尽了最大努力使诸位在我们中间的逗留对于宾主双方都是难忘的。我们希望，我们的热烈欢迎将补偿可能会有的任何物质缺点。

在我环顾这个大厅和在此聚会的贵宾的时候，我内心十分感动。这是人类有史以来第一次的有色人种的洲际会议。我对我国能够款待诸位，感到自豪；我对诸位能够接受五个发起国家的邀请，感到高兴。然而，当我回想起我们许多国家的人民最近经历的苦难的时候，我不由得感到悲伤，这些苦难使我们在生命、物质和精神方面都付出沉重的代价。

我认识到：我们今天在这里聚会，是我们的祖先，我们自己一代和年纪更轻的人牺牲的结果。在我看来，这个大厅不仅容纳了亚洲和非洲国家的领袖们，而且容纳了先我们而去的人们不屈不挠的不可战胜的不朽精神。他们的斗争和牺牲为世界上最大两洲的独立主权国家的最高级代表的这个集会开辟了道路。

⋯⋯⋯⋯⋯⋯

12.2.2　闭幕词

1. 闭幕词的含义

闭幕词是国家各级机关、社会团体、企事业单位在会议结束时，由有关领导对会议做出概括性评价和总结的讲话。它是大会的结束语，主要内容是概述大会议程、基本精神、主要成果和意义，说明大会提出的号召和要求等。

2. 闭幕词的特点

(1) 总结性。闭幕词是会议即将结束时重要领导人的讲话，要对会议的内容、会议精神和议程进行简要的总结并作出恰当的评价，肯定会议的重要成果，强调会议的主要意义和深远影响。

(2) 概括性。闭幕词是大会的结束致辞，一般篇幅短小精悍，高度概括会议的进展情况、完成的议题、取得的成果、会议的精神与重大意义。

(3) 号召性。为激励与会者落实会议提出的各项任务而奋斗，增强与会者贯彻会议精神的决心与信心。闭幕词要充满热情，语言坚定，富有号召力和鼓动性。

3. 闭幕词的结构

闭幕词一般由标题、署名、日期、称呼、正文 5 部分组成。闭幕词的标题、署名、日期和称呼与开幕词写法一致，只有正文有些差别。

闭幕词的正文一般由开头、主体、结尾三部分构成。

(1) 开头。开头简要说明会议完成的预定任务情况，达成了哪些共识。

(2) 主体。主体是闭幕词的核心部分，主要是评述会议的议程，总结会议的重要意义，概述会议的进行情况，恰当地评价会议的收获、意义及影响。如果是商业展览会议，一般会统计达成的交易数额、参观的人次等。

(3) 结尾。提出号召和期望，也可以对会议有关事项略加说明，最后宣布会议闭幕。如果是轮值会议，交棒给下一个主办单位。号召下次会议再见！

4. 写作基本要求

撰写闭幕词，与开幕词大同小异，应注意以下几点事项。

(1) 与开幕词前后呼应，首尾衔接，显示大会开得圆满成功。

(2) 对会议的评价要实事求是，准确客观。

(3) 态度要热情洋溢，富有号召性和鼓动性，以落实会议的决议。

(4) 篇幅要短小精悍，语言要简单明了。

(5) 优美而不做作，礼数周到而非应付了事。

【例文12-3】

北京奥运会闭幕词[1]

罗格

(2008年8月24日)

亲爱的中国朋友们：

今晚，我们即将走到16天光辉历程的终点。这些日子，将在我们的心中永远珍藏，感谢中国人民，感谢所有出色的志愿者，感谢北京奥组委。

通过本届奥运会，世界更多地了解了中国，中国更多地了解了世界，来自204个国家和地区奥委会的运动健儿们在光彩夺目的场馆里同场竞技，用他们的精湛技艺博得了我们的赞叹。

新的奥运明星诞生了，往日的奥运明星又一次带来惊喜，我们分享他们的欢笑和泪水，我们钦佩他们的才能与风采，我们将长久铭记再次见证的辉煌成就。

在庆祝奥运会圆满成功之际，让我们一起祝福才华横溢的残奥会运动健儿们，希望他们在即将到来的残奥会上取得优秀的成绩。他们也令我们倍感鼓舞，今晚在场的每位运动员们，你们是真正的楷模，你们充分展示了体育的凝聚力。

来自冲突国家竞技对手的热情拥抱之中闪耀着奥林匹克精神的光辉。希望你们回国后让这种精神生生不息，世代永存。

---

[1] 资料来源：http://news.yule.com.cn/html/200808/16671.html.

这是一届真正的无与伦比的奥运会，现在，遵照惯例，我宣布第29届奥林匹克运动会闭幕，并号召全世界青年四年后在伦敦举办的第30届奥林匹克运动会上相聚，谢谢大家!

12.3 会议纪要

会议纪要是用来记载和传达有关会议的基本情况、主要精神和议定事项的文件，是在会议记录的基础上加以整理而成的，也是对写作者要求比较高的会务文书。

会议纪要，尤其是技术、工艺、质量等专业会议纪要，必须由具有专业背景的参会人员来完成，可以吸纳文员来帮助规范格式和理顺文字，但定稿必须由专业人员负责。会议纪要作为执行会议的精神和部署的纲领性文件，必须履行编制、审核、批准及下发流程，才具有权威性和可执行性。

12.3.1 会议纪要的适用范围及特点

1. 会议纪要的适用范围

会议纪要适用于记载、传达会议情况和议定事项，一直作为内部文件使用，1987 年以后才作为正式行政公文。会议纪要根据会议记录、会议文件和其他会议资料分析归纳写成。它既可以上呈，又可以下达，被批转或被转发至有关组织遵照执行，应用十分广泛。它的主要作用是沟通情况、交流经验、统一认识、指导工作。

会议纪要反映的内容包罗万象，可以是会议情况、议定事项，也可以是议而未决的事项，以供下一次会议参考使用。

2. 会议纪要的特点

(1) 纪实性。纪实性是会议纪要的基本特点，也是撰写会议纪要的基本原则。会议纪要须如实反映会议的内容和议定的事项，不能把没有经过讨论的问题写进会议纪要；也不能回避掉讨论过但对本组织不利的内容。这样才能起到传达会议精神、为有关组织提供工作依据、指导工作开展的作用。

(2) 提要性。会议纪要是会议的要点，不是会议的记录，不能有闻必录、不分主次，而应该是对会议繁杂的情况和内容进行综合、概括性地整理，即概括出主要精神，归纳出主要的事项，体现出会议主旨，使人一目了然，易于把握精髓。

(3) 约束性。会议纪要一经下发，便要求与会组织和个人遵照，有的要求必须执行，具有一定的约束性。

12.3.2 会议纪要的主要类型和作用

根据会议性质的不同，会议纪要可以分为以下 2 类。

(1) 办公会议纪要，用以传达由机关、单位召开的办公会议所研究的工作、议定的事项和布置的任务，要求与会组织和有关方面及人员共同遵守执行。

(2) 其他会议纪要，指专门工作会议、专题讨论会、座谈会、学术研究会等会议形式的纪要。这类纪要可起通报情况的作用，使有关人员尽快知道会议的基本情况和主要精神；也具有指导作用，它所传达的会议精神是指导有关组织和个人相关工作的指南。

根据写法不同，会议纪要又可分为条款式、综合式和摘要式。

12.3.3 会议纪要的结构

会议纪要由标题和正文组成。在结构格式上与其他公文不同的是，会议纪要可以没有主送单位和落款两项，成文时间多写在标题下方或最后落款。会议纪要可不盖公章。专业会议可盖部门专用章。

1. 标题

会议纪要的标题由会议名称和文种构成，例如《全国农村爱国卫生运动现场经验交流会纪要》。有的会议纪要标题还可写上召开会议的单位名称，还可以由正副标题组成，正标题反映会议的主要精神和内容，副标题写会议的名称和文种，例如《探讨新时期文学的发展——中国当代文学研究会第二次学术会议纪要》。会议纪要的标题常省略介词"关于"两个字。

2. 正文

会议纪要正文由导言、主体和结尾三部分组成。

(1) 导言。导言即会议纪要的开头部分，一般是概括会议的基本情况，包含会议的名称、目的、内容、时间、地点、参加人员、主要议题和会议成果等。导言简明扼要，让人们读后对会议内容有个总体的了解。

(2) 主体。主体是会议纪要的核心部分。主体根据会议的主旨，按主次、有重点地写出会议的情况和成果，包括对工作的评价、对问题的分析、会议议定的事项、提出的要求或解决方案等。主体的写法可归纳为以下 3 种。

① 条款式。将讨论的问题和议定的事项，按主次一条条地列出来。例如"关于加速厦门市社区图书馆建设的会议纪要"的主体分条来写，每一条写一个问题：第一条写图书馆选址；第二条写图书馆的硬件设施；第三条写图书馆的日常管理；第四条写图书

馆的资金来源……

② 综合式。将会议的内容和议定的事项，进行综合概括，分成若干个部分。把主要的、重要的内容放在前面详写，次要的和一般的放在后边略写。

③ 摘要式。将与会者的具有典型性、代表性的发言要点摘录出来，按照发言的顺序或按内容性质先后写出。这种写法的好处是能够保留发言人的谈话风格，避免一般化和千篇一律，比较客观具体。

(3) 结尾。结尾一般写针对与会者的期望和要求，有的会议纪要不写专门的结尾用语。专业会议可以写归口管理部门或是发放会议纪要部门的名称及日期。

【例文12-4】

会议纪要

会议名称：LB4000-2014-04山东济宁工地质量事故分析会

会议时间：2015年5月5日 13:30—15:00

会议地点：二楼会议室

主持人：秦×林

参会人员：闫×南、陈×伟、张五升、任×华、张×军、陈×勇、王×生、白×林、殷×升、高×林、高×爽等。

会议记录：左×春

领导指示：

秦×林：针对此次质量事故，逐条分析原因，落实责任，避免重复发生。

会议内容：

1. 振动筛生锈严重，尤其是开门位置、筛体和筛梁。密封条已脱落。

原因分析：工艺文件规定型腔内发货前不作处理，直接在可见表面喷涂底漆。检验员复检不到位。

解决方案：建议工艺部修订相关喷涂文件。型腔内工件单件喷好底漆再组装；对于放置时间较长的总成、单件，必须及时除锈、喷底漆。

2. 热筛分仓连接处有间隙，仓内返锈。

原因分析：在槽钢上焊接角钢，单边着地，焊接变形无法控制。

解决方案：技术中心增加角钢内筋板设计数量，优化筋板形状，槽钢内设计新增加强筋板；工艺部调整焊接顺序，要求先将筋板和角钢焊在一起，再和槽钢焊接；槽钢框架组对焊接要在整体平台上进行，焊接时先断续焊再满焊，角钢焊接时建议使用CO_2气体保护焊机。

3. 筛分仓隔板不齐，容易导致骨料混仓。

原因分析：3、4、5号仓设计存在16mm间隙；制造精度有误差。

解决方案：技术中心取消间隙；检验员重点检测各仓口尺寸，做好记录。

4. 打粉管U型夹太大，紧固后未加备母。

原因分析：设计者经验不足。

解决方案：更改图纸，制作时紧固后加备螺母并点焊，检验员对紧固件进行重点检查。

5. 地脚固定板不整齐。

原因分析：创新设计，安装者不理解设计意图。

解决方案：服务部通知工地，将压板调整180°。

6. 粉料提升机安装后不直，肉眼能看出有弯。

原因分析：施工队安装顺序差错。

解决方案：服务部责令安装队严格按照《安装手册》进行安装。

7. 振动筛筛梁生锈，带帽螺母生锈。

原因分析：工艺未作防腐规定，放置时间长。

解决方案：振筛梁按照热处理、刨床加工、喷砂、喷底漆的顺序进行。

8. 振动筛轴端渗油。

原因分析：初步认定为密封圈或骨架油封多次拆卸损坏。

解决方案：如有重复拆装的情况，要及时更换骨架油封等密封圈。

9. 振动筛梯子需要制作成猫梯形式并且振动筛踏板护栏空间狭窄。

原因分析：技术人员设计经验不足。

解决方案：技术中心对梯子进行改装，建议使用能折叠的梯子，或是改装在相邻一面。

10. 振动筛与筛分仓之间错位并且焊缝不工整。

原因分析：设计、工艺未规定坡口尺寸，检验员跟踪不到位。

解决方案：必须严格保证连接平面焊缝的质量，将高出焊缝磨平。

11. 成品仓两节之间中间部位有三个螺丝穿不上。

原因分析：拆卸后应力释放或是运输变形。

解决方案：按照三角形的方式在仓内加装拉筋，减小变形。

12. 滚筒内部的焊缝质量差。

原因分析：焊工意识差，检验员忽视型腔内的焊缝检验。

解决方案：严格按照图纸加工，对焊缝质量检验员要重点检查。

13. 地基与布袋出风口间距过大。

原因分析：设计更改，制作者未完全领会设计意图，制作错误。

解决方案：设计者对重要尺寸或结构的更改，必须进行验证。检验员加强检验。

14. 出风口圆烟道法兰口、引风机与烟筒连接烟道法兰、布袋出风口烟道连接法兰尺寸及孔距不对。

原因分析：供应商传递接口尺寸和其制作法兰不一致。引风机法兰20个孔，给公司提供配套法兰图24个孔。

解决方案：供应部每次对采购图纸件与公司配合件的连接尺寸予以确认签字。进公司内的外购件法兰，检验员按供应部提供的图纸严格检验。

15. 布袋出风烟道的导流板与引风机烟道连接位置干涉。原因分析及解决方案同13。

三、领导总结

总经理秦×林就工地以及厂内出现的质量问题做出如下总结。

1. 法兰组的连接问题。生产车间要做好如下工作。

(1) 严格按图纸进行定位分孔，对于成对的法兰组号、定位标记等要重视。

(2) 法兰校平之后进行孔的加工。

(3) 法兰连接面的焊缝必须磨平。

2. 各总成连接面如有焊缝的必须处理磨平。

3. 所有的紧固件在厂内必须把紧再发货，对于涉及垫圈的紧固件，检验员要重点检查。

4. 喷砂、除锈(含复检件)要彻底，必须要保证外观的质量。

5. 尽量避免在工地割焊。

6. 对于在工地发生过的质量问题及关键注意事项要逐道工序重点检验，并存留检验数据便于改进、总结和追查。

7. 优化设计。

(1) 对工艺、加工难以保证的情况进行优化设计。

(2) 干涉问题，例如螺旋与护栏等干涉。

(3) 设计上易出现的问题。

8. 地基与设备安装，技术中心要校核地基图。

9. 重视焊缝处的喷漆处理，要严格按照喷漆工艺加工。检验员重点检查焊缝的质量。

10. 售后服务部对工地出现的质量问题要及时反馈给质量管理委员会，分析原因，确定责任者，及时整改，如果重复发生一定严惩不贷。

×××机械有限公司品质管理委员会

2015年5月6日

12.3.4 会议纪要的写作基本要求

(1) 掌握全部情况。写作会议纪要首先要弄清楚会议的目的、任务、内容和形式，掌握会议的所有文件材料，参加会议的全过程，并认真做好记录或者全程录音，特别要注意阅读会议的主体文件和材料、管理者的发言，掌握会议的主要精神。

(2) 抓住要点，突出主旨。会议纪要是会议情况和结果的反映，但不能面面俱到，照抄照搬会议记录，而应该围绕会议主旨，抓住要点，突出重点，把会议的主要情况简明扼要地反映出来，把会议议定的事项一一叙述清楚。

(3) 文字简洁明快。写作会议纪要应根据会议内容确定写法和篇幅，要简明扼要。在语言表达上，尽可能简短、通俗，切忌长篇大论，应以叙述为主；在层级结构、段落安排上，要条理清晰。

(4) 与会议记录有所区别。会议纪要和会议记录既有密切的联系，也有显著区别。会议纪要以会议记录为基础和依据，表现会议的主要内容；会议记录则是会议的实录。会议记录只作为机关单位内部存查使用的文书，按会议的讲话顺序如实记录，不对外公布；会议纪要则在一定的范围内公布传达，作为正式公文使用。会议纪要报送上级时，会议主办单位需另拟一份会议说明，与会议纪要一并报上。

(5) 注重会议纪要的习惯用语。会议纪要常常以"会议"为第三人称而记述会议内容。因此，主体部分应注重使用"会议认为""会议提出""与会者一致认为""会议决定""会议要求""会议希望""会议号召"等作为层次或段落的开头语。专业会议和企业管理会议不受此条约束。

(6) 除圆桌会议外，会议纪要需把重要的人对重要的事的表态，以指示的表述写在段落的首位，以示尊重，也方便会议精神的落实。

12.3.5　会议纪要的审核及批准

会议纪要也属于公文的一种，要按文件发放程序履行审核及批准的手续，除满足文件的充分、适宜和有效外，还需保证会议纪要的准确性、完整性和可执行性。审核的重点如下。

(1) 职责分配是否符合组织机构的实际情况。

(2) 会议纪要的内容是否符合会议的主题，有无遗漏的重大事项。

(3) 会议纪要的格式是否规范；人名、地名、时间、数字、段落顺序等是否准确；文字、数字、计量单位和标点符号等用法是否规范。

(4) 所认定事实的客观与公正性。

(5) 会议决定的可执行性及经济性。

(6) 其他内容是否符合组织文件起草的有关要求。

会议纪要在呈给领导批准前，由发文机关进行初步审核。领导批准后，会议纪要就是组织的正式文件，相关部门需要严格遵照执行。

练习与训练

1. 写一份完整的会议策划书。议题可以是运动会、学术会议、演讲比赛等。策划书包括如下内容。

(1) 会议议题。

(2) 会议时间。

(3) 会议地点。

(4) 与会者及要求。

(5) 会议组织及分工。

(6) 会议经费。

(7) 会议议程安排。

2. 简述开幕词、闭幕词的特点。

3. 草拟一份某次学校运动会的开幕词、闭幕词。

4. 训练：毕业前，组织一次班会，写出班会的会议纪要。

参 考 文 献

[1] 李梵. 汉字简史[M]. 北京：中国友谊出版社，2005.

[2] 学赞教育考试研究中心. 普通话水平测试指导教程[M]. 厦门：厦门大学出版社，2018.

[3] 福建省语言文字工作委员会. 普通话水平测试指导用书(福建版)[M]. 北京：商务印书馆出版，2015.

[4] 李伟权. 应用文写作[M]. 2版. 北京：清华大学出版社，2014.

[5] 天津师范学院中文系/曲阜师范学院中文系写作教研室. 怎样修改文章[M]. 长春：吉林人民出版社，1980.

[6] 杨文丰. 现代应用文书写作[M]. 4版. 北京：中国人民大学出版社，2011.

[7] 陶德胜. 应用文写作项目化教程[M]. 上海：上海交通大学出版社，2012.

[8] ROBERT A. Day. How to Write Publish a Scientific Paper：科技论文写作与发表教程 (第六版)[M]. 曾剑芬，译. 北京：电子工业出版社，2011.

[9] 李永新. 申论[M]. 北京：人民日报出版社，2015.

[10] 兰宾汉. 标点符号用法手册[M]. 北京：商务印书馆国际有限公司，2018.

[11] 李兴昌. 科技书刊标点符号用法解析[M]. 北京：清华大学出版社，2015.

[12] 沈阳，贺阳. 语言学概论[M]. 北京：外语教学与研究出版社，2015.